大数据与互联网理论与应用丛书

BIG DATA

大数据背景下互联网金融风险测度与监管

冯利英　李海霞◎编著

THE MEASUREMENT AND REGULATION OF INTERNET FINANCIAL RISK IN THE BACKGROUND OF BIG DATA

基于大数据背景的互联网金融风险测度与监管的统计方法与模型研究

经济管理出版社
ECONOMY & MANAGEMENT PUBLISHING HOUSE

图书在版编目（CIP）数据

大数据背景下互联网金融风险测度与监管／冯利英，李海霞编著．—北京：经济管理出版社，2018.3
ISBN 978-7-5096-5361-6

Ⅰ.①大…　Ⅱ.①冯…②李…　Ⅲ.①互联网络—应用—金融风险—风险管理—研究
Ⅳ.①F830.9

中国版本图书馆 CIP 数据核字（2017）第 232392 号

组稿编辑：王光艳
责任编辑：许　艳
责任印制：司东翔
责任校对：董杉珊

出版发行：经济管理出版社
（北京市海淀区北蜂窝 8 号中雅大厦 A 座 11 层　100038）
网　　址：www.E-mp.com.cn
电　　话：（010）51915602
印　　刷：玉田县昊达印刷有限公司
经　　销：新华书店
开　　本：720mm×1000mm/16
印　　张：19.25
字　　数：276 千字
版　　次：2018 年 3 月第 1 版　　2018 年 3 月第 1 次印刷
书　　号：ISBN 978-7-5096-5361-6
定　　价：68.00 元

序

2015年3月5日，中华人民共和国第十二届全国人民代表大会第三次会议上，李克强总理在政府工作报告中首次提出“互联网+”行动计划。互联网金融的概念和模式作为新业态，是为适应新需求而产生和发展起来的。互联网金融（ITFIN）是传统金融机构与互联网企业利用互联网技术和信息通信技术，依托云计算、社交网络、APP、搜索引擎等互联网工具，实现资金融通、支付、投资和信息中介服务的新型金融业务模式。它不是互联网和金融业的简单结合，是为适应新的需求而产生的新业态和新模式。互联网金融的模式主要有第三方支付、P2P网贷、虚拟货币、众筹、互联网银行、互联网保险和金融大数据等。

随着“互联网+”时代的到来，互联网、物联网、云计算和大数据迅猛发展，传统金融垄断格局被打破，为经济发展和人们工作、生活带来了诸多利好。互联网金融作为新型金融服务模式有利于中小微企业融资；有利于广大民众通过互联网进行各种金融交易；有利于资金供需双方直接交易，简化中间环节，降低交易成本，而且互联网金融还可以倒逼传统金融机构和监管部门创新和改革。互联网金融的发展和创新为经济社会发展注入了新的活力，是普惠金融的有效践行，是金融创新的产物。

2013年被称为大数据元年，大数据不仅重塑了金融业，也给金融业带来了创新和挑战。随着大数据技术的不断发展和完善，大数据被广泛应用于金融领域，如大数据在客户行为分析、差异化营销、差别定价，以及产品设计、风险实时监测和预警等领域应用广泛。大数据在互联网金融发展中的作用巨大，大数据可以帮助互联网金融企业获得海量数据；可以提供非标准化的精准服务；可以有效降低坏账率；可以降低运营成本和服务成本。大数据具有大量（Volume）、高速（Velocity）、多样（Variety）、精确（Veracity）和价值（Value）的“5V”特点。大数据的信息处理以云计算为基础。大数据服务平台的运营模式主要有以阿里小额信贷为代表的平台模式和以京东、苏宁为代表的供应链金融模式。

虽然互联网金融促进了金融业的创新和发展，但它也是一把“双刃剑”，同时给金融业带来了挑战。大数据不仅使用户体验发生了变化，也推动了金融服务和产品的创新。大数据对金融业的风险管理产生了巨大的影响，基于数据挖掘的客户识别和分类将成为风险管理的主要手段，动态、实时的监测将成为风险管理的常态性内容。2015 年被称为互联网金融监管元年，在经历了之前的“野蛮生长”之后，监管层对于互联网金融的态度从“放任”转向了“规范”，2015 年互联网金融行业正式告别“裸奔”时代，“理性回归”成为主旋律。

本书基于大数据的视角，详细梳理了金融业的产生、发展和变迁，并紧跟互联网金融发展的步伐，介绍了互联网金融发展的特点、现状和模式，并深入探讨了互联网金融存在的风险，运用统计方法对互联网金融风险进行测度，并对如何防范互联网金融风险进行探索，同时还深入探讨了互联网金融的监管问题，并提出相应的监管对策，最后对互联网金融发展前景和趋势进行展望。希望广大读者在阅读此书时能有所收获、有所启迪，树立正确的理财观，合理地控制风险，保持良好的投资心态，提高风险防范意识。

本书由内蒙古财经大学教师冯利英、李海霞、冯瑞琴编著，在编写过程中各章内容均经过反复讨论和多次修改，研究生程海宽、田玉俐、韩英、赵丽云等同学也为此书付出了大量汗水和努力，做了大量数据收集、建模和资料整理工作，本书的编写参考并汲取了大量互联网金融、大数据金融的相关理论著作、论文、杂志等有益内容，受篇幅所限，恕不一一提及，在此表示衷心的感谢。虽然笔者在编写过程中力求严谨和完善，但水平有限，书中难免存在疏漏或缺陷，敬请广大读者批评指正。

冯利英　李海霞　冯瑞琴

2017年7月于呼和浩特

目　录

第一章

中国金融业的发展与面临的挑战

第一节　金融业概述

一、金融业的内涵及特点

金融业是指经营金融商品的特殊行业，它包括银行业、保险业、信托业、证券业和租赁业。金融业在国民经济中处于牵一发而动全身的地位，关系到经济发展和社会稳定，具有优化资金配置和调节、反映、监督经济的作用。

金融业具有如下特点：

（1）指标性。指标性是指金融的指标数据从各个角度反映了国民经济的整体和个体状况，金融业是国民经济发展的“晴雨表”。

（2）垄断性。垄断性一方面是指金融业是政府严格控制的行业，未经中央银行审批，任何单位和个人都不能开设金融机构；另一方面是指具体金融业务的相对垄断性，信贷业务主要集中在四大商业银行，证券业务主要集中在国泰、华夏、南方等全国性证券公司，保险业务主要集中在人保、平保和太保。

（3）高风险性。高风险性是指金融业是巨额资金的集散中心，涉及国民经济各部门，任何经营决策的失误都可能导致“多米诺骨牌效应”。

（4）效益依赖性。效益依赖性是指金融效益取决于国民经济总体效益，受政策影响很大。

（5）高负债经营性。高负债经营性是相对于一般工商企业而言的，其自有资金比率较低。

二、金融业的产生和发展

金融业起源于公元前2000年巴比伦寺庙和公元前6世纪希腊寺庙的货币保管和收取利息的放款业务。公元前5世纪至公元前3世纪在雅典和罗马先后出现了银钱商和类似银行的商业机构。在欧洲，从货币兑换业和金匠业中发展出现代银行。最早出现的银行是意大利1580年在威尼斯成立的银行。1694年英国建立了第一家股份制银行——英格兰银行，这为现代金融业的发展确立了最基本的组织形式。此后，各资本主义国家的金融业迅速发展，并对加速资本的积聚和生产的集中起到了巨大的推动作用。19世纪末20世纪初，主要资本主义国家进入垄断资本主义阶段。以信用活动为中心的银行垄断与工业垄断资本相互渗透，形成金融资本，控制了资本主义经济的命脉。

中国金融业的历史可以追溯到公元前256年以前，周代就出现了办理赊贷业务的机构，《周礼》称之为“泉府”。南齐时（479~502）出现了以收取实物作抵押进行放款的机构——“质库”，即后来的当铺，当时由寺院经营，至唐代改由贵族垄断，宋代时又出现了民营质库。明朝末期钱庄（北方称银号）曾是金融业的主体，后来又陆续出现了票号、官银钱号等其他金融机构。由于长期的封建统治，现代银行在中国出现较晚。鸦片战争以后，外国银行开始进入中国，最早进入中国的是英国丽如银行（1845年）。随后，英国的麦加利银行（即渣打银行）和汇丰银行、德国的德华银行、日本的横滨正金银行、法国的东方汇理银行、俄国的华俄道胜银行等也相继进入中国。中国人自己创办的第一家银行是1897年成立的中国通商银行。辛亥革命以后，特别是第一次世界大战开始以后，中国的银行业开始有了较快的发展，银行逐步成为金融业的主体，钱庄、票号等退居次要地位，并逐步衰落。中国银行业的发展基本上是与民族资本主义工商业的发展互为推进的。这表明了金融业与工商业之间的紧密联系及其对国民经济的重要影响。

最早的金融机构是第一次国内革命战争时期在广东、湖南、江西、湖北等地出现的农村信用合作社，以及 1926 年 12 月在湖南衡山柴山洲特区由农民协会创办的柴山洲特区第一农民银行。随着革命战争的发展，各革命根据地纷纷建立起农村信用合作社和银行。1948 年 12 月 1 日，中国人民银行在河北省石家庄市成立。中华人民共和国成立后，革命根据地和解放区的银行逐步并入中国人民银行。政府没收了国民党的官僚资本银行，并对私营金融业进行了社会主义改造。在此基础上建立起高度集中统一的国家银行体系。同时，政府在广大农村地区，发动和组织农民建立了大批集体性质的农村信用合作社，并使它们发挥了国家银行在农村基层机构的作用。高度集中的“大一统”国家银行体系与众多的农村信用合作社相结合是 20 世纪 50~70 年代中国金融业最显著的特点。从 1979 年起，中国开始对金融业进行体制改革。中国人民银行摆脱了具体的工商信贷业务，开始行使中央银行的职能；国家专业银行逐一成立；保险公司重新成立并大力发展国内外业务；股份制综合性银行和地区性银行开始建立；信托投资机构大量发展；租赁公司、财务公司、城市信用合作社、合作银行、证券公司、证券交易所、资信评估公司、中外合资银行、外资银行等都得到了一定程度的发展，形成了一个以专业银行为主体、中央银行为核心、各种银行和非银行金融机构并存的现代金融体系。

金融业经过长时间的历史演变，从古代社会比较单一的形式，逐步发展成多种门类的金融机构体系。在现代金融业中，各类银行占据核心地位。商业银行是现代银行最早和最典型的形式，城市银行、存款银行、实业银行、抵押银行、信托银行、储蓄银行等，虽都经营金融业务，但业务性质常有较大差异，而且金融当局往往对它们的业务范围有所限制。现代商业银行一般都综合经营各种金融业务。大商业银行除在本国设有大量分支机构外，往往在国外也设有分支机构，从而成为世界性的跨国银行。现代大商业银行通常是大垄断财团的金融中心。持股公司已成为当代发达资本主义国家金融业的重要组织形式。与商业银行性质有所不同的是专业银行。专业银行一般由国家（政府）出资或监督经营，其业务大都侧重于某一个或某几个行业，并以重点支持某些行业的发展为经营宗旨，这一点在信贷业务上表现得尤为明显。中央银行的建立是金融业发展史上的一个里程碑。在现代金融业中，中央银行处于主导地位。它是货币发行银行、政府的银行和银行的银行，负责制定和执行国家的金融政策，调节货币流通和信用活动，一般也是金融活动的管理与监督机关。除银行外，现代金融业中还包括各种互助合作性金融组织（如合作银行、互助银行、信用合作社或信用组合等）、财务公司（或称商人银行）、贴现公司、保险公司、证券公司、金融咨询公司、专门的储蓄汇兑机构（储金局、邮政储汇局等）、典当业、金银业、金融交易所（证券交易所、黄金交易所、外汇调剂市场等）和资信评估公司等。现代金融业的经营手段已十分现代化，电子计算机和自动化服务已相当普及。

第二节　中国金融业的产生、发展与变迁

金融是经济发展的心脏，银行则是其血液。经济越发达，金融在经济发展中的作用越重要。中国金融业的历史可以追溯到远古时期，到当前已经获得了很大发展，在经济中所占的比重越来越高，成为当前社会各界人士关注的一个焦点。股市的变幻、国有银行的改革、人民币的升值压力……这些问题，都成为人们日常谈论最多的话题之一。下面我们就从历史演变中寻找规律，为当前金融业的发展改革提供经验借鉴。

资料 1

国外金融业发展的简要情况

首先，银行体系的演化。国外银行的产生，最初萌芽于长凳、金匠活动，后来为了降低借贷利率而出现了城市银行，之后随着贸易的发展，集中出现了商业银行，但其受风险等因素的影响较大，在实际运作过程中为了降低风险，逐步诞生了中央银行。银行经营的业务方式可分为混业和分业两种。风险的加大促使银行业经营由混业走向分业（1933 年美国的格拉斯—斯蒂格尔法），现在随着业务界限越来越难以区分，银行业务经营又回到混业经营的方向上来（1998 年美国《金融服务现代化法》）。

其次，交易所的发展。14 世纪，德国的布鲁日有一个叫范德布尔斯的家族开设了一家旅馆，由于大量接收参加交易会的各地商人，其慢慢演变成现在的交易所。1531 年，荷兰安特卫普建立了第一座真正的交易所大厦，为有形和无形的产品提供交易（期权、期货的发展：海外贸易引发股份公司的产生，股票的出现，如东印度公司；投机狂潮：1634~1637 年的郁金香热，1720 年英国的南海泡沫，同期法国的约翰·劳事件等），交易所逐渐走向规范化。

最后，保险业的发展情况。随着长途贸易的发展，保险业也发展起来。刚开始在水险萌芽，然后发展火险等其他品种。

一、古代金融业的发展概况

金融，是现代经济运行的中心。它涵盖了与物价有紧密联系的货币供给、银行与非银行的金融机构体系、短期资金拆借市场、证券市场、保险系统以及国际金融的各个方面。其具体发展过程基本集中在货币与信用上，下面就围绕上述方面展开论述。

（一）货币的发展

一般而言，按照标准化的思路，我们可以把货币发展分为五个阶段[①]：①原始社会的多样化[②]，即物物交易。②集中到一般等价物，如各种铸币。③秦统一货币，形成影响很大的半两钱；明朝统一到白银，从而建立了铜钱与白银并存的双本位制。④1935 年统一到法币。⑤中华人民共和国成立后形成人民币，到现在甚至还出现了电子货币。每一个阶段，货币发展形式都跟当时经济、社会等背景密切联系在一起，体现当时社会经济发展的需要。具体到近代以来，中国货币制度的演化大致经过了以下几个时期：

1. 晚清的货币制度

晚清的货币制度，简单而言，就是一种“银钱双本位制”，即“凡一切行使，大抵数少则用钱，数多则用银”。具体来说，名称上全国都是使用如下几种货币：银两、银元、铜钱、纸币，但在实际操作中则相当复杂，全国各地没有一个统一的货币标准。各地制造的货币单位能在规定的范围内流通，越出制造地区则需要按照一定比例进行兑换，否则无法使用。同时，能够制造货币的机构也不统一，中央、地方官府、外国在华金融机构、本国传统金融机构以及后来出现的本国金融机构，甚至个人、商店等都能够制造各种货币单位。如此复杂的局面极大地影响了中国经济的发展和人们的生活。为此，晚清政府也曾想统一货币制造，并在 1910 年制定《币制则例》，力图统一货币，建立一个统一

---

① 具体而言，货币的发展是按照“多样化——一般等价物—金银—纸币—电子货币”的顺序演化的。从中国货币的演化看，大致上是按照“物物交易和贝币时期—刀币时期—半两五铢时期（这之前大多以重量为名称演进）—年号通宝时期（之后大多把以重量为名称改为以“年号和宝”为名称）—纸币时期—电子货币”进行的。

② 如电影《辛德勒的名单》中，没有货币时以香烟作为货币。

的银本位的制度框架，但因为清政府在1911年就被推翻，该制度自然无法实现。

2. 北洋政府的币制改革

清政府被推翻之后，新成立的北洋政府也力图统一货币。1914年，北洋政府公布了在《币制则例》的基础上改订的《国币条例》。1915年，北洋政府币制委员会拟定了《修正国币条例草案》，主要增加了铸金币的内容。同时，北洋政府也力图统一纸币的发行，1915年10月，北洋政府公布《取缔纸币条例》，该条例共9条，明确规定了除中国银行和交通银行外，其他银行不得发行纸币，已发行的纸币限期回收。在此过程中，受到北洋政府中央权力衰落等因素影响，这些措施根本无法实行。自然，中国货币紊乱的局面不但没有得到根本改善，反而在各地军阀政府割据之下，更加混乱。

3. 废两改元和法币政策

中国货币紊乱的情况，到南京国民政府成立之后有了很大改善。首先，在社会各界的推动下，1933年实现了废两改元，即“（1933）兹定四月六日起，所有公私款项之收付与订立契约、票据及一切交易，须一律改用银币，不得再用银两”。其次，南京政府又在1935年统一了法币，实现了货币的一体化。币制改革与社会经济的发展历程相吻合，促进了中国经济社会的全面发展，同时也为抗战之后调度全国经济力量铺垫了基础。当然，法币的统一，也为南京政府在长期战争中的通货膨胀政策打开了方便之门。1937年6月至1949年5月，在国民党政府的统治下，法币的通货膨胀达1400亿倍。“在1937年，100元法币可以购买2头牛，到了1945年可以购买2个鸡蛋，到了1946年可以购买1/6块肥皂，到了1947年可以购买1个煤球，到了1948年则只能购买1/500两的大米，到了1949年只能购买五十亿分之一两的大米”。当然，除了物价上涨外，政府政策的变化也成为币值萎缩的一个因素。战前假如某个人拥有一万元就算是经济条件很好了。但随着日本的入侵，日本和汪精卫在上海等地发行中储券，并规定中储券与法币的比价为1：2，结果10000元就变成了5000元。抗战胜利之后，蒋介石政府又规定，中储券与法币的比值为200∶1，这样，人们手中的5000元就变为25元。到1948年金圆券发行之后，由于金圆券与法币的比值为1比300万，人们手中的25元就蜕化为不到1分的小数了。

4. 金圆券和银圆券

1948年，金圆券计划开始实行。最初计划发行20亿元，但由于受到军事等活动的影响，发行量很快就突破了这一数字，“1948年8月至1949年6月，金圆券就发行了130万亿元，膨胀了65万倍”。照如此趋势发展下去，加上政治、军事等失利，金圆券已经无法流通了。为此，国民党当局又在广州推出了一个银圆券计划，从1949年7月4日正式发行到1949年12月12日国民政府败退中国台湾，该计划总共存在了5个多月的时间，构成了国民党在大陆金融的最后一搏。

（二）古代信用机构的发展

典当大致产生在南北朝时期，后来得到了迅速发展，并逐步演化成“典、当、质、押”几个不同的组织形式，对中国古代社会经济产生了很大的影响。账局在1736年产生，当时山西汾阳商人工庭荣出资四万两在张家口设立祥发永账局，首倡该组织，其功能以对工商业者存、放资金为主，偶尔从事汇兑业务，票号成立后则完全让位于它。钱庄在1577年左右产生，刚开始基本以银钱兑换为业务，到乾隆年间开始从事存放款活动，同时，还在经济发展较好的地区发行钱票，即庄票。钱庄的组织形式基本是独资的，后来逐步按照资本多寡分化为汇划庄（即大同行）和非汇划庄（即小同行），非汇划庄又进一步分化为元亨利贞四个等级。元字庄叫作挑打钱庄，有时候也经营存放款业务，但数目比较小。从前运送制钱，都用人挑送，当时称之为挑担钱庄，后来讹为挑打钱庄。亨字庄又叫作关门挑打，对于每天的收解，都托汇划庄和元字庄代办。利字庄不经营存放款业务，只做银钱的趸批买卖，也做零兑，所以又叫作拆兑钱庄。贞字庄最小，就是所谓的现兑钱庄，专做零兑生意，兼买香烟”①。票号大致在道光年间（1823 年）产生②，业务以汇兑为主，后来才发展到存放款。中国第一家票号——日升昌最初是由颜料庄改组而成的。当时因赢利颇多，其他一些庄号纷纷仿效。从事者多为山西商人，且集中在平遥、太谷、祁县三地。票号的组织形式为独资和合资，为无限责任。业务早期为商业汇兑，到太平天国运动后才为政府汇兑服务。此外，在中国广大农村地区流传已久的合会形式的筹资工具也获得了一定发展，受到各地自身因素的影响，其组织和运用方式有所差别，但它们的实践却极大地丰富了中国传统金融体制的内容。

票号与钱庄尽管都是中国古代的信用机构，但两者之间存在着一些明显的不同之处。“从制度上讲，钱庄是独立经营制，票号是分支连锁制；就地方性来讲，钱庄以南方为中心，多是江浙人所开设，票号则以北方为大本营，大多数为山西人所主持；从业务上来说，钱庄起源于兑换，而票号起源于汇兑；从顾客来说，同钱庄往来的，多是商人，同票号往来的，多是政府官吏”③。

---

① 彭信威．中国货币史［M］．上海：群联出版社，1954：612.

② 关于票号产生的原因，有着不同的说法：李自成遗金说、农业留成说、工商业发展不充分说、山西盐业说和开中制说。而票号产生的前提条件应该具备以下几点：雄厚的资本、广泛分布的商号经营点、安全（镖局难以承担日益增加的资金运送）。票号诞生于山西的原因主要有以下几点：广泛的分支机构、资金实力雄厚、信用卓著、地理位置优越、技术先进。例如，日升昌的票号，有一个“昌”字的水印；写银票的笔迹上也有暗号，某个字的拐弯可能内藏玄机，横与竖、撇和捺都有暗记；在银票的某个角落，扎一个针眼。老百姓是看不懂银票的，因为上面全是密码：“谨防假票冒取，勿忘细视书章”12 个字，是 12 个月的代号，“堪笑世情薄，天道最公平，昧心图自利，阴谋害他人，善恶终有报，到头必分明”30 个字，是一个月中 30 天的代号。“生客多察看，斟酌而后行”，其实是“一二三四五六七八九十”；“国宝流通”，其实是“万千百十”。这些密码过一段时间就要更换，外人无从破译。汇票只要一兑付，立即销毁。

③ 彭信威．中国货币史［M］．上海：群联出版社，1954：620.

资料 2

票号为何取得了如此大的发展

票号在很长一段时间内执中国金融业的牛耳。这点成为当前研究者密切关注的热点，按照山西一些票号史研究者的观点，票号的成功经验大致上可以归纳为如下几点：晋商精神、经营模式、组织管理、心智素养。具体而言，其成功体现在以下几个方面：第一，海内最富，积累了大量财富。山西的富商巨贾不可胜数，他们掌握了巨额资本。第二，在长期的经营过程中坚持“以义制利”，在海内外获得了崇高的信誉，这种无形资产使晋商在各个领域都获得成功。第三，把商业做到了国内外，全国各地，甚至海外都有分号。这就形成一个广泛的商业网。第四，在经商过程中出现了一批有眼光、有胆识、有开拓精神而又精通商业经营的人才。这些人才既包括作为出资人的东家，也包括作为经理人的掌柜和员工。第五，在长期经商过程中形成了一套行之有效的制度。如基于股份制的资本合作、所有权与经营权分离、内部激励—约束机制、成熟的管理与财务制度、各商号之间的合作制度等①。

二、近代金融业的发展概况

近代中国金融业的发展，主要集中在银行业方面，其他领域业务量很少，像证券、保险等机构的开设早期还以银行法为标准，且其业务量

① 梁小民．别忘了日升昌——晋商票号的兴起［N］．经济观察报，2006-08-16.

远远比不上银行业内设立的相似部门的业务量，故本节以银行为核心展开阐述，对比现代与传统领域中的变化，然后简单介绍证券、保险的情况。

（一）近代金融业的发展

中国银行业产生于1897年，故我们在阐述上以此为界，并结合我们在序言中谈到的经济史分期标准，把近代金融业的发展划分为如下几个阶段：1897年之前的外资与传统金融机构演化阶段；1897年至“一战”，中国初步形成“三角鼎立”的阶段；“一战”至1937年“三角鼎立”的分化阶段；1937年以后的战时金融统制阶段。

1. 1897年之前的金融业

（1）外资银行的入侵。

外资银行进入中国以前，金融功能是由当时设立在中国的洋行来执行的。随着中国国门的打开，贸易量迅速上升，洋行综合性服务功能开始无法满足国外贸易的需要，在此情况下，外资银行开始入侵中国。具体而言，入侵原因有如下两点：第一，传统的洋行无法满足商业扩大的需要；第二，政治扩张的需要，要满足军事上延伸的后勤供给。在此条件下，外资银行开始涉足中国领土，充当了侵华的急先锋。“当时住在上海的，还只是为数很少的原有住宅占有权未被破坏的中国居民，现在的香港街，当时排满了中国的土船坞，南京路则根本没有梦想到。洋泾浜两岸只是旧城外的一片荒野。当时外国医生还只有三名，律师们的脚步还没有踏上这块土地。同孚洋行的一个堆栈，当时还经常用来作戏园，总会的场址，还没有从中国人手里买过来。丽如银行是当时唯一的银行”①。

1845年英国的丽如银行开始进入中国，在中国香港、上海相继设立分行，揭开了西方金融业进入中国的序幕。1864年，英国的麦加利、呵

① North China Daily News.

加剌、汇隆、有利等八家银行，以及法国的法兰西银行也在中国设立分行。受到19世纪50年代末60年代初“棉花投机”风潮的影响，这些进入的银行中先后有五家银行倒闭。1864年，外资银行改变了以前只在中国设立分行的现状，开始设立总行以扩大实力，其中典型者为汇丰银行。1897年，除英国外，其他西方国家也开始在中国设立银行，到19世纪末20世纪初逐步形成了六大银行，即汇丰银行、德华银行、华俄道胜银行、横滨正金银行、法兰西银行、美国花旗银行共同控制中国金融的局面。

（2）票号、钱庄的演化。

外资新式金融机构的入侵，给中国传统金融机构带来了很大影响：一些传统金融机构逐步被纳入外资金融机构的轨道，另一些则由于依靠政府业务而陷入守旧之中。

票号早期受到清朝法制的限制，基本为商业流通服务，避免携带大量的白银，维护了交易的安全。太平天国运动后，票号开始充当清朝京饷、协饷运送的中介，事业有了辉煌的发展，但过度依赖政府，也为自身的衰弱铺垫了基础。

钱庄早期的资金主要来自自身的积累，数量少，仅仅充当国内贸易的中介，对国内工农业的支持很少。19世纪70年代初以后，钱庄开始接受外国在华银行的资金，充当国内外贸易的中介。此时，中国钱庄产生了一次大的整合。随着外资银行的入侵以及各国在中国开设租界，原先依靠传统贸易路线发展的钱庄等传统金融组织，开始发生分化：处于中外贸易口岸城市和进出口商品集散地的钱庄有了很大的发展，且逐渐向租界集中，呈现出了单向繁荣的景象，而依靠传统城市的钱庄依旧停留在固有的发展轨迹上，逐步陷入倒闭、整合的境地。如此整合之后，钱庄的功能也在与外资金融机构的接触中发生了关键性的转化，19世纪70年代之后，钱庄开始成为刚刚形成的沿海与内地贸易交往圈的金融纽带，承担了为商业融通资金的重任，也自然受到了外国金融势力的控制，为其在洋货的推销、土特产的收购中提供中介服务，成为外国金融势力在内地延伸的媒介。

当然，钱庄过度依赖外国在华金融机构，也给自身的发展带来了重大的影响：一方面依靠来自外国银行的资金融通，增加了自身资力，使它们能够依靠微薄的资金承担起内地与沿海贸易圈的巨大资金链；另一方面过度地依靠外资的融通，也使钱庄受制于外人，深受各种金融风潮的危害。针对这种现象，时论曾点出："银行收款太紧则钱庄掉转不灵；钱庄掉转不灵则富商大贾之存银于钱庄者，纷提存款，则银根愈紧；银根愈紧则各钱庄不能贷款于各行号，各行号无以贷款则不能不停办货物；停办货物则附近各省农工之依赖于上海者几百万人，无所得食矣。"① 其中比较典型的有以下三次：

一是1883年的金融风潮。一方面，像胡光墉这样的传统商人企图依靠自身资力和钱庄银号的资金，跟洋商展开国内产品价格控制权的争夺；另一方面，广大钱庄银号经营者则借助外资银行的资金，从事股票投机，由此导致股市上涨。1882年6月10日《申报》记载，"平泉铜矿：200~205两，面额105两；自来水：32.5镑，面额20镑；开平煤矿：237.5两，面额105两；济和保险：72两，面额50两；招商局：250两，面额100两；织布局：112.5~115两，面额50两；长乐铜矿：160两，面额50两；电灯：145两，面额100两；纸作：125两，面额100两；仁和保险：220两，面额100两；牛乳：160两，面额100两"。

二是1897年的贴票风潮。贴票风潮发生于光绪二十三年（1897年）的上海。那时，因贩卖鸦片能获巨利，市面需要大量的现款，为此，各钱庄争相以重利吸收资金，放贷给商人，从中牟取暴利。当时潮州帮中有个郑姓商人开设的协和钱庄，首创贴票的方法，以高利吸收存款：用90余元现金存入者，钱庄开给一张远期庄票，到期后即可凭借庄票兑换100元现金。此法一开，因吸收现金容易，许多钱庄便纷纷经营此类业务。后来，很多投机分子也纷纷效仿，假设钱庄，不断抬高利率以骗取存款。最初，此类存款的贴息不过二三分，后来竟抬到五六分。此时参与此种业务的钱

① 转引自张国辉．晚清钱庄和票号研究［M］．北京：社会科学文献出版社，2007：155.

庄越来越多，开出的空白贴票数大约达到 200 万元。开始的时候，因数量较少、利率较低，钱庄尚能借助以此补彼、借东补西等方法加以应付。随着贴票数量不断增多，利息大量上升，许多从事贴票业务的钱庄无法按时兑现，不利的信息迅速传开，参与存款者纷纷要求提现，引起此类钱庄大量倒闭，进一步加剧市面银根的紧张。刚好年底已到，需款紧张，使原本就已收缩的银根更加紧张，导致参与贴票的钱庄无法获得资金的支持，引发了更大范围的钱庄倒闭或清业。此次贴票风潮的发生，给当时社会经济带来很大的影响。一方面，此次参与贴票的钱庄在风潮中几乎遭遇了全部倾覆，虽然它们大多为非汇划钱庄，但由此引起的市面银根紧张也给汇划钱庄带来了很大的影响；另一方面，参与此次存款活动的客户大多是一些小额存款户，如女佣、有钱家的妇女等，她们受害最深，很多人血本无归。此次风潮的影响为以后新式银行开展存款活动奠定了一定社会基础。

三是橡皮股票风潮。宣统二年（1910 年），上海又发生了一次橡皮股票风潮。此次风潮跟以前的历次风潮存在明显的不同，是一些外国在华的各色骗子依赖外国银行势力发起的一个明目张胆的骗钱活动。此次风潮的发生需要追溯到光绪二十九年，当时在上海成立了一家由英国人麦边组织的蓝格志拓植公司，虽然招牌挂了五六年，但是该公司没有从事任何业务。后来，受到国际汽车行业发展的影响，橡胶需求量迅速增加，引发伦敦市场橡胶价格迅速上涨，该消息传到国内，麦边乘机开始招摇撞骗。他找人在报刊上发表文章，宣传橡胶在建设上的重要地位和未来的辉煌前景。然后，又在报刊等媒体上为蓝格志拓植公司大做广告，描绘该公司良好的经营状况和拥有广阔的发展前景。国内广大人民受其蒙蔽，竞相购买股票，而他们却乘机大肆招股，暗中掀抬价格，一时间该公司的股票价格上涨了 16~20 倍。其他外国商人看到经办“橡胶公司”能空手获取巨利，便纷纷仿效，设立橡胶种植公司；同时，为了骗取中国人民的信任，他们勾结外国金融机构，承做他们的股票押款。在此背景下，上海官、商和各界人士不但用自身的资金购买股票，还纷纷向钱庄等金融机构借入款项，钱庄本身也加入到购买股票的行列之中。到宣统二年（1910 年）三月，蓝格志拓植公司的股票价格已经上涨到票面价格的二十七八倍，其他公司一般也上涨了五六倍。这样一来，空手经营这些公司的外国骗子们看到股票上涨幅度已经没有太大的余地，便乘机把自己手中的股票抛出，携带巨款潜逃。与那些骗子相勾结的外国金融机构也在他们不断潜逃之际，宣布停止接受押款，并追回以前承做的押款。于是橡胶股票价格便一落千丈，瞬间变成一堆废纸，导致大量与此相关的钱庄倒闭。到了 6 月，“英租界天津路正元、谦馀二钱庄，15 日因周转不灵，停止进出，26 日兆康庄继之。上海道台蔡观察闻耗后，立饬公共公廨派差协探，将该三庄帐据及正元正副经理何兆政、陆葆润带至捕房。昨解公堂研讯。何洪正元庄系邱石翰、邱竹云、陈逸卿三人合股开设，所欠之款，实系被人拖累……又闻森源庄亦于 26 日受其影响，暂行收帐。17 日元丰庄继之，18 日会大、协大、晋大三庄又继之。市面紧急，恐慌殊甚”①。这种状况震动了全局，不但钱庄大量倒闭或歇业，中国人民被骗了几千万两银子，而且许多外国商人也受到了种种的损失。于是，他们向中国施加压力，为此，上海官方向外国金融机构借款几百万两，以及向大清银行调款 100 万两加以维持，局面才有所缓解。但随着每年交付庚子赔款时点的来临，清政府在此事件上的处理不力和外国金融机构落井下石的行为，前期的风波在源丰润倒闭后进一步加剧，并引发义善源票号的垮台，使此次风潮达到了顶峰。这次风潮给中国社会经济带来了多层影响：一是上海的整个钱庄业受到了巨大的打击，全行业处于前所未有的动荡之中，到次年，全市只剩下钱庄 30 余家，比上年减少了十之五六；二是中国人民被骗的资财达到几千万元之巨，延缓了中国社会经济的发展；三是在此次风潮中，清政府为缓和局面而向国外借款所丧失的江苏盐厘等权力，更进一步使中国社会陷入到半殖民地、半封建社会的深渊。

综观上述三次风潮，大致反映出近代以来中国金融危机的产生是由以

① 《申报》，1910 年 7 月 26 日。

下三种因素引起的：①资本市场超前发展；②人们盲目投资且投资过度；③外国金融机构操纵引发整个金融系统支付危机，导致金融秩序崩溃。危机发生后，政府缺乏应有的管理，危机所造成的震荡完全靠市场自身的力量来纠正，清政府没有意识到也没有能力进行积极干预。虽然清政府也曾采取一些补救措施，但基本上是在外国金融机构和国外侵略势力的压迫下做出的非意愿行动。这不但无益于危机的解决，反而促进了国外金融势力对中国金融业、金融市场的控制，使中国金融危机的发生成为其敛财的机会。

2. 1897~1912 年的金融业

（1）中国现代金融业产生。

关于银行产生的原因，不同的学者有着不同的理解，但就本书的观点来看，主要由以下三点因素构成：①外资银行的巨额回报是中国银行业产生的首要动力；②兴办军、民企业的资金短缺是银行业产生的导火线；③财政危机是银行业产生的催化剂。而国外银行产生的原因则是降低交易成本、降低利息、适应大工业发展的需要。

资料 3

传统金融机构与新式银行的不同点

首先，组织形式不同。传统金融机构基本上是无限责任制，以很少的资本开始营业，但其背后却以整个股东的家财等为支撑；而银行是有限责任制，以自身资本为依据，承担相应的责任。

其次，功能的重点不同。传统金融机构的业务以汇兑为主，后来扩展到存款和放款，但基本上集中在自身的商业交往圈中，无法真正充当社会中介的角色；银行是以存放款业务为主，充当社会的中介。

最后，贷放形式不同：人信与物信。钱庄是前资本主义的封建金融机构，它的基础是商业，由于封建性的限制，它的资本不可能扩大，在业务方面偏重于对人的信用；银行是资本主义企业，它的基础是产业，它是社会的债权人和债务人的中介，资本可以无限制地扩大，它的业务注重对物的信用。

(2)“二足称雄、三足鼎立”局面初步形成。

“二足”是指外资在华银行与钱庄等传统金融机构。此时，外资银行占有外汇和与外国有关的业务；而钱庄等占有内汇，这样他们就控制了我们前面讲到的沿海与内地的贸易网，基本上把当时能有盈利的空间都控制了。“三足”是指钱庄、外资银行、本国银行等传统金融机构。19 世纪 20 年代，在沿海地区，特别是在五口通商地，钱庄、外资银行、本国银行一度呈现“三足鼎立”之势。

中国本国银行自 1897 年产生之后，到 1911 年大约有 30 家，而存活下来的才十几家。当时，他们一方面把国外先进的东西吸收进来，如通商银行采用“汇丰模式”，设立了华账房、洋账房以处理银行业务，即走上现代化之路；另一方面受到业务限制，除依靠政府的支持外，他们还推行“钱庄化”的策略，即本土化。银行的本土化方针包括以下几方面：一是接受来自钱庄等传统金融机构的资金、人才、技术等支持；二是把自己的资金转放于钱庄、洋行，以收取同业存款的收益，并以此为前提跟企业等拉上关系（因为企业等按照习惯不愿接受抵押贷款，只接受信用放款)，还以此为条件借用钱业公所，进行票据处理。另外，还跟钱庄联系上互相领用钞券的制度，以此扩大银行的信誉，达到了双赢的目的。本土银行业的发展使中国金融业由之前“二足称雄”的格局演变成外资银行、本国银行和钱庄“三足鼎立”的局面。

3. 1912~1937 年金融业的发展

（1）外资银行的发展（英—日—美）。

表 1-1 外资银行在中国发展机构分布

年份	英国		美国		日本		法国		德国		俄国		意大利		比利时		荷兰	
	总	分	总	分	总	分	总	分	总	分	总	分	总	分	总	分	总	分
1894 年前	4	12			1	1	1	1	2	2								
1985~1913 年		5	1	4	4	29	3	12		11	1	14	1	1	2	8	1	1
1914~1927 年	2	9	9	25	28	75	2	11					2	3			1	2
1927~1936 年	2	2	3	5	29	71												
历年设立数	8	28	13	34	62	238	6	24	2	13	1	14	3	4	2	8	2	3
1936 年存在数	5	25	5	16	29	71	2	7	1	5	1	1	1	1	1	4	2	5

注：“总”为外资银行在中国设立的总行，“分”为外资银行在中国设立的分行。此表不包含外资银行在中国设立的中外合资银行。日本的银行在 1914~1927 年的数量为 1914~1930 年的数量，而 1927~1936 年的数量则为 1930~1936 年的数量。

资料来源：吴承明．帝国主义在旧中国的投资［M］．北京：人民出版社，1956：40；朱荫贵．抗战爆发前的外国在华银行——以南京国民政府事情为中心［J］．中国经济史研究，2004（4）：3-7；以及 1936 年的《全国银行年鉴》和吴承禧《中国的银行》一书“附录二”。

（2）传统金融机构的兴衰。

票号衰落的原因在于过度依赖清政府，失去了向新式金融机构靠拢的机会（李宏龄力主合组银行；1916 年蔚泰丰改组银行）。从同治元年（1862 年）到光绪十九年（1893 年）间，经由山西票号汇兑的京饷达到了 5864. 3 万两。

除了汇兑京饷，山西票号还汇兑协饷、铜本银、洋务运动经费等政府资金。由此给票号带来了业务上的繁荣，但同时也给票号埋下了危机。因过度依赖清政府和经营款项的丰厚，票号失去了改革的机遇，没有把自己的优势转到新式经营的领域中，丧失了发展的最佳时机。同时，票号占据优势的汇兑业务也不断遭遇外国在华银行、本国银行强有力的竞争，优势业务逐步萎缩。结果，在内外因素的影响下，在清王朝的覆灭后，票号遭到了致命的打击，根基动摇。全国性的票号原有 26 家，1913 年只剩下 18 家，之后又陆续停闭了 14 家。原先拥有重要地位的票号，至此基本被现实所淘汰。

当然，这一时期，票号内部并不是仅仅停留在以前的经营业务上，而是也发生过变化。当时行业内部就曾为加入银行的事发生过激烈争论，但最终没有达成一致意见。清政府也曾在设立银行之时多次邀请票号加入，但都遭到票号的拒绝。终清一代，票号也没有改为银行，后来到 1916 年才有一家蔚丰厚票庄改组为蔚丰商业银行。

钱庄的发展路径为：依赖外国金融机构的拆资—金融风潮—钱业公会—来自国内银行的资金支持。钱庄衰落的原因有以下几个方面：第一，1932 年票据交换所的成立。钱业汇划总会“在昔银行业票据交换所未成立之时，为中国金融机关唯一之票据交换所，所以华商银行票据，也曾委托钱庄代为交换。于是为支付之便利起见，银行又不得不存放一部分现款于代理钱庄……”“……钱业票据交换，集中于汇划总会，即五十五家汇划庄又称入园钱庄者之所组织之公共机关也，每会员庄以五万元之准备金，存入汇划总会，成立钱业准备库以便同业收解之用。设某日甲庄收入乙庄之票据，共计金额为 2735 元，甲庄派人将票据送至乙庄，乙庄即以 2500 元之钱库公单，付于甲庄，其不及五百元之零数，则须与次日收入票据合计清算，乙庄收入甲庄票据，亦取同样手续，每日午后六时起各庄均持本日所收之公单赴汇划总会扎帐，收入多于付出者，谓之多单，付出超过收入者，谓之缺单，最后收解，或由缺单庄以现款付交多单庄，或由缺单庄向多单庄预先拆进，均无不可，未入园钱庄对于同业之收解，则由入园钱庄代理”。票据交换所成立后，“钱庄多向交换银行开立帐户，以便委托交换银行，代理收付与银行业发生之帐项”。同时，交换手续也发生相应的变化，“交换银行收入汇划庄之票据，均由交换所派人送至付款庄，换取银行联合准备委员会之拨款单，收款庄以拨款单存入钱业准备库，钱库将各庄存入之拨款单送至中交联合办事处，中交以七与三之比开出钱库支单，送交钱库而收付藏”。第二，废两改元和法币改革。“钱业之所以主张用银的原因，是为贪存放一毫二丝五的利益。因钱庄向例，存银有息，存洋无息，譬如以洋万元去存，按当日洋厘折成银两数，如当日洋厘为七三四一二五，则应合银七千三百四十一两二钱五分，但钱庄要把一二五抹去核算，只记入七千三百四十两。至提取当日的洋厘核算，并不减去一二五。譬如提取日的洋厘仍为七三四一二五，则按七三四一二五核算，原存七千三百四十两（系一万元），只能提出九千九百九十八元零，一出一入，钱业即获得一两元的好处。如果交情稍浅，还不照一二五计算，甚至照二五（二毫五丝）核算，那就折耗更大”。第三，银行法的出台。钱庄也要按照银行法的规定确定最低的资金，接受来自政府的监督等。第四，来自银行等的竞争使钱庄业务萎缩。

（3）本国银行业的独占鳌头。

1）银行业的两次变化。首先，中国银行、交通银行的商业化，即国有银行的商业化。股权上的变化体现为国有股减少，商股增加。“中国银行商股的比重 1915 年为资本总额的 17.01%，1917 年为 59.29%，1921 年为 72.64%，1922 年为 88.87%，1923 年后达到 97.47%。官股总额从 1915 年的 1128 万元减少到 1923 年的 5 万元，绝大部分官股过户为商股。商股总额则从 1915 年的 231 万余元增加为 1923 年的 1971 万元”。制度上的变化体现为新旧则例之争（银行总裁的任命权的变化、任期的变化）。其次，1927 年以后出现商业银行官办化（中国、交通、国货、通商、四明、中国实业、新华信托等）。

2）其他银行业也获得了很大发展。首先，银行集团。如北四行［金城银行（周作民）、大陆银行（谈荔孙）、中南银行（胡笔江、黄奕住）、盐业银行（吴鼎昌）］，南三行［上海银行（陈光甫）、浙江实业银行（李铭）、浙江兴业银行（徐寄倾）］和江浙财阀。同时，大量商业银行诞生。在上述基础上形成了全国性银行集团，按照黄逸峰等的说法，形成了以若干大银行为中心的财阀集团。其次，出现了资本积累。在此趋势下，中国银行出现资本积累的趋势，如表 1-2 所示。

表 1-2　中国私营银行业的集中趋势（1936 年）

	总行数		分支行数		实收资本和公积金		资产总额		存款	
	实数	%	实数	%	金额（千元）	%	金额（千元）	%	金额（千元）	%
大银行	9	9	237	53	100453	45	1184899	61	961206	68
次大银行	9	9	96	22	55494	25	366923	19	219631	16
中等银行	20	21	56	13	33987	10	237689	12	130983	10
其他小银行	60	61	54	12	31126	14	148668	8	86940	6
总计	98	100	443	100	221060	100	1938279	100	1398763	100

资料来源：樊百川．试论中国资产阶级的各个组成部分［M］//黄逸峰，姜铎，唐传泗，徐鼎新．旧中国民族资产阶级．南京：江苏古籍出版社，1990：437.

（4）金融机构的同业关系。

在介绍完银行业等的发展演化后，我们简单介绍一下中国金融机构的内部关系。

1）华资银行内部的关系：一是以中国、交通银行为核心。主要体现在：帮助建立金融机构（如新华商业储蓄银行）；领取中交的钞票；互相参股和人事合作；协助同业渡过难关（如对新华商业储蓄银行、上海商业储蓄银行、天津中国实业银行等进行资金援助以度挤兑风潮）；加大同业放款等。如表 1-3 所示。二是以南三行、北四行为主的重要商业银行的协作关系。三是同业组织（各地的银行工会、全国银行工会）之间的关系。

表 1-3　中国银行对同业放款余额统计　　单位：万元

年份	同业透支	拆放同业	合计
1930	295. 22	52. 24	347. 46
1931	608. 75	109. 38	718. 13
1932	221. 15	106. 87	328. 02
1933	262. 05	93. 23	355. 28
1934	371. 22	327. 05	698. 27
1935	205. 40	2932. 69	3138. 09
1936	321. 01	5683. 31	6004. 32

资料来源：中国银行行史编辑委员会. 中国银行行史［M］. 北京：中国金融出版社，1995：327.

2）中外银行的关系。矛盾的一面：互相争夺（如上海银行与麦加利银行对国外汇兑的竞争达到白热化，彼此互不接受对方的外汇合同）。合作的一面：互相拆款（浙江兴业银行对外行的拆款："计拆与正金元 5 万两，期 1 月，息 8 两；计拆与华比元 5 万两，以二星期为期，息 7 两 5 钱；计拆与汇丰元 10 万两，期 1 月，息 8 两；计又代汉行拆汇丰元 10 万两，期限、利息相同；拆与荷兰元 5 万两，系活期，3 日前通知，息 8 两；计又代汉行拆台湾元 5 万两，期 2 月，息 8 两 2 钱 4 分。计以上均拆票。"浙兴档：董事会议录，1918 年 2 月 9 日）；互相支持，包括中国银行对外国银行的援助（如五卅运动其间，四明银行等对外资银行的支持）以及外国银行对中国银行的援助（如 1916 年，外资银行对中国银行的支持）。

3）银行与钱庄的关系。首先，外资银行与钱庄的关系：拆款与拆台（提供巨额的资金与造成金融危机）。其次，中国银行与钱庄的关系：竞争与合作（早期银行钱庄化与后期钱庄银行化）。

4. 1937~1949 年金融业的衰竭

（1）商业银行由稳定经营向投机转化（如买卖外汇）。

（2）官僚银行一统天下。南京政府建立之后，通过商业银行国有化，逐步形成了一个掌控中国金融的网络。“四行两局目前统制全国金融，而且有生杀予夺之权。膨胀由他们；收缩亦由他们。收购土产，票据承兑，大小放款，抬高或压平金价，收购农作物，供给外汇这许多工作，不论大大小小，都由四行两局包办”。①

（3）外资银行由日本垄断的局面得以改变。1937~1945 年是日伪银行垄断金融市场时期。这阶段的特点是，日本侵略军在其所到之处，除了加强日本在华银行的实力外，还设立一批日伪银行，其他国家在华基本上未设立新银行，原在华外国银行相继为日本政府指定的日本银行接管，业务陷入停滞和混乱状态。

1945~1949 年是英、美、法等外资银行恢复营业阶段。这阶段的特点是外资银行的分支数目虽较抗战前有所下降，但英、法在华银行势力仍然雄厚，美国在华银行发展较为迅速，实力大为加强。

资料 4

金融与政府的关系以及中央银行的发展演变

1927 年前银行独立发展；1927 年以后，金融与政府的关系发展阶段为支持—矛盾中合作—控制与反控制—合而为一。

①中央银行从无到有（前提：商品经济发展比较成熟；金融业对此有需求；社会不安定、币制紊乱和金融市场无组织）。②中央银行发展的几个阶段：清末的大清银行（户部银行）；民初的中国、交通；1928 年三大央行（广州、汉口、南京）；1928 年以后又可以分为三个阶段，即分立特许制（1939 年以前中中交农）、复合集中制

① “商情一周”，《大公报》（1947 年 1 月 13 日）。

（1942年以前，四联总处）、单一集中制（1942～1949年，央行统一发行）。③中央银行的职能：国家的银行；发行的银行；银行的银行。④中央银行的缺陷：最后贷款人和控制货币供给。

（二）近代金融业与中国经济发展

1. 对高利贷①的冲击

资料5

高利贷的起源与发展

早在古巴比伦时代，在《汉谟拉比法典》里就有关于高利贷的记载，对借贷的利率有着最高的限制。“以白银作标准的借贷，利率不得高于20%，以谷物作标准的借贷不得高于33.3%。”（［英］乔纳森·巴伦·巴斯金、保罗·J. 肖米兰蒂·公司财政史［M］. 北京：中国经济出版社，2002：336.）；基督教的申命记规定“你借给你兄弟的，或是钱财，或是粮食，无论什么可生利的物，都不可取利。借给外邦人可以取利，只是借给你兄弟不可取利”；伊斯兰教：信徒采用术达拉巴，即投资者与业主之间的一种简单而又灵活透明的合伙经营形式；或者木斯巴拉卡，一种按投资比例分配利润的合伙方式；

① 对高利贷的看法，到目前为止仍然没有取得一致。按照马克思在资本论里的说法是“可以把古老形式的生息资本叫作高利贷资本”；显然泛泛而谈。一般情况下，高利贷是看作一种剥削现象，利息不但占据了所有的剩余劳动价值，有的还部分占据了必要劳动价值。

犹太人则是高利贷者。古代中国政府对于高利贷也有着严格的规定，自汉唐至明清，大致上都制定了借贷利率的最高上限（2~6 分）、利息总量不超过本金、不能复利计息等（参见刘秋根的《中国封建社会利率管制政策》）。近代以来，中国高利贷则有了很大发展，其表现形式主要有如下几种：加大利（即复利）、先扣利、多算日期、粮钱互折、粮食与粮食及其他实物的互折（参见李金铮的《内生与延续：近代中国乡村高利贷习俗的重新解读》）。

（1）商行强有力的融投资功能对高利贷行为的排挤。农村借贷利率，很多是在 4 分以上，“1 ~ 2 分 9. 4%，2 ~ 3 分 36. 2%，3 ~ 4 分 30. 3%，4 ~ 5 分 11. 2%，5 分以上 12. 9%，合计为 100. 00%”。

（2）传统与现代的冲击——双轨式的融投模式。信用与抵押并行，信用方式仍占有很大优势。如 1921 年全国 37 家华资银行放款方式的统计，信用放款总额为 106870 千元，抵押放款总额则为 89776 千元，两者之比为 1. 19 : 1。

（3）商业银行冲击有限性的因素分析。一是传统习惯的约束，如商人借款一般是不接受抵押的，那样会影响商人的地位和信誉；二是政府的赤字及其信誉的低下，使他无法在外债市场上获得支持，只能依靠内债和银行的垫款，这样，政府的需求自然挤出了民间的资金，抬高了资金借贷利率；三是受到国外在华银行、传统金融机构的竞争，迫使银行业只能抬高存款利息和其他优惠条件，以此来吸引社会大众的余资。

2. 对传统习俗的冲击

（1）传统习俗约束性偏好。

（2）商业银行盈利观的制度性冲击。

（3）容纳传统与现代的盈利观。

3. 对工农各业的融资

（1）商业银行的工商业融资效应。经营上的三次转变。银行与工商关系：1927 年之前是平行关系、之后是财政合一。

（2）商业银行等新式金融机构对农村放款绩效。

4. 对家庭个人借贷的影响降低了借贷成本、增加了借贷渠道

资料 6

银行业的业务情况

近代中国银行业的业务。根据银行的资产负债表和损益表的项目，我们大致可以把银行业的情况划分为资产和负债两部分。①资产：自有资金（资本）、存款和发行钞券。②负债：贷款、投资（有价证券、公债和房地产）。

现在银行业的业务发展。①资产：自有资金（8%）、存款、创造负债。②负债：贷款、投资、表外业务。

三、新中国成立后的金融业

1948 年 12 月 1 日，中国人民银行正式组建成立。这是我国社会主义金融事业的开端，标志着新中国金融体系的诞生，新中国的金融事业已经发展到一个新阶段。之后，通过合并解放区银行、没收并改组官僚资本银行、取缔外资银行的在华特权、改造私人银行与钱庄，以及建立农村信用社组织等途径，新中国的金融体系逐步建立起来。

从 1951 年开始，国家便按照一切信用归国家银行的原则，使人民银行成为“信贷中心、现金中心和结算中心”，承担了为国家“守计划、把口子”的资金供应和货币监督任务。第一个五年计划中，与高度集中

的计划管理体制相适应，各类金融机构按照苏联银行模式进行了改造，建立起了一个高度集中的国家银行体系，即“大一统”的银行体系模式，并于1953年开始建立集中统一的综合信贷计划管理体制，实行“统存统贷”的管理方法，银行信贷计划纳入国家经济计划，为经济建设进行全面的金融监督和服务。这种状况一直延续到20世纪70年代末。

四、改革开放以来的金融业

我国金融业发展分为以下五个阶段：

1. 起步阶段（1978~1983年）

当时中国实行的是“大一统”的金融体制，既没有监管当局和监管对象，也没有监管法律法规。这一阶段金融监管的基本特征是抑制性，表现为对市场准入和金融创新的抑制，监管内容主要是对货币发行和金融的高度集中性、计划性进行管理，监管手段以行政为主。

2. 发展阶段（1984~1993年）

1984年开始，中国形成中央银行、专业银行的二元银行体制，中国人民银行行使中央银行职能，履行对银行业、证券业、保险业、信托业的综合监管。这一期间的银行监管主要围绕市场准入进行，重点是审批银行新的业务机构。

1986年国务院发布《中华人民共和国银行管理暂行条例》，使中国银行业监管向法制化方向迈出了第一步。但直到1993年底，中国银行业的监管仍处于探索阶段，还算不上是规范的市场化监管，仍带有鲜明的计划性、行政性金融管理的特点，监管手段单一，而且由于银行的特殊性质，人民银行在采取谨慎态度的同时，往往显得无能为力，银行监管难以适应市场金融体制及其运作的内在要求。

3. 加速阶段（1994~1997年）

伴随着经济体制改革的进一步深化和金融业的迅猛发展，1993年12月25日，国务院发布了《关于金融体制改革的决定》，明确了人民银行制定并实施货币政策和实施金融监管的两大职能。

1994 年，三家政策性银行的成立为人民银行对商业银行进行市场化监管奠定了基础。同年，人民银行进行了机构改革，增强了监管力量并明确了内部分工。1995 年 3 月以来，以《中国人民银行法》、《商业银行法》、《票据法》、《担保法》的颁布为标志，中国银行业的监管进入了一个新的历史时期，开始向法制化、规范化迈进。

4. 调整阶段（1998~2001 年）

1998 年 11 月，中国保险监督管理委员会正式成立，专司对中国保险业的监管，将原来由中国人民银行履行的对保险业的监管职能分离出来，中国人民银行主要负责对银行、信托业的监管。1999 年颁布的《金融违法行为处罚办法》，以及之后《国有独资商业银行考核评价办法》、《商业银行中间业务管理办法》、《网上银行管理办法》等一系列监管法规的陆续出台，更使得监管有法可依。2001 年，我国首次实现国有独资商业银行不良贷款比率和余额下降的目标。

5. 改革的新纪元（2002 年至今）

2002 年 2 月，中共中央、国务院召开第二次全国金融工作会议，提出金融监管是金融工作的重中之重；银行业全面实行贷款质量五级分类制度；人民银行牵头制定监管体制、国有独资商业银行综合改革、农村信用社改革等监管方案。

经过 40 年的金融体制改革，我国金融业在改革创新中不断发展壮大，金融机构和从业人员数量大幅增加，金融规模明显扩大。各种不同性质的银行机构遍布全国，承担着吸收存款、发放贷款的职能，保险机构规模从小到大、证券机构从无到有，都呈现出快速发展的势头，初步形成了银行、证券、保险等功能比较齐全的金融机构体系。不断发展壮大的金融业在优化资源配置、支持经济改革、促进经济平稳快速发展和维护社会稳定等方面发挥了重要作用。

（一）多种性质的银行机构在创新中发展，银行业不断取得新进步

1. 现代银行体系基本确立

我国银行业从原来只有中国人民银行一家，发展到拥有近万家法人性质的银行业金融机构。既有商业银行，又有政策性银行；既有大型商业银行，又有中小商业银行；既有主要服务于城市的城市信用社、城市商业银行，又有主要服务于农村的农村信用社、农村商业银行和合作银行；既有传统意义上的银行业金融机构，又有村镇银行、贷款公司和农村资金互助社等新型银行业金融机构；既有中资银行业金融机构，又有外资银行业金融机构。银行业机构提供的金融服务也不断丰富和完善，从简单的存、贷、汇业务到现在多样化、个性化的金融服务，传统银行业务模式发生重大转变，金融超市功能开始逐步显现。与 40 年前相比，我国银行业组织体系更加健全，机构种类更加丰富，市场竞争更加充分，服务功能更加完善。

2. 银行业整体实力明显增强

第一，资产总量快速增加。从资产规模上看，改革开放初期，我国银行业资产总量不过数千亿元；40 年后的今天，我国银行业资产总量已经超过 50 万亿元，比改革开放初期增长了 100 多倍。

第二，资产质量不断提高。我国银行业不良贷款率已从 1978 年的 30%左右下降到目前的 8%左右，其中已股改国有商业银行的平均不良贷款率仅为 2%左右，已经达到或接近国际先进银行的平均水平。

第三，资本充足情况明显改善。经过不断深化改革，我国银行业扭转了原来资本严重不足甚至为负值的局面，实现了 8.4%左右的资本充足率平均水平，其中已股改国有银行的资本充足率平均达到了 12%左右；到 2007 年底，资本充足率达标的银行已有 161 家，达标银行资产占商业银行总资产的 80%。

3. 银行改革不断深化

银行改革始终伴随着银行业的发展，并成为银行业发展的主要动力。经过 40 年的不断改革和发展，中央银行管理体制改革迈出了关键性步伐，以“一行三会”为主体的新的央行管理体制初步确立。国有商业银行改革稳步推进，重新迸发出勃勃生机；股份制银行和政策性银行从无到有，从小到大，从弱到强；农村信用社改革全面推开，并取得阶段性成果。适应市场化、国际化要求的商业银行体制基本确立，市场化程度大幅提升。通过引进各类资本对银行实行股份制改造，实现了银行业产权的多元化；现代公司治理机制逐步建立健全，管理与决策的科学化水平不断提升；流程银行建设得到有力推进，业务流程全面优化；内部控制机制建设迈出重大步伐，全面风险管理能力显著提高；科学的激励约束和绩效考核机制逐步完善，能上能下、能进能出的用人机制和合理、有效的薪酬分配机制不断完善，广大员工的积极性得到极大的激发。

4. 利率市场化改革稳步推进

利率市场化是银行业改革和发展的关键。我国于 1993 年明确了利率市场化改革的基本设想，1995 年初步提出利率市场化改革的基本思路，并从“九五”计划的第一年起开始付诸实施：国家开始将一些资金置于货币市场中，通过市场机制来确定其价格，实现资金定价的市场化，其中二级市场先于一级市场；存款利率改革先放开大额和长期存款利率，对一般存款利率是实行严格管制的；贷款利率改革走的是逐渐扩大浮动幅度的路子；在本、外币利率改革的次序上，外币利率改革先于本币。

5. 汇率形成机制改革成功实施

1979 年以后，我国外汇管理体制逐渐由高度集中的计划管理向市场管理过渡。1993 年以前，我国已经基本建立健全了计划管理与市场调节相结合的外汇管理模式。这一时期的改革主要包括以下几个方面：一是逐步完善外汇经营管理组织体系；二是实施了外汇管理条例及一系列实施细则；三是实行外汇上缴与留成制度，建立外汇调剂市场；四是不断对人民币汇率进行改革，市场化程度不断提高。

从 1994 年开始，我国进行了新一轮的外汇管理体制改革，进一步发挥了市场机制的作用，为我国加入世界贸易组织和实现人民币可兑换奠定了基础。一是实现汇率并轨，实行以市场供求为基础的、单一的、有管理的浮动汇率制度。二是实行银行结售汇制度，逐步实现经常项目下人民币自由兑换。三是建立银行间外汇市场，改进汇率形成机制，保持合理及相对稳定的人民币汇率。

2005 年 7 月 21 日，我国开始实行以市场供求为基础、参考“一篮子”货币进行调节、有管理的浮动汇率制度。这一改革针对国内经济发展和国际形势需要，以主动性、可控性和渐进性为原则，是 1994 年汇率并轨之后我国汇率形成机制迈向市场化的又一重大改革。与此同时，结合新汇率制度的运行特点和市场主体规避汇率风险的需要，我国及时出台了一系列促进外汇市场发展的政策措施。新体制运行以来，人民币汇率小幅双向波动，市场弹性不断增强，保持了在合理、均衡水平上的基本稳定。1996 年底，我国实现了人民币经常项目可兑换，目前正在进行资本项目可兑换的系列改革。在实践中，我国资本账户下的大部分资本项目已有相当程度的开放。

6. 金融宏观调控成效显著

银行业的快速发展使金融宏观调控发挥的作用越来越大。金融宏观调控从中国实际出发，针对不同时期经济和金融形势的特点，运用不同货币政策工具的组合，灵活调节货币供应量，保持币值稳定，促进了经济的快速增长。例如，在 1992~1996 年经济严重过热时期，人民银行采取了包括提高利率、开办保值储蓄、调整信贷结构和投向、加强金融监管等在内的适度从紧的货币政策，使国民经济成功实现软着陆。再如，在 1998~2002 年经济趋冷时期，人民银行采取了包括引入公开市场操作、下调存款准备金率和存贷款利率等在内的积极的货币政策，在保持币值稳定和促进经济增长方面取得了显著成效。又如，在 2003~2007 年经济偏热时期，人民银行根据宏观经济和物价形势继续采取适度从紧的货币政策，进一步增强货币政策的前瞻性、科学性和有效性，灵活运用多种货币政策工具，适当调控货币信贷总量，优化信贷结构，在总量上保持连续性和稳定性的同时，注重加强预调和微调，既支持了经济增长，又防止了通货膨胀和金融风险。从 2007 年下半年起，为了防止经济增长由偏快转为过热、防止价格由结构性上涨演变为明显通货膨胀，人民银行又及时采取了从紧的货币政策。

7. 银行服务水平迈上新台阶

坚持金融为国民经济服务的基本指导方针，不断转变服务理念，创新服务手段，提高服务效率，银行业服务国民经济的功能进一步提升，作用进一步突出。40 年来，我国银行业提供的贷款基本上满足了社会对资金的需求，同时信贷结构和质量也不断提升，为经济社会发展提供了有力的金融支持，金融主力军作用得到充分发挥。作为金融业的主体，银行业主动适应经济发展和金融需求的变化，努力提供便利化、多样化、个性化的金融产品，金融创新步伐加快，服务充分性不断提高。银行业在历次宏观调控中有效地发挥了金融杠杆作用，有力地促进了经济平稳较快发展，推动了经济结构调整和经济发展方式转变，在国民经济发展中的核心作用显著提升。

（二）保险业得到快速发展，不断取得历史性跨越

40 年的改革开放不仅带来了我国经济社会的深刻变化，也为我国保险业的发展注入了新的生机和活力。改革开放之初，我国保险市场只有一家公司，全部保费收入只有 4.6 亿元。2016 年，全国保险机构达到 203 家，保险行业实现保费收入 3.1 万亿元，同比增长 27.5%；保险业资产总量 15.12 万亿元，较年初增长 22.31%，我国已逐步成长为新兴的保险大国。

1. 保险业地位不断提高

整体实力显著增强。2016 年全国实现保费收入 3.1 万亿元，是 2002 年的 10.1 倍，超过 1980~1999 年 20 年全国保费收入的总和。保险公司总资产达到 15.12 万亿元，是 2002 年的 23.5 倍。

一方面，行业竞争力不断提高。40 年来，保险业的体制机制、资本实

力、人才队伍和技术手段发生了深刻变化，保险公司业务结构不断优化、经营管理水平逐步提高。

另一方面，保险风险得到有效防范和控制。改革开放以来，保险业坚持把防范化解风险作为生命线，基本解决了偿付能力不足的问题，及时消除了保险业快速发展中出现的重大风险隐患，建立并完善了化解保险风险的长效机制。目前，保险业整体偿付能力充足，不良资产率低于1%。总体而言，中国保险业成绩显著，取得了长足发展。

2. 保险行业服务能力全面提升

改革开放以来，保险业自觉将行业发展融入经济社会发展全局，不断增强服务于和谐社会建设的能力，逐步成为服务民生、改善民生和保障民生的重要手段，成为支持投资、扩大消费和保障出口的重要因素，成为优化金融结构、提高金融市场资源配置效率的重要力量，成为促进社会管理和公共服务创新、提高政府行政效能的重要方式。

保险行业为经济社会提供保障的力度不断加大。2002年以来，保险业累计赔款与给付7000多亿元。面对2003年的“非典”疫情和历次重大自然灾害，保险业勇担责任、为民分忧，较好地发挥了经济补偿功能。在服务新农村建设方面，承保6省（区）试点的政策性农业的主要作物面积1.4亿亩，占试点地区播种面积的70%。2007年全国共承保能繁母猪2888万头，占全国存栏总量的60%。在31个省份累计为5000万人次的农民工提供了保险保障。在14个省114个县（市）参与了新型农村合作医疗试点。在参与社会保障体系建设方面，为人民群众未来的养老和健康方案积累准备金1.9万亿元。专业养老保险公司受托管理企业年金业务150亿元，占全部法人受托业务的90%。在支持国家“走出去”战略方面，出口信用保险累计支持对外贸易与投资1000多亿美元，为5000多家企业提供了风险保障服务。

3. 保险监管体制改革取得初步成效

在保险监管方面，20世纪八九十年代保险管理体制属于“金融型”，即“银行管保险”。1980年保险机构恢复之初，仍然沿用1964年以来的建制，中国人民保险公司直接隶属于中国人民银行，为局级专业公司，其管理体制也基本上沿袭20世纪50年代的总、分、支公司垂直领导形式。但是，随着保险机构的迅速壮大和业务领域的不断扩展，作为全国唯一的国家独资的保险企业，其经营管理体制上“统得过死”“责、权、利不清”的弊端逐渐显露出来。因此，1998年11月18日，中国保险监督管理委员会成立（以下简称保监会）。保监会为国务院直属事业单位，根据国务院授权对中国保险业履行行政管理职能，并实施市场监管。这是保险监管体制的重大改革，标志着我国保险监管机制得到了进一步完善。自保监会成立以来，它对中国保险业的规范发展起到了重大的促进作用。

（三）证券机构从无到有，证券业在曲折中实现快速发展

改革开放以来，我国证券业积极创新、从零起步，在满足企业和投资者的投融资需求、优化资源配置、推动金融创新等方面发挥了重要作用，为推动资本市场的发展做出了重要贡献，已经成为推动我国资本市场发展的一支必不可少的重要力量，是国民经济不可或缺的新兴产业。

1. 证券业的发展迈上新的台阶

改革开放以来，证券业经历了从无到有、从不成熟到逐步完善的过程，目前已经到了一个新的起点。

首先，产业形态相对完整。2006年末，我国证券业总资产达1.1万亿元，从业人员近8万人，证券营业部近3000家，基金产品321只。投资银行业务、经纪业务、证券投资业务和基金理财业务分别为直接融资需求、交易需求和投资需求提供媒介服务，形成了直接融资的基本业务链条；各项业务已经延伸到了全国各地，完成了区域布局，组成了基本的产业元素。

其次，从业人员素质较高。截至2006年6月30日，共有161157人获得证券业从业资格，其中有7万人获得证券执业资格。另外，有75名香港专业人员获得内地证券从业资格。已注册证券从业人员68473人，占证券从业人员总数的89.8%。目前证券行业具有高管任职资格的553人，其中具有执业资格证书的371人，占总人数的67.1%；已通过了证券公司高管

人员能力测试培训的 314 人，占总人数的 56.8%。

最后，产品性能基本合格。证券产品的性能表现在安全性、流动性和收益性三个方面。随着证券公司综合治理的不断推进和法律法规的不断完善，证券公司的违规风险已经大大降低。基础性制度建设稳步推进，证券公司客户资产安全保障大大加强，客户保证金基本实现了独立存管，证券产品的安全性能大体合格。

2. 证券业改革不断取得进展

我国证券业是一个新兴产业，存在基础性制度和生产要素缺失的现象，需要持续推进改革和创新，实现行业的规范发展。近 20 年来，证券业坚持了市场化取向的改革，加大了改革的力度，各项改革都取得了较大进展。例如，大力培育开放式基金，改善投资者结构；发挥主承销商勤勉尽责的作用，把好发行关；推行券商增资扩股的核准制，壮大机构实力；发展网上交易，扩大投资者规模；实施证券公司综合治理，化解行业风险，完善证券公司规范运作的基础性制度；大力发展机构投资者，拓宽合规资金入市渠道；等等。

首先，现代企业制度架构已经成型。按照《公司法》的要求，我国证券公司大都注册为股份有限公司，建立了股东会、董事会和监事会，依照公司章程构建了相应的现代企业制度；根据《证券公司治理准则》的要求，按照现代金融企业的标准，我国证券公司建立健全内部制衡机制，落实股东、董事、监事的知情权、决策权和监督权，并促使其正确行使权利。同时，按照《证券公司内部控制指引》的要求，以制度建设、机构设置和技术改进为手段，以客户资产管理和证券自营、资产管理、国债回购等业务为重点，以遵规守法和控制风险为准则，建立和完善内部管理与控制机制，为公司内部实现科学有效的管理奠定坚实的组织基础。

其次，证券公司综合治理工作成效显著。近年来，随着证券市场的结构性调整和改革力度加大，证券公司经营和发展遇到了很大的困难，迫切需要采取措施进行综合治理。为此，按照风险处置、日常监管和推进行业发展三管齐下以及防治结合、以防为主、标本兼治的总体思路对证券公司实施综合治理。经过不懈的努力，对挪用客户保证金、挪用客户债券、股东及关联方占用、违规委托理财和账外经营等违规风险事项已基本清理完毕，基本化解了历史遗留风险；证券公司扭转了全行业连续四年亏损的局面，全行业财务状况创历史最好水平，初步形成了防范风险、促进证券公司规范发展的有效机制。

再次，壮大机构投资者工作顺利推进。证券业始终把发展机构投资者作为战略性任务加以实施，即使在市场最艰难的时期也从未动摇和犹豫过。在大力发展机构投资者这一方针的主导下，积极发展证券投资基金，稳步推进合格境外机构投资者（QFII）试点和商业银行开办基金管理公司试点，出台了社保基金、保险资金、企业年金直接投资股市的政策。市场最早只有封闭式基金，之后开放式基金也被适时推向市场。随后，债券基金、货币市场基金、系列基金、保本基金、开放式交易型指数基金（ETF）等也相继被引入市场，同时具有中国本土创新特色的上市开放式基金（LOF）也顺利诞生。基金业在较短的时间内就成功地实现了从封闭式基金到开放式基金、从资本市场到货币市场、从内资基金管理公司到合资基金管理公司的三大历史性的跨越，走过了发达国家几十年的历程。

最后，行业监管和法制建设明显加强。1992 年 12 月，国务院发布了《关于进一步加强证券市场宏观管理的通知》，监管体制开始向集中监管过渡。1998 年 4 月，国务院对证券业监督管理体制进行进一步改革，明确由中国证监会对全国证券期货市场实行集中统一监管。根据《证券法》，中国证监会在全国中心城市设立了 36 个证券监管局，证券监管局作为证监会的派出机构，履行监管职责。至此，证券业监管体系和职责已基本理顺，一个以中国证监会为核心，由各地派出机构、证券交易所和证券业协会等组成的覆盖全国统一的多层次监管架构初步形成。

同时，我国出台了 70 余部与《证券法》配套的行政法规和行业规章，《证券投资基金法》及 6 个配套规章也已经全部颁布实施，证券业协会累计发布协会章程和自律性规则 43 件，初步建立起行业自律框架。以《证券法》和《证券投资基金法》为核心、各类部门规章和规范性文件为配套的较为完善的证券业监管法规体系和自律规则体系已经基本形成，对从业机构与人员的资格准入、行为规范和主要业务环节等均制定了明确的标准和制度，中国证券业开始全面走入法制化和规范化轨道。

3. 证券业的对外开放稳步推进

首先，推动建立中外合资证券经营机构。严格履行加入世界贸易组织就中国证券业对外开放做出的承诺。自加入世界贸易组织到2006年底，已批准成立4家合资证券公司，设立21家合资基金管理公司，在上海、深圳证券交易所直接从事B股交易的境外证券经营机构分别为39家和19家。不仅全面实现了证券业加入世界贸易组织的承诺，同时也推动了我国证券业对外开放。

其次，认真实行QFII试点。为大力发展机构投资者，证券业审慎试行合格境外机构投资者（QFII）制度，已批准52家境外机构获得合格境外机构投资者（QFII）资格，批准12家机构成为QFII托管行，其中5家为外资银行。这一制度是在资本项目人民币不可自由兑换的情况下采取的开放证券业的过渡性措施，该项措施超出了加入世界贸易组织的承诺。另外，2006年开始引进注册国际投资分析师（CIIA）考试，促进了我国证券业的国际化发展。

最后，加强与国际组织交流与合作。我国与近30个国家（或地区）签署了证券期货监管合作谅解备忘录，国际交流与跨境监管合作广泛。中国证券业协会与韩国证券商协会签署了合作谅解备忘录并定期互访，探索建立与其他国家证券行业协会开展长期深入合作的机制；先后加入亚洲证券论坛、亚洲证券分析师联合会、注册国际投资分析师协会、国际投资基金协会、亚太区投资基金年会等国际组织和国际会议机制；加强了与多国证券业界的联系。

（四）金融行业稳步发展，金融创新引领金融业进步

1. 金融监督管理不断加强

中国人民银行作为金融宏观管理部门，除承担金融调控职能外，还承

担了金融稳定、金融市场、支付结算、征信管理、反洗钱等监督管理职责。中国银行业监督管理委员会、中国证券监督管理委员会和中国保险监督管理委员会分别履行对银行业、证券业和保险业的行业监管职责。中国人民银行、三家监管当局和财政部相互协调、密切配合，在加强金融监管、防范和化解金融风险、保护投资者合法权益方面做了大量工作，有力地维护了金融体系稳定，促进了金融业稳健发展。

2. 金融市场在创新和规范中发展

目前，我国已经建立了以货币市场、银行间外汇市场、证券市场、期货市场、保险市场、黄金市场等为主体的较为完整的、多层次的金融市场体系。随着中国市场化改革和对外开放的不断深入，金融市场产品创新明显加快，除传统的金融工具外，ABS、MBS 和 CDO 等银行类创新产品、开放式基金等证券类创新产品以及与风险管理相关的金融衍生品不断涌现。金融市场参与主体日益多元化，除了商业银行、社会保障基金、信托公司、保险公司、证券公司和非金融机构之外，还引入了合格的境外机构投资者（QFII）。金融市场的深度和广度日益扩大，并在货币政策传导、资源配置、储蓄转化为投资、风险管理等方面发挥了日益重要的基础性作用。

3. 金融改革进程加快推进

2003 年以来，中国政府启动了新一轮的金融改革。目前，农村信用社改革取得了明显成效，历史包袱得到初步化解，经营状况开始好转，支持“三农”的实力进一步提高。国有商业银行股份制改革取得阶段性成果，中国工商银行、中国建设银行、中国银行、交通银行的财务可持续能力显著增强，现代公司治理结构开始发挥作用。股份制商业银行、城市商业银行和其他中小金融机构的改革与重组也在加快推进之中。

4. 金融运行规则日趋健全

为适应开放经济条件下中国金融业稳健发展的需要，2003 年 12 月 27 日，十届全国人大常委会第六次会议审议通过了《中国人民银行法》和《中华人民共和国商业银行法》修正案，制定了《中华人民共和国银行业监督管理法》，之后，《证券法》《保险法》《票据法》《信托法》《证券投资基金法》以及《破产法》等相关的金融法律法规也相继制定和完善。此外，中央银行和金融监管部门根据国际惯例，结合中国实际情况，实施审慎监管标准，制定了大量的金融业部门规章和规范、指导性文件，为金融业改革、开放和发展提供了良好的法律、制度保障。

5. 金融业对外开放稳步推进

改革开放以来，尤其是加入 WTO 以来，中国金融业对外开放步伐明显加快，按照承诺开放了对外资银行、外资保险公司的地域限制和业务限制，证券市场先后开设了针对外国投资者的 B 股市场，允许部分国有大型企业在海外上市，允许中外合资企业在 A 股市场融资，并在 A 股市场实施 QFII 制度。截至 2004 年末，共有 19 个国家和地区的 67 家外资银行在我国设立了 211 家营业性机构，合格境外投资者队伍达 27 家，中国境内外资保险公司达 37 家。此外，还开放了汽车融资金融服务，4 家外资汽车租赁公司相继成立；扩大了境外金融机构入股中资金融机构的比例，中国建设银行、中国银行、交通银行、深圳发展银行等引入了国际战略投资者。

6. 金融基础设施的现代化水平明显提高

中国现代化支付系统建设取得了突破性进展，基本建立了覆盖广泛、功能齐全的跨市场、跨境支付结算体系，人民币在中国香港和澳门实现了清算安排。以网络为基础的电子资金交易系统不断完善，实现了银行间债券市场券款对付（DVP）清算，为投资者提供了安全、高效、便捷的资金交易和清算服务。中央银行建立和完善了一系列的金融监控信息系统，支付清算、账户管理、征信管理、国库管理、货币金银管理、反洗钱监测分析、金融统计监测管理以及办公政务实现了信息化。商业银行的综合业务处理、资金汇兑、银行卡服务等基本实现了计算机联网处理和数据集中处理，自助银行、网络银行、电子商务、网上支付结算等新型金融服务迅速发展。

我国金融业虽然得到了长足发展，但也存在一些问题，主要包括以下几个方面：金融市场化程度不高；金融创新能力不足，总体竞争力不强；

金融市场发展结构性失衡，直接融资比重低，城乡、区域金融发展不协调，对“三农”和中小企业的金融服务相对薄弱；金融企业公司治理、内部控制、风险管理有待进一步提高，经营机制尚未根本转变等。但随着社会主义市场经济体制的逐步完善和改革的深入，这些问题将会得到改善，金融业也会实现更好更快的发展。

第三节　中国金融业面临的主要问题与挑战

一、金融业当前面临的问题

（一）行业形势较为复杂且面临新的挑战

从国际方面看，虽然国际金融危机最为严重的阶段已经过去，但是世界经济复苏的基础仍比较薄弱。从国内来看，当前面临的深层次问题并没有得到根本性解决，内需回升的基础还不平衡，民间投资和内生增长动力尚待强化，持续扩大居民消费、促进经济发展方式转变和经济结构优化的任务还很艰巨。

（二）金融发展格局还不合理

我国间接融资比重高，金融体系仍然由银行主导，银行业资产占全部金融资产的90%以上，全社会的融资风险仍高度集中于银行体系。资本市场仍具有“新兴加转轨”的阶段性特征。保险业处于发展初级阶段，保险密度和深度较低。

（三）金融组织体系和金融服务需要加强与完善

从组织体系来看，中小金融机构发展不足，银行业对民营资本的市场开放仍有空间。从服务领域来看，农村金融服务需要强化。截至 2009 年末，全国金融机构空白乡镇还有 2792 个。对民营经济、中小企业的金融服务仍然不足。金融机构开拓国际市场的力度不足，支持企业“走出去”的金融服务需要加强。

（四）金融机构公司治理和经营机制需要进一步完善

一些金融改革偏重于机构的增减和人员的变动，对金融制度和组织结构创新不够重视。银行业战略规划比较薄弱、竞争同质化、考核机制和经营模式不科学等问题尚未得到根本改观。农村金融机构法人治理结构不完善的问题较为突出。证券公司业务模式比较传统，创新能力较弱。一些保险公司内控和基础管理较为薄弱，治理结构还不完善，市场竞争行为仍不规范。

（五）金融机构潜在风险和金融系统性风险不容忽视

银行信用风险、操作风险仍然突出，市场风险管理水平不高，内部控制需要进一步加强。银行巨量信贷增长存在风险隐患，贷款集中度风险日趋突出，资产负债期限错配有所加剧。国有大型银行和股份制银行普遍存在资本金补充压力。证券、期货、保险类机构的经营机制和风险管控能力需要加强。普遍存在的顺周期行为和监管、会计等制度因素不利于防止和化解系统性风险。在分业监管体制下，对金融控股公司和交叉性金融业务的监管存在缝隙。此外，地方政府融资平台等融资主体和部分金融理财产品存在风险隐患。

（六）主要金融价格形成机制的市场化改革有待深化

货币市场利率向信贷市场利率的传导机制不畅，商业银行存款利率上限和贷款利率下限仍有管制，长期利率定价缺乏有效的外部基准，金融机构风险定价能力较低。人民币汇率形成机制存在灵活性不足、市场供求的决定作用有待提高、外汇供求不尽合理等问题。

二、互联网金融对传统金融业的挑战

（一）互联网金融的便捷性直接挑战传统金融业的客户资源

由于互联网金融具有良好的便捷性及互动性，相对于传统金融繁琐的业务流程，其能够提供更好的用户体验。面对互联网金融的冲击，传统金融机构多年来运用信用度高、网点多等优势积累的客户资源流失严重。尤其是对于年轻客户来说，他们接受新生事物速度快，风险承受能力强，对于互联网金融的便捷性、高收益更为看重，对于互联网金融的高风险也有较强的接受意愿。2013 年 6 月阿里巴巴推出“余额宝”后，各种宝宝类金融产品层出不穷，传统银行的存款流失严重，“存款搬家”一时让各大银行风声鹤唳。

（二）互联网金融的低成本直接挑战传统金融业的利润来源

我国传统金融业在资金融通中扮演金融中介角色，属于间接融资。以商业银行为例，其收入的 60%为存贷利差。而互联网金融业务，尤其是平台类的互联网金融业务，筹融资方直接对接，大大降低了筹融资成本，倒逼传统银行让利给客户。另外，随着近年来我国金融改革的步伐不断加快，利率市场化改革的力度不断加大，央行在最近几次降息政策中，放宽了金融机构存贷款利率的浮动范围，使互联网金融对传统银行业利差的倒逼效果更加明显，银行存贷利差不断收窄，传统银行的利润来源基础开始动摇。

（三）互联网金融的创新性直接挑战传统金融业的业务模式

金融创新是金融业的核心竞争力。互联网金融的业务环境、经营手段与传统金融大为不同，作为一个开放平台，与客户需求结合更加紧密，业务的创新也更快。在经济不断发展、科技飞速进步、居民消费升级换代的大背景下，如果不能紧密契合客户需求进行业务创新，仅仅维持原有的业务模式，那么必将在竞争中失去客户、失去竞争优势。如传统银行业中的银行卡业务曾是银行业主要的竞争利器，在经济消费及结算中发挥着重要作用。然而，随着第三方支付平台的发展壮大，原来仅在电子商务中发挥结算功能的支付宝及微信支付等互联网金融工具，开始在日常消费结算中挑战传统银行卡的地位。

三、互联网金融对传统金融业的机遇

（一）传统金融业的稳健经营是对互联网金融高风险的有益制约

互联网金融近年来虽然发展迅猛，但各种风险事件层出不穷。一些银行储户的存款莫名消失，事后调查大都是通过网上银行“被转账”；P2P网贷平台开业仅几个月，平台方就卷款潜逃。2014 年 7 月，可查的统计资料显示，有 150 家 P2P 公司携款潜逃。互联网金融的高风险，主要是由其环境的虚拟性、监控的滞后性等原因造成的。而传统金融业则有悠久的经营历史、健全的风控体系、丰富的管理经验，如果能把这些经营优势有效嫁接到互联网金融中，将极大地提升互联网金融的稳健性，拓展传统金融机构的业务空间，促进其又快又好的升级换代。

（二）传统金融业的线下资源是对互联网金融虚拟性的有效补充

互联网金融的快速发展主要得益于科技的进步，其客户基础主要依赖于大量的互联网用户，虽然我国的互联网用户数量和智能手机用户数都位居世界前列，互联网金融业务仍然有巨大的发展潜力，但对于一些文化水平较低、触网机会较少的中老年客户，其金融业务仍然依赖于传统金融机构的普通金融设施。另外，大多数互联网金融业务的开展，必须依靠银行账户系统，失去了传统银行账户体系的支撑，很多互联网金融业务便成了无本之木，根本无从开展。2015 年获准开业的一些新型互联网银行，目前也面临缺乏账户系统的问题。从电子商务发展的历程看，早期一些纯电子商务公司在经历了线上业务快速发展后，已经回过头来重新审视线上线下融合发展的策略，而原本一些传统的线下商业公司，目前线上业务开展得也是风生水起。近年来，阿里巴巴开始并购传统商业公司以及传统业态，苏宁公司重金打造，苏宁易购就是很好的例证。传统金融机构的线下资源对于互联网金融来说必将成为有益的补充。

（三）传统金融业的人才积淀是互联网金融发展的基础

互联网金融的本质，是金融业务运用了互联网技术，其业务原理与传统金融业务不可分割。互联网金融短期内的井喷式发展，必将在金融业务创新、业务开展方面面临人才的匮乏。

传统金融机构经营金融业务多年，其互联网金融业务的创新性、复杂度虽然与当下的互联网金融无法比拟，但毕竟起步较早，在互联网金融人才的积淀方面，也有不容小觑的实力，如果能发挥优势，其在未来的互联网金融领域竞争中必将能占得优势地位。在我国鼓励大众创业、万众创新的今天，在国家引导各行各业运用“互联网+”进行产业升级的政策背景下，互联网金融代表着金融业未来的发展方向，谁把握住了传统金融向互联网金融迈进的这一历史机遇，谁就抢占了市场先机。

第二章

互联网金融发展概述

第一节　互联网金融基本理论

一、互联网金融的定义

对于互联网金融的概念，学术界内有很多观点，有的学者认为互联网金融是为了提供更快捷高效的金融服务而运用的网络数据技术；而有的学者认为互联网金融是一种完全新兴的金融模式，是金融改革浪潮下的产物。其实，从不同视角、不同范畴、不同目的去解释互联网金融，会产生多种观点。所以我们要针对目标，确定范畴，进而深入分析下去。互联网起源于 1969 年，是个别网络之间串联所形成的覆盖全世界的网络，这种将个别的计算机网络通过通用协议互相连接在一起称作“网络互联”，在此基础上发展出来的覆盖全世界的全球性互联网络称为互联网，即互相连接在一起的网络。随着互联网技术的发展和服务的深入，各国开始应用并享受这种新技术给生活带来的便捷。互联网作为大众传媒中最迅速、最高效的一种方式，正在以它的节奏影响和改变着世界经济、政治的发展走向。

互联网金融并不是互联网和金融两个概念的简单加总。从狭义的金融角度来看，互联网金融应该定义在与货币信用化流通相关的层面，即依托互联网实现资金融通的方式方法都可以被称为互联网金融。从这一角度来看，无论是何种方式的资金融通，只要应用互联网的技术实现了融通的行为，就是互联网金融。传统金融机构利用互联网提高自身效率的行为，也可以定义为互联网金融。

广义上的互联网金融是指借助于互联网技术、移动通信技术实现资金融通、支付和信息中介等业务的新兴金融模式，包括互联网金融信息服务。广义上互联网金融包括多种企业组织形式：网络小额贷款公司、网络第三方支付公司以及金融中介公司。当前商业银行普遍推广的电子银行、网上银行、手机银行等也属于此类范畴，即互联网金融是依托互联网的方式来实现资金融通的。

根据上面的阐述，这种新型的金融运作形式与传统的金融资本聚集途径有着本质的区别。这种新型的金融模式可以被看作金融领域的 DIY。在这种新型的运作形式下，开展相关金融业务所产生的大量资料，联合金融业务所使用的交互平台，对参与者的信息进行了完整的反馈，而且这一过程需要的资本投入较少。在具体的运作形式上，互联网展现出一条简便、快速的服务操作途径，参与者依据彼此需求，无障碍地开展各类金融业务。

二、互联网金融的分类

根据我国当前互联网金融产品服务主体的不同，本书将其划分为两大类：一类是金融公司所提供的互联网金融服务，如各银行提供的网上银行服务，各基金公司提供的基金直销服务，证券公司提供的网络业务；另一类是互联网公司所提供的互联网金融服务，如第三方支付平台提供的投资产品的服务、网络借贷公司提供的投融资服务。

（一）金融公司所提供的互联网金融服务

各大银行的网上银行服务主要是指在互联网上建立客户端，银行通过互联网可以向客户提供转账汇款、明细查询等基本的金融服务，客户还可使用网上银行的自助投资服务，即客户可以通过网页自行研读金融产品的相关信息，从中挑选出最适合自己的金融产品，并且利用支付系统直接在网上进行相关操作，这能满足客户的个性化需求。互联网基金直销是指基金公司通过互联网提供的一种直接的基金买卖行为，申购和赎回不必通过银行或证券公司的网点，投资者可以直接登录基金公司网站进行基金买卖，由于网络直销不会产生代理费，费率更为优惠。自 2013 年 10 月货币基金 T+0 快速赎回业务获批以来，已先后有华夏基金公司、广发基金公司等 20 余家基金公司的货币基金在公司的直销平台实现了 T+0 快速赎回。

由证券公司（券商）提供的分析软件或证券交易系统的基本功能是对证券市场行情、资讯和交易信息进行实时反馈。通过对市场信息数据的整理和分析，按照一定的计算模型给出直观图标，投资者可以根据理论知识和主观评价对自己的交易进行判断。通过券商提供的交易软件，投资者在登录后只需输入股票代码、交易额度等基本信息下达买卖交易指令，后台系统就能完成交易。券商提供的互联网客户端服务使股民操作更为便捷，满足了投资需求。

（二）互联网公司所提供的互联网金融服务

第三方支付平台中的“第三方”是指电子交易中买方与卖方之外的第三方，即第三方支付平台是交易过程中买方与卖方资金的“中间平台”，是在银行监管下保障交易双方利益的独立机构。只有具备一定实力和信誉保障的第三方独立机构，并与多家银行签约之后，才能提供交易支持平台的服务。第三方支付平台的主要业务大致可归纳为三项：①接收、处理、分析互联网交易双方的交易数据；②为交易双方提供一个短期的资金管理平台；③开拓金融创新，与其他行业联手进行推出金融增值服务。除了具有支付功能的基本属性外，这些第三方支付平台陆续推出了相应的货币基金账户，比如支付宝的余额宝基金账户、腾讯的理财通账户、苏宁易购的零钱宝等。由于不存在申购金额限制，最低一元即可购买，加之货币基金的收益率高于同期银行活期存款的利率，余额宝得到了小额投资者的青睐。此外，投资账户中的资金可以一键转出至普通消费账户，投资者可以灵活地使用账户中的资金来缴纳日常水电费、还信用卡以及跨行转账，这促进了第三方支付平台应用的推广。

网络借贷公司所提供的借贷服务，就是通常我们所说的 P2P（Peer to Peer），即个人与个人之间的信贷。P2P 网络借贷平台就是为个人对个人的借贷行为创造条件的网络化架构。在 P2P 网络借贷平台上，通常的借贷模式如下：借款人挂出借款需求，列明借款用途、金额以及利率等，出借人在搜索和浏览借款需求信息后，根据自己的风险偏好选择相应的借款项目，输入想要出借的金额，如果在限定的时间内，总金额达到了借款人所需金额，一笔新的贷款就产生了。在借贷关系确立后，借款人依照约定的利息、期限及时履行还款义务。

三、互联网金融的兴起原因

随着互联网技术的发展，许多金融业务需要借助互联网平台才能开展，两者不断交织形成了一种新的金融形式——互联网金融。这种新的金融形式不但降低了对金融投资成本的要求，而且充分利用了互联网的信息优势，它的产生是金融业向更高层次发展和互联网信息高度密集共同作用的结果，具有时代的特色。

（一）需求型拉动因素

在快节奏的生活方式下，人们需要时代性更强、个性化程度更高，更快捷方便的金融服务。而传统金融机构还保持着以往的经营模式，如较高的投资下限，固定的投资时限和投资模式等，这使大众的消费需求难以得到实现。传统金融机构对中小企业贷款的缺位是一个现实问题，而互联网金融则恰好填补了这块空白。在这种金融模式下，支付较为便捷，搜索引擎和社交网络降低了信息处理成本，资金供需双方直接交易，可达到与目前资本市场直接融资和银行间接融资一样的资源配置效率。在促进经济增长同时，能够大幅减少交易成本。互联网金融服务高、中、低端客户时成本并无差异，或者说差异非常小，因此互联网金融可以覆盖中低端客户。通过互联网金融实现规模化的供给，对传统金融覆盖不到的部分进行补充。现在阿里金融等互联网金融确实填补了传统金融的空白。可以说，如果包括银行在内的金融机构自身的改革与服务到位，也不会有从支付宝到余额宝这些互联网金融机构的市场机会。互联网金融的出现改变了人们的消费观念，满足了人们对于消费效率和个性化消费的需求。在人们更加重视体验以及个性化要求更高的时代背景下，互联网金融应运而生，它的出现影响了金融秩序，同时也促使金融业务不断创新。

（二）供给型推动因素

互联网是20世纪影响力最大的发明之一，互联网的高速发展已经影响到我们社会生活的方方面面，互联网业务的快速发展为互联网企业积累了大量的客户资料，互联网企业进军金融业的条件已经成熟。传统金融机构的金融业务与互联网的融合程度也越来越高，金融业务对于互联网的需求也极大地推动了互联网金融的产生。互联网利用通信设备和线路将不同地点的、功能相对独立的计算机系统连接起来，以功能完善的网络软件实现网络资源共享和信息交换的数据通信网。随着宽带无线接入技术和移动终端技术的飞速发展，人们迫切希望随时随地乃至在移动过程中都能方便地从互联网获取信息和服务，于是移动互联网应运而生并迅猛发展。互联网影响的扩大、更加先进的互联网技术、互联网载体的普及成为互联网金融产生的又一个主要原因。

四、互联网金融的特点

互联网金融这种新型的金融运作模式是传统意义上的金融和现代信息技术相互融合而产生的，所以它既拥有金融本身所具有的特性，也具有现代信息技术的虚拟性等特点，这也是它与传统意义上金融的主要区别。互联网金融的特点主要有以下几个方面。

（一）大数据技术应用广泛

2011 年 5 月麦肯锡全球研究院发布了报告《大数据：创新、竞争和生产力的下一个新领域》后，大数据的概念备受关注。大数据对于金融业而言尤为重要，一方面金融业是大数据的重要源头或生产者，另一方面金融业的发展高度依赖于大数据和信息技术科学，因此，金融业是典型的数据驱动行业。目前，各大企业为了在金融领域抢占优势地位，推出的各种金融产品或金融模式都基于大数据的应用，大数据的发展在高频交易、信贷风险分析和社交情绪分析等金融创新方面发挥了很大的推动作用。从互联网金融领域的发展现状可以看出，这一切都反映了对大数据的有效、合理运用。以阿里金融为例，其作为一家拥有庞大数据量的互联网金融企业，通过分析客户在淘宝上的购买情况，就能大致判断出客户所处的生活阶段和潜在的消费需求，然后调整相关的营销策略，制定满足客户个性化要求的战略；并且，通过对客户多维度数据的分析，还可大致对客户的信用做出判断。这仅仅是大数据在互联网金融中应用的一个案例，目前，越来越多的金融机构、电商和行业龙头企业的业务发展均是建立在对大数据的挖掘、分析和应用的基础之上的。

（二）“两低一高”的特征明显

“两低一高”的特征是指互联网金融具有低成本、低门槛、高收益的特点。该产业的低成本体现在以下两方面：一是交易成本方面，互联网金融中的 P2P 网贷平台、大数据金融模式等对客户贷款申请的审批成本大大低于传统银行，其依托大数据和信息流，实现信贷审批、运作和管理，使贷款审批流程更加便捷，缩短了审批时间，从而降低了交易成本；二是服务成本方面，互联网金融开拓了小微企业或个人的融资渠道，增加了融资方式和结算方式，降低了结算成本，该产业的发展使小微企业或个人的融资成本大幅较低。互联网金融并没有严格的准入门槛限制，鉴于这一特征，许多企业或个人纷纷进入互联网金融领域以谋求一席之地和高额收益。部分企业进入该行业不仅仅是为了获得资金收入，更是为了获得丰富的客户数据，进而吸引更多的广告商，而且通过互联网开展业务可以节约许多网点成本，企业在赚取高额利润的同时也让投资者获得更丰厚的收益。

（三）与传统金融相辅相成

互联网金融行业与传统金融行业既存在相互促进、相互补充的关系，又存在相互竞争的关系。从正面影响来看：一是互联网金融行业的兴起和发展打破了传统金融在时间上和空间上的局限性，只要是网络存在的地方，互联网金融就可以得到发展，并且可以不分昼夜地服务；二是互联网金融可以大幅降低业务成本，有利于提高传统银行业的运营效率，如网上银行的交易成本大大低于银行营业网点和 ATM 的交易成本；三是互联网技术的发展和进步对传统银行的风险管理与经营管理水平的提升有巨大作用，尤其是大数据和云计算等信息的集散处理发挥了至关重要的作用。从负面影响来看，互联网金融业务的开展对传统银行业务提出了挑战：一是对商业银行的传统代销类中间业务产生了一定冲击，如第三方支付机构分流了银行类金融机构的部分传统结算业务；二是这一产业的兴起和发展逐步成为金融脱媒的重要推手，如余额宝、理财通等新兴业务对银行类金融机构的传统存款业务和理财类产品产生了较大的分流作用，又如阿里小贷、人人贷等通过挖掘大数据和利用自身的网络交易信息直接介入信贷市场。

（四）业务虚拟化

互联网金融的主要特点就在于依托不同于传统金融的平台，以互联网技术支撑其业务发展。业务虚拟化带来的不仅仅是将已有业务打包上线进行管理，基于不同技术平台，互联网金融能够不断进行业务创新，现已出现的多个金融产品，如余额宝阿里巴巴、国付宝、百度钱包等正逐步成为用户首选。业务的虚拟化使金融机构同步虚拟化。金融机构可以利用信息技术在互联网上设立网络银行，专门从事虚拟化的金融服务。抑或是传统金融机构借由专用网络联网，支持客户使用线上服务。通过网络平台，金融机构可以利用虚拟现实信息技术增设虚拟分支机构或营业网点。此外，互联网金融交易中的媒介货币由原本的以人民币为主要币种演变为新开发的网络虚拟币种。纵观货币发展史，除最早的天然货币（黄金）之外，人们一直以本身并无任何价值的纸币代替实物货币，货币的虚拟性其实从一开始就已经呈现出来。实际上，纸质货币仍为实物，而网络货币则完全虚拟化，这也表明货币发展史上一个新阶段的来临。由于互联网金融中使用的交易媒介是通过信息网络传输的，反映信用信息的电子数据同样也是如此，这就使货币在反映经济中的信用关系的同时，其虚拟性更加凸显，加之网络货币的流通费用，使用成本低，因此迅速普及开来。

（五）运作透明化，运行效率高

相对而言，实时、快捷的网络金融交易使交易成本大幅度下降，从而使金融市场运行的透明性得到了极大的提高，具体表现为交易信息的传递、交易指令的执行、清算程序及市场价格形成的透明性，以及对金融市场交易者而言的市场充分性、公开性。互联网金融大幅下压交易双方之间不必要的交易成本，促使直接交易市场的形成，并使市场价格透明，最终实现信息面前人人平等。市场透明使市场主体能够选择更有利的价格，从而提高竞争效率。

随着平板电脑、手机的普及，其随时上网、携带方便、易于操作的特点，使客户可以随时随地享用互联网金融提供的金融服务。在互联网金融模式下，资金供求双方通过网络平台自行完成信息分析、市场匹配、结算清算以及交易转账，业务操作流程简单，业务处理速度快速，客户不需要排队等候，甚至不需要亲自前往营业网点，大大提高了金融运行效率。

（六）经营环境开放化

虚拟的互联网金融机构打破了传统金融机构业务网点的地域限制，使交易业务运作突破了时间、空间局限，仅凭设置互联网用户终端就可以继续业务操作。客户资源无形中大大扩充，互联网金融机构开通相关线上金融业务之后，就可向其注册地之外的世界各地的潜在客户提供 AAA 服务，即在任何时候、任何地方，以任何方式为客户提供全方位实时服务。互联网金融的经营者或者客户通过各自的电脑终端随时与世界任何一家客户或金融机构办理证券投资、保险、信贷、期货交易等金融业务，交易中使用的网络货币因可以摆脱各国货币的束缚而成为国际通行的交易媒介，这为市场主体行为的国际化提供了便利，促进了金融业务的国际化。由于在具体的操作中利用互联网技术与客户实现了在线交流，超越了时间与空间的限制，使交易更加自由化。通过对客户数据的分析可以更加了解客户的需求，为客户提供专业的、针对性强的金融服务。

（七）具有普惠性

金融与互联网信息技术的结合，使金融具有了普惠性。传统金融机构主要以对贷款有稳定需求的大企业客户以及高端零售户为服务对象，而互联网金融能够解决信息不对称和融资成本较高的问题，满足了中小企业和普通大众的金融需求，使金融市场的参与者更为大众化。合理健康的互联网金融既能帮助中小企业获得低息、稳定、快捷的贷款，又能使理财用户获得高息、安全、有保障的丰厚回报，这不但促进了经济的健康发展，而且保证了平台的安全运转。但是有些互联网金融平台的资金流向了高风险的证券、期货等资本市场，不但没有用于支持实体经济，反而增加了平台的金融风险，这样的互联网金融并不具备普惠性。

（八）互联网金融拥有风险特殊性

互联网金融这种新型的金融模式注入了互联网的特性，这就注定了该模式所遭受的风险是极其繁杂的。这种模式不仅拥有金融业务的风险，而且还存在由互联网技术不完善所导致的技术问题以及虚拟服务问题，更为复杂的是，互联网的变化速度较快，这更加使这些风险难以得到有效控制。具体来讲，互联网金融的风险有以下几种：信息安全风险、政策与法律风险、可操作风险、流动性风险、信用风险、市场风险、系统性风险、技术性风险、国别风险、声誉风险。

第二节　互联网金融与传统金融的联系与区别

一、传统金融概述

（一）国内传统金融格局

传统金融主要是指只具备存款、贷款和结算三大传统业务的金融活动。简单来说，金融就是资金的融通。金融是货币流通和信用活动以及与之相联系的经济活动的总称。广义的金融泛指一切与信用货币的发行、保管、兑换、结算，融通有关的经济活动，甚至包括金银的买卖，狭义的金融专指信用货币的融通。

传统的金融行业主要是指银行。对银行来说，如今再也不是老百姓排队“求”着银行办业务的年代了，人们多了选择，在资金得到保障的同时既可以做储蓄，又可以做理财。虽然银行在人们的心目中依旧占据不可替代的位置，但这种传统金融已经不再是老百姓的唯一选择了。

（二）国内传统金融模式

在现实生活中，金融机构有多种类型。我国把金融业划分为四大类，即银行、保险、证券、信托，这是按业务活动的特征进行的大致划分，并未包括所有的金融机构，如果要把所有的金融机构包括在内，则有直接从事融资投资的金融机构，如商业银行、保险公司、证券公司、基金公司、财务公司、租赁公司、典当行等，也有间接从事融资投资的金融机构，如信用评估公司、信贷担保公司、专业的会计审计师事务所、律师事务所等。这些机构按其功能可划分为投资经营型金融机构、经纪服务型金融机构、公证仲裁型金融机构、社会保障型金融机构。

一个金融机构既可能具有单一的功能，也可能具有多种功能。例如，商业银行和信托公司既有融资功能又有投资的功能，还提供各种金融服务；再如证券公司，有的只能从事经纪业务，有的除能从事经纪业务外，还能从事自营业务。

二、互联网金融与传统金融的联系

当前我国宏观经济已经进入结构调整期，经济增长速度放缓，呈现出增速换挡、结构调整、前期刺激政策消化三期叠加的结构性特征。因此，今后金融改革的一个重点是增加金融有效供给，防范金融系统性风险。不良贷款是系统性风险的一个指标，要化解不良贷款问题，就要从供给侧和生产端入手，通过解放生产力，提升竞争力，进而促进经济发展，这是供给侧改革的实质内容。而互联网金融则可以同时从资产端和负债端唤醒没有进入实体经济的储蓄资金，解决经济转型中供给侧的失衡，让资金流入实体经济，盘活存量，刺激增量，最终达到“去产能、去库存、去杠杆、降成本、补短板”的目的。以传统金融为基础进行“互联网 +”的融合创新，是互联网金融的具体表现形式，其以新技术所做的大众金融、普惠金融和消费者金融，普遍降低了传统金融的服务门槛，加强了金融服务透明度，优化了社会资产配置，提升了金融服务实体经济的效率，对于化解现阶段银行不良率“双升”，稳定金融系统，防范系统性金融风险以及促进产业转型升级均具有积极作用。

从表面看，互联网金融和传统金融之间的竞争非常激烈，深入剖析当前的局势便可以发现互联网金融与传统金融只是在某些业务领域存在竞争关系，但是整体上来看，两者并非颠覆关系，而是相互补充，互相促进的。具体可以从以下几个方面进行分析：

首先，从服务对象上进行分析。传统金融当前主要的服务对象是大客户，也就是我们所说的央企和大企业。而互联网金融从产生至今，主要的服务对象都是中小企业和个人。因此从这一点上来说，两者不存在本质上的分歧和矛盾。

其次，从两者的优势和“短板”进行分析。传统金融具有悠久的历史，无论是在金融队伍、金融人才方面，还是在金融管理方面，传统金融与互联网金融相比都具有绝对优势，因此互联网金融可以充分依托这些优势不断发展和完善自己。而互联网金融虽然产生的时间相对来说较短，但其在用户规模、大数据分析上占据着独有的优势，而传统金融可以依托这些优势，拓展服务推动自身发展创新。

无论是现在还是未来，互联网金融和传统金融之间不存在谁取代谁的问题，两者各有自己的服务对象和角色定位，都是不可替代的。在未来的金融体系中传统金融和互联网金融都是不可或缺的重要组成部分，两者也会在相互促进中不断发展完善。

三、互联网金融与传统金融的区别

互联网金融与传统金融虽然同为金融业，围绕着金融服务展开业务，但在国内目前又存在着诸多不同之处。如服务对象不同、风控方式不同、规模不同等，互联网金融并不是互联网和金融业的简单结合，互联网金融内涵与传统金融业精髓之间存在着诸多矛盾与冲突，两者在文化和思想上都存在着巨大的差异。

（一）服务对象不同

传统金融业锁定高端市场，服务的客户是大企业与少数优质个人客户，贷款大多都是1000万元以上的；而互联网金融的主要服务对象是低端市场，解决的是小微企业的融资问题以及低端市场的投资问题。余额宝和理财通的投资起点是1元，而传统银行投资理财的最低购买金额为5万元。低端市场的特点就是对价格非常敏感，一旦客户发现微信理财通的收益高于余额宝，资金将很快流向理财通。高端市场由于资金量大，更注重资金的安全性，传统银行的稳健性和安全性正好迎合高端客户的需求。

（二）优势领域不同

互联网金融的主要优势在于创新和信息技术，利用大数据挖掘技术、云计算优势，利用强大的数据收集与分析能力，有效缓解银企之间信息不对称的难题，降低交易成本和金融风险。根据碎片化信息做产品信息的挖掘和产品推导，有效拉近商家和供应商之间的关系，利用大数据技术从中挖掘商机。传统金融的优势在于具备严格的风险控制系统，对风险的识别、衡量与控制都有着明确而严格的规定，有优质的人才资源和庞大的客户资源，有人民银行做后盾，有严格的法律法规保护，无政策风险。

（三）金融地位不同

传统银行目前在金融领域中处于绝对的强势地位，所有的金融业务离不开银行体系，互联网金融目前处于“野蛮成长”的金融创新时期，缺乏必要的监管。大部分互联网金融机构对金融的本质意识不够或者因缺乏人才没有能力规避金融的风险，处于发展摸索的初期阶段。互联网金融机构的知名度与传统金融相比依然很低，如英国的一项调查表明，只有15%的英国人称听说过几家大型的P2P公司（如Zopa、Funding Circle和RateSetter），而98%的英国人听说过主力银行。

（四）竞争模式不同

我国金融业经过多年的发展，金融产品同质化严重，传统金融机构靠关系销售产品，精力大多投入在业务运营和客户关系上；而互联网金融正处于迅速发展期，强调“产品价值”、产品设计制造能力、客户风险评估能力、提供个性化服务的能力，重视客户和用户的使用体验，让金融产品本身说服客户。因此，其更多的精力投入在金融产品设计上，力图使结构复杂、专业度高的金融产品以简单易操作的方式直观、清晰地呈现在客户面前，让普通客户快速、便捷地了解和掌握。

（五）销售渠道不同

传统金融机构有庞大的物理网点销售渠道和客户来源。而互联网金融机构的销售渠道主要是网络客户端与手机银行，大幅降低了运营成本，并充分运用社交网络、大数据、云计算、搜索引擎、电商交易数据和数据挖掘等互联网技术对小微金融客户进行信用评级和贷款定价。互联网金融发展依赖于网络技术的发展、数据的获取以及对数据分析人才的掌握等方面。实际上，单个互联网金融企业很难获取全部有益的数据，难以做到大数据分析，未来金融的发展需要多方面数据的联合共享。

（六）风险控制侧重点不同

传统商业银行在进行信用风险评级时所使用的利润、现金流等财务数据，主要依赖于贷款申请人当时提供的资料和调查人员收集的资料，行业风险控制主要基于贷前审查，贷中、贷后风险控制不足，成本太高。而互联网金融则通过社交网络（如 Facebook）、电商平台、搜索引擎、云计算等互联网平台或技术获取客户信息流、资金流、物流等信息，然后运用数据挖掘、模型分析等技术手段，对借款人的还款意愿及还款能力进行准确实时的数据分析和评估，及时动态获取贷中、贷后信息，风险控制点比传统金融的风险控制点多了很多，而且风险控制模型更加灵活，能够准确地识别和评估客户风险，科学地进行资产定价和风险管理。

（七）风险缓释不同

考虑到我国信用体系不健全，贷中和贷后风险控制成本高，传统银行以抵押品或担保品作为风险缓释的方式。而互联网金融则更多地依靠大数定律分散管理模式：一是选择小而独立的客户，让风险自然分散；二是建立有效的信用信息披露机制，对贷中与贷后进行实时的动态跟踪，达到风险分散的目的。

（八）担保体系不同

传统银行业有国家信誉作为担保，贷款时强调有足值的抵押品和质押物。提供担保机制的 P2P 网络借贷平台在欧美并不常见，但在中国则成为 P2P 网络借贷平台最流行的范式。其原因是在我国信用体系缺失的环境下，投资人根本无法通过网络获取借款人的信用资料，而 P2P 网络借贷平台为了吸引客户，提供了担保机制。其主要做法如下：有些购买商业保险公司的担保，有些和小贷公司或担保机构合作，有些则从借贷资金中抽取一定比例成立保障基金。

（九）思想文化不同

互联网遵循的原则是“公开、透明、高效、开放、平等、协作、分享”，高效与创新是互联网金融的亮点，共享、平等和自由则是互联网金融的核心。而传统金融业具有悠久的历史和高度的监管，还具备行业的高度垄断、封闭的风险监管等特点，丰厚的行业垄断利润和职业年薪导致传统银行缺乏创新的动力。传统金融的发展依赖于雄厚的市场资源和深厚的人脉关系，而在互联网金融行业中更注重的是开放的思维、高速的互联网节奏与团队价值观。

第三节 互联网金融发展背景、起源与历程

一、互联网金融发展背景

互联网金融之所以得到快速的发展，并成为金融领域的重要一极，有其特殊的产生环境和发展机遇。本书认为当前与互联网金融密切相关的主要经济和技术背景可以归纳如下：第一是宏观经济不断发展，这是互联网

金融发展的前提；第二是居民投融资需求上升，进而导致居民理财意识觉醒；第三是传统金融机构服务弱势群体方面存在明显不足；第四是互联网技术在国内蓬勃发展，特别是以 BAT 为代表的互联网巨头引领了互联网金融的发展方向；第五是金融脱媒进程加快，金融脱媒进程加快使商业银行在金融领域中的主导性地位开始受到动摇，特别是证券公司和基金公司开始挤占商业银行的传统势力范围。

（一）宏观经济不断发展

宏观经济不断发展是互联网金融发展的基本前提，并由此派生出互联网金融发展的诸多其他背景。近年来，中国宏观经济持续向好，经济增长率在全球主要经济体中表现得最为优异。特别是在金融危机之后，欧美等主要发达国家受金融危机的影响，居民就业率和消费率这两大指标均显著下降，经济增速疲软。其中，欧洲还受欧债危机的影响，经济增长更加乏力，甚至呈现负增长。中国的近邻，同时也是世界第三大经济体的日本虽然受安倍经济学的刺激在短期内经济增速有所回升，但是安倍经济学并没有能够从根本上提高日本经济发展的竞争力，过度实施量化宽松对日本而言无异饮鸩止渴。反观近年来中国经济发展的表现，新一届政府上台后，一直致力于保持财政货币政策的基本稳定，坚持改革和调整并举，将经济结构调整作为施政的重要方向。宏观经济在很大程度上决定了金融发展的水平，金融发展既是宏观经济发展的直接体现，也是宏观经济发展的重要载体。在欧美国家最先出现了互联网类金融产品，如 Amazon、PayPal 和 Google 等，但这些互联网巨头都没有形成像中国如此大规模的互联网金融产品，这是值得深思的地方。传统观点认为，中国的互联网企业善于模仿美国互联网巨头，创新有限，但是在互联网金融产品的研发方面已经超越了美国同行。本书认为，正是金融危机后各国经济的不同表现导致了各国互联网金融产品的差异化发展，中国经济持续发展为中国互联网企业推出互联网金融产品提供了很好的契机。

（二）居民理财需求提升

宏观经济的不断发展使居民理财需求也不断提高。在经济持续发展背景下，居民收入水平不断提高，由此衍生出的居民理财需求也相应提高。但是在当前经济环境下，中国境内居民投融资渠道受到挤压，主要表现在以下几个方面：第一，中国股票市场相对疲软，居民投资股票市场信心不足，而从国际经验看，投资股票市场，特别是蓝筹股股票是一国居民进行理财投资的重要方向。第二，中国利率市场受到央行的隐性管制，并且央行禁止商业银行变相揽储，导致储蓄产品的种类十分匮乏。各家商业银行一般都是使用利率上浮 10%的方法吸收居民储蓄，这就使居民的储蓄途径比较单一，居民迫切希望能够借助其他方式进行理财。第三，近年来经济持续增长也衍生出一系列问题，如物价高涨和房价飙升，这也使居民开始更加重视通过理财积累个人财富，对利率的敏感性也相应提高。因此，互联网金融产品以较高的收益率出现后就迅速受到了居民的青睐，获得了极快的发展速度。

（三）传统金融机构服务弱势群体方面存在明显不足

按照克里斯·安德逊 2004 年所提出的“长尾理论”，传统银行由于追求规模经济性，总是将有限的资源集中在对利润贡献最大的客户群体和业务领域，即大企业、大客户和中高端零售客户。而对于向小微企业贷款、小额理财、个人借贷担保等“尾部”业务，银行无暇顾及，或者由于成本、风险与收益不匹配而不愿涉足。这就为互联网金融企业提供了市场空间。可以说，互联网金融是顺应市场需求的结果，只不过这些需求在传统银行业看来属于小众市场。

（四）网络技术快速进步

互联网企业是互联网金融发展的主体，网络技术的快速进步则为互联网企业不断推出互联网金融产品提供了有力工具。基于当前的大数据、人工智能、云平台等新兴技术方法，互联网企业可以更好地对居民消费习惯、融资渠道等进行收集、跟踪、整理、刻画、分析、总结、预测等。在新的互联网技术的推动下，互联网企业可以更好地服务于消费者的投融资需求，并且能够开发出更加符合消费者需求的互联网产品。目前互联网金融产品正朝着规模化、精细化和个性化的方向发展，与商业银行稍显单一的金融产品相比更具优势。对海量数据的快速分析以及精准地把握消费者需求是商业银行目前需要重点强化的方向。

（五）金融脱媒进程加快

金融脱媒进程加快也在很大程度上推动了互联网金融的发展。在金融脱媒的背景下，商业银行在金融发展中的主导性作用开始受到影响。证券基金公司开始更多地参与到商业银行的传统领域，对商业银行的发展造成了一定的冲击。互联网金融就是在这个背景下，与基金和证券等金融企业相融合，推出了诸多符合消费者需求的金融产品。以余额宝为例，余额宝是一款以货币市场基金为主要投资标的的金融产品，在本质上仍然是一种货币基金，只不过其形态与传统货币基金存在较大不同。除此之外，百度、腾讯以及京东所推出的各种互联网金融产品都没有脱离基金公司的身影，互联网企业在此过程中更多地扮演了渠道中介和推广中介的作用。但是，正是得益于互联网企业的中介作用，互联网金融产品才能在极短的时间内迅速抓住大量的客户群体，加速了金融脱媒进程，对商业银行传统金融服务形成了严峻挑战。

二、互联网金融的起源

互联网金融的雏形在 20 世纪 90 年代最早出现。1995 年 10 月，世界上第一家互联网银行——美国亚特兰大安全第一网络银行（Security First Network Bank，SFNB）正式开业。SFNB 的成立被人们视作互联网金融发展史上的标志性事件。此后，互联网金融在欧洲及日本等亚洲一些国家和地区开始逐渐兴起。尽管互联网金融起源于美国，但欧美各国并没有提出

“互联网金融”的概念。由于发达国家金融市场准入和管制宽松，科技公司在市场竞争中不必寻求监管套利，因此监管者通常将互联网金融公司视同一般性服务商，采用相对放松的管制。另外，在金融发达国家，会员必须遵守行业协会制定的规则，并且需要定期披露信息，因此金融市场透明度较高，加之金融发达国家的利率普遍较低，资金需求弹性几乎为零，小微企业与个人投资者有较多的融资方式可以选择，因而对互联网金融产品的需求不大。正因如此，在近20年的互联网高速发展时期，互联网对传统金融行业的影响和变革最终促使“互联网金融”这一尚有争议的概念在我国被提出。虽然西方发达国家尚无“互联网金融”的提法，但自20世纪90年代中期互联网技术真正被商业化应用开始，到20世纪90年代末互联网技术不断成熟和网速不断提高，互联网技术对传统金融行业产生了巨大的影响。

事实上，正是传统的金融机构，即银行、保险和证券公司等将线下业务转移到线上的过程推动了互联网金融的产生。如前文所提到的1995年10月美国的安全第一网络银行的成立，标志着传统银行服务和产品从线下向线上的转移。随后，理论界与银行业界相继提出了电子金融、在线银行、网络银行等概念。其中，电子金融概念较为宽泛且被广泛接受。

在互联网金融起源阶段，伴随着互联网的普及和信息技术的进步，传统证券业务快速发展到网上开户、网上交易、网上资金清算等各个环节。谢平、邹传伟和刘海而在《互联网金融手册》中将国外的网络证券化分为三种模式：①以E-Trade为代表的纯网络证券公司。E-Trade成立于1992年，它建立了以网站为中心的营销体系，采取金融证券业垂直门户网站的定位，界面清楚、操作简易，为客户提供银行、证券、保险及税务等信息，最主要的特点是交易佣金低。②以嘉信理财为代表的O2O模式，即既通过线上提供服务，也通过线下门店提供服务。③传统证券公司在互联网时代的转型，如美林证券定位于高端客户，需要为客户提供面对面的服务，不能完全依靠互联网。国内的证券公司，在20世纪90年代后期相继推出了网上行情显示、网上交易等业务。到目前，在保留部分营业部的同时，客户通过 PC 端或者手机实现网上交易的份额越来越大。

与证券业务网络化类似，自 20 世纪 90 年代中期开始，保险业务也开始向互联网上转移。1997 年，日本出现了首家完全通过互联网直销的保险公司，该公司由美国家庭人寿保险公司和日本电信共同投资设立并管理。同时期，中国的部分保险公司也开展了线上服务，即通过网站就能完成保险产品的选择、购买和保费支付。一般可将互联网保险业务分为代理模式和网上直销模式。代理模式主要是指保险销售代理机构实现保险在互联网上的销售。通过互联网庞大的网络辐射能力，获得大量潜在客户和规模经济效应。在代理模式下，可以发展出网络保险超市模式，即同一网站可以提供多家保险公司的产品和服务。网上直销模式则是保险公司自身通过网络直销保险业务，有助于直接提升保险公司的企业形象。

当互联网技术发展到 21 世纪，人们开始意识到了电子金融已经打破原有的商业模式，且正在创造新经济。所以，虽然国外尚无互联网金融的提法，但其早在 20 世纪 90 年代后期提出的电子金融概念与今天我国提出的互联网金融其实有异曲同工之处，因此可以认为互联网金融起源于这一时期。

三、我国互联网金融的发展历程

我国互联网金融发展起步较晚，在刚开始起步阶段，发展比较缓慢，最近几年呈现快速发展的态势。总体来看，我国互联网金融的发展历程大致经历了以下三个阶段，这三个阶段没有严格的时间分隔，且在时间上是并行存在的，体现了我国互联网金融的不断演进和深化。

第一阶段：起步阶段——传统金融机构的网络化。这一阶段开始于 1997 年，发展形式包括网上银行、电话银行和手机银行等，是商业银行将传统的金融服务向线上转移，对金融机构的服务从时间和空间上进行扩展。电子银行是我国互联网金融在这一阶段的主要表现形式，表现为网上银行业务的开展，利用通信设备和通信网络相结合，如 ATM 机、自助终端和 POS 机等，其业务主要依靠客户自助完成，成功地将线下业务向线上转移。目前，我国商业银行建立了一整套电子银行立体服务系统。经过十年的探索和发展，我国电子银行自 2006 年起发展迅猛，开展交易性电子银行业务的银行数量大大增加，该业务种类不断增加、涉及范围不断扩大，交易量和交易额也呈现大幅增长的态势。

第二阶段：发展阶段——发挥金融的互联网居间作用。这一阶段起步于 1998 年首家第三方支付公司的成立，在该阶段中，互联网主要发挥居间平台的作用，即委托人通过以互联网技术为依托的居间人来获取所需资金，由互联网直接对委托人进行分析、调查和审核，从而降低交易的风险，此过程中居间人收取一定的服务费用。这一阶段的表现形式包括第三方支付、P2P 网络借贷平台和众筹融资。在步入发展阶段之初，互联网金融的发展速度还是比较缓慢的，在 2005 年之后才逐渐步入快速发展阶段。P2P 网贷规模 2015 年全年的成交量达 9823 亿元，与 2012 年全年 212 亿元的规模相比，呈现几何增长。同时，2015 年我国共出现约 2595 家的 P2P 平台网站，存在较大的行业风险，2015 年全年一共有 896 家 P2P 平台陆续出现各种问题，是 2014 年的 3.26 倍。众筹融资主要包括以下三种类型：以“点名时间”和“众筹网”为代表的综合类、以“追梦网”和“淘梦网”为代表的主题类、以“天使汇”和“大家投”为代表的股权类。

第三阶段：深化阶段——金融与互联网相互渗透。在这一阶段，传统金融业与互联网逐渐融合。一方面，互联网企业凭借自身资金、技术、信息等方面的优势不断向金融业渗透；另一方面，传统金融机构不断革新，逐渐推出各自的电商平台。这使两者之间的关系由合作转为竞争，业务开始重合，界限开始模糊。我国互联网金融在深化阶段的主要形式表现为大数据金融和传统金融机构电商平台。大数据金融是在对海量数据进行收集、分析和整理的基础上，将大量的用户信息如交易和消费信息等提供给互联网金融企业，从中找出相应规律，以了解和掌握客户的相关信息，从而预测和估计客户未来的消费倾向。传统金融机构推出电商平台相对较晚，尚处于初级阶段，但发展速度很快。目前，我国的主要商业银行都有了自己的电商平台，一些银行的电商平台还取得了较好的成绩，如中国建设银行的“善融商务”平台。

从上述我国互联网金融的演变历程可以看出，其具备两个突出特征：结构变化和规模变化。就结构变化而言，我国互联网金融从无到有、从单一模式逐渐向多元化模式发展，通过不断创新得到了不断深化；同时，传统金融机构与互联网金融企业之间不再是单一的合作关系，而是合作与竞争并存关系。就规模变化而言，从上面的分析可以看出，无论是何种互联网金融模式，其在最近几年均取得了快速发展，规模呈现几何增长，这种发展趋势将会继续保持下去。

第四节　互联网金融发展模式及趋势分析

一、互联网金融发展模式

在互联网金融持续火爆的今天，为了对互联网金融的模式做一个清晰的界定，软交所互联网金融实验室从 2012 年开始，通过持续对互联网金融领域企业进行调研走访，深度解析互联网金融相关资讯，并对互联网金融创新产品、现象进行认真研究，最终系统梳理出了第三方支付、P2P 网贷、众筹、信息化金融机构、互联网金融门户、大数据金融六大互联网金融模式。

（一）第三方支付

第三方支付狭义上是指具备一定实力和信誉保障的非银行机构，借助通信、计算机和信息安全技术，采用与各大银行签约的方式，在用户与银行支付结算系统间建立连接的电子支付模式。根据央行 2010 年在《非金融机构支付服务管理办法》中给出的非金融机构支付服务的定义，从广义上讲第三方支付是指非金融机构作为收、付款人的支付中介所提供的网络支付、预付卡、银行卡收单以及中国人民银行确定的其他支付服务。第三支付已不仅仅局限于最初的互联网支付，而是成为线上线下全面覆盖、应用场景更为丰富的综合支付工具。而从发展路径与用户积累途径来看，市场上第三方支付公司的运营模式可以归为两大类：一类是独立的第三方支付模式，是指第三方支付平台完全独立于电子商务网站，不负有担保功能，仅仅为用户提供支付产品和支付系统解决方案，以快钱、易宝支付、汇付天下、拉卡拉等为典型代表；另一类是以支付宝、财付通为首的依托于自有 B2C、C2C 电子商务网站来提供担保功能的第三方支付模式，即货款暂由平台托管并由平台通知卖家货款到达、进行发货。在第二类支付模式中，买方在电商网站选购商品后，使用第三方平台提供的账户进行货款支付，待买方检验物品后进行确认后，就可以通知平台付款给卖家，这时第三方支付平台再将款项转至卖方账户。

第三方支付公司主要有交易手续费、行业用户资金信贷利息及服务费收入和沉淀资金利息等收入来源。相比较而言，独立的第三方支付平台立身于企业端，担保模式的第三方支付平台则立身于个人消费者这一端，前者通过服务于企业客户间接覆盖客户的用户群，后者则凭借用户资源的优势渗入行业。第三方支付的兴起，不可避免地在结算费率及相应的电子货币/虚拟货币领域给银行带来挑战。第三方支付平台与商业银行的关系由最初的完全合作逐步转向了竞争与合作并存。随着第三方支付平台走向支付流程的前端，并逐步涉及基金、保险以及个人理财等金融业务，银行的中间业务正在被其不断蚕食。另外，第三方支付公司利用其系统中积累的客户的采购、支付、结算等完整信息，可以以非常低的成本联合相关金融机构为其客户提供优质、便捷的信贷等金融服务。同时，支付公司也开始渗透到信用卡和消费信贷领域。第三方支付机构与商业银行的业务重叠范围不断扩大，逐渐与商业银行形成了一定的竞争关系。

（二）P2P 网贷

P2P 网贷（Peer-to-Peer Lending），即点对点信贷，国内又称“人人

贷”。P2P 网贷是指通过第三方互联网平台进行资金借、贷双方的匹配，需要借贷的人群可以通过网站平台寻找到有出借能力并且愿意基于一定条件出借的人群，其可以帮助贷款人通过和其他贷款人一起分担一笔借款额度来分散风险，也能够帮助借款人在充分比较的信息中选择有吸引力的利率条件。P2P 网贷平台的盈利来源主要是向借款人收取一次性费用以及向投资人收取评估和管理费用。贷款的利率由放贷人竞标确定，或者由平台根据借款人的信誉情况和银行的利率水平提供参考利率。由于无准入门槛、无行业标准、无机构监管，对 P2P 网贷还没有严格意义上的概念界定，其运营模式尚未完全定型。目前已经出现了以下几种运营模式：第一种是纯线上模式，此类模式的典型平台有拍拍贷、合力贷、人人贷（部分业务）等，其特点是资金借贷活动都通过线上进行，不结合线下的审核。通常这些企业审核借款人资质的措施有视频认证、查看银行流水账单、身份认证等。第二种是线上线下结合的模式，此类模式以翼龙贷为代表。借款人在线上提交借款申请后，平台通过所在城市的代理商采取入户调查的方式审核借款人的资信、还款能力等情况。第三种是以宜信为代表的债权转让模式，这种模式是公司作为中间人对借款人进行筛选，以个人名义进行借贷之后再将债权转让给理财投资者。

从 P2P 网贷的特点来看，其在一定程度上降低了市场信息的不对称程度，对利率市场化起到了一定的推动作用。其由于参与门槛低、渠道成本低，在一定程度上拓宽了社会的融资渠道。从目前的情况来看，P2P 网贷针对的主要是小微企业及普通个人用户，这些大都是被银行“抛弃”的客户，资信相对较差、贷款额度相对较低、抵押物不足，并且央行个人征信系统暂时没有对 P2P 企业开放，这些都造成 P2P 审贷效率低、客户单体贡献率小以及批贷概率低等现状，并且存在很多异地的信用贷款。由于信贷审核及催收成本高，不少 P2P 网贷平台坏债率一直居高不下。P2P 网贷平台还处于培育期，用户认知程度不足、风控体系不健全，是 P2P 行业发展的主要障碍。部分 P2P 网贷平台“跑路”的信息也给行业带来了不好的影响，其实，这些平台大都是抱着“捞一把就跑”的心态，在平台上线不长的时间内依靠高回报率骗取投资人的资金，很少是因为真正的经营不善而倒闭的。因此，不能因少数害群之马的恶劣行为来彻底否定一个行业，而是要在逐步建立备案制以及相关资金监管制度的同时，对真正的违法诈骗行为进行严厉的打击。

（三）众筹

众筹意为大众筹资或群众筹资，是指用“团购+预购”的形式，向网友募集项目资金的模式。众筹的本意是利用互联网和 SNS 传播的特性，让创业企业、艺术家或个人对公众展示他们的创意及项目，争取大家的关注和支持，进而获得所需要的资金援助。众筹平台的运作模式大同小异，即需要资金的个人或团队将项目策划交给众筹平台，经过审核后，便可以在平台的网站上建立属于自己的页面，用来向公众介绍项目情况。众筹的规则有三个：一是每个项目必须设定筹资目标和筹资天数。二是在设定天数内，达到目标金额才算成功，发起人即可获得资金；若项目筹资失败，则发起人要将已获资金全部退还支持者。三是众筹不等同于捐款，所有支持者一定要设有相应的回报。众筹平台会从募资成功的项目中抽取一定比例的服务费用。此前不断有人预测众筹模式将会成为企业融资的另一种渠道，对于国内目前 IPO 闸门紧闭，企业上市融资之路越走越难的现状会提供另一种解决方案，即企业可以通过众筹的模式进行筹资。但从目前国内实际众筹平台来看，因为股东人数限制及公开募资的规定，国内更多的是以“点名时间”为代表的创新产品预售及市场宣传平台，还有以“淘梦网”“追梦网”等为代表的人文、影视、音乐和出版等创造性项目的梦想实现平台，以及一些微公益募资平台。自 2013 年以来，以“创投圈”“天使汇”为代表的一批针对种子期、天使期的创业服务平台，以一种“众投”的模式进入的人们了视野，并很好地承接了对众筹本意的理解，但是因为项目优劣评判的困难、回报率的极为不确定性，目前仅仅停留在少量天使投资人、投资机构及少数投资玩票的人当中，涉及金额也相对较小。与热闹的 P2P 相对，众筹尚处于一个相对安静的阶段。目前国内对公开募资的规定及特别容易踩到非法集资的红线使众筹的股权制在国内发展缓慢，很难做大做强，短期内对金融业和企业融资的影响非常有限。从行业发展来看，目前众筹网站的发展要避免出现当年团购网站由于运营模式和内容上的千篇一律，呈现出“一窝蜂兴起而又一大片倒下”的局面。这就要求众筹网站的运营必须体现出自身的差异性，凸显出自身的垂直化特征。

（四）信息化金融机构

所谓信息化金融机构，是指通过采用信息技术，对传统运营流程进行改造或重构，实现经营、管理全面电子化的银行、证券和保险等金融机构。金融信息化是金融业发展趋势之一，而信息化金融机构则是金融创新的产物。从整个金融行业来看，银行的信息化建设一直处于业内领先水平，不仅具有国际领先的金融信息技术平台，建成了由自助银行、电话银行、手机银行和网上银行构成的电子银行立体服务体系，而且以信息化的大手笔——数据集中工程在业内独领风骚。目前，一些银行都在自建电商平台，从银行的角度来说，电商的核心价值在于增加用户黏性，积累真实可信的用户数据，于是银行可以依靠自身数据去发掘用户的需求。建行推出的“善融商务”、交行推出的“交博汇”等金融服务平台都是银行信息化的有力体现。从经营模式上来说，传统的银行贷款具备流程化、固定化的特点，基于节约成本和风险控制，银行更倾向于针对大型机构进行服务。通过信息技术，可以缓解甚至解决信息不对称的问题，为银行和中小企业直接的合作搭建平台，增强金融机构为实体经济服务的职能。但更为重要的是，银行通过建设电商平台，积极打通银行内各部门数据“孤岛”，形成一个“网银+金融超市+电商”的三位一体的互联网平台，以应对互联网金融的浪潮及挑战。

信息化金融机构从另一个非常直观的角度来理解，就是通过金融机构的信息化，让人们汇款不用跑银行、炒股不用去营业厅、电话或上网可以买保险，虽然这是大家现在已经习以为常的生活了，但这些都是金融机构在互联网技术发展的基础上进行信息化改造之后带来的便利。未来，在互联网金融时代，传统的金融机构更多的是如何更快、更好地充分利用互联网等信息化技术，并依托自身资金实力雄厚、品牌信任度高、人才聚焦、风控体系完善等优势，作为互联网金融模式的一类来应对非传统金融机构带来的冲击，尤其是思维上、速度上的冲击。

（五）互联网金融门户

互联网金融门户是指利用互联网进行金融产品的销售以及为金融产品销售提供第三方服务的平台。它的核心就是“搜索+比价”的模式，即采用金融产品垂直比价的方式，将各家金融机构的产品放在平台上，用户通过对比挑选合适的金融产品。互联网金融门户多元化创新发展，形成了提供高端理财投资服务和理财产品的第三方理财机构以及提供保险产品咨询、比价、购买服务的保险门户网站等。这种模式不存在太多的政策风险，因为平台既不负责金融产品的实际销售，也不承担任何不良的风险，同时资金也完全不通过中间平台。目前在互联网金融门户领域，针对信贷、理财、保险、P2P 等细分行业，存在融 360、91 金融超市、好贷网、银率网、格上理财、大童网、网贷之家等平台。互联网金融门户最大的价值就在于它的渠道价值。互联网金融分流了银行业、信托业、保险业的客户，加剧了上述行业的竞争。随着利率市场化和互联网金融时代的来临，对于资金的需求方来说，只要能够在一定的时间内，在可接受的成本范围内筹集到所需资金，那么具体的钱无论是来自工行、建行，还是 P2P 平台、小贷公司，抑或是信托基金、私募债等，已经不是那么重要了。

基于相关互联网金融门户平台的服务内容及服务方式，本书将互联网金融门户分为第三方资讯平台、垂直搜索平台以及在线金融超市三大类。第三方资讯平台是提供全方位、权威的行业数据及行业资讯的门户网站，典型代表为网贷之家、和讯网等。垂直搜索平台是聚焦于金融产品的垂直搜索门户，消费者在门户上可以快速地搜索到相关的金融产品信息，典型代表为融 360、安贷客等。而线上金融超市的业务形态是在线导购，提供直接的购买匹配，因此该类门户集聚着大量金融类产品，利用互联网进行金融产品销售，并提供与之相关的第三方服务，典型代表为大童网、格上理财、91 金融超市以及软交所科技金融超市等。此外，互联网金融门户又可以根据汇集的金融产品、金融信息的种类，将其细分为 P2P 网贷类门户、信贷类门户、保险类门户、理财类门户以及综合类门户五个子类。

（六）大数据金融

大数据金融是指集合海量的非结构化数据，通过对其进行实时分析，可以为互联网金融机构提供客户的全方位信息，通过分析和挖掘客户的交易和消费信息掌握客户的消费习惯，并准确预测客户行为，使金融机构和金融服务平台在营销和风控方面有的放矢。基于大数据的金融服务平台主要指拥有海量数据的电子商务企业开展的金融服务。大数据能力的关键是从大量数据中快速获取有用信息的能力，或者是从大数据资产中快速变现的能力，因此，大数据的信息处理往往以云计算为基础。目前，大数据服务平台的运营模式可以分为以阿里小额信贷为代表的平台模式和以京东、苏宁为代表的供应链金融模式。阿里小贷以“封闭流程+大数据”的方式开展金融服务，凭借电子化系统对贷款人的信用状况进行核定，发放无抵押的信用贷款及应收账款抵押贷款。京东商城、苏宁的供应链金融模式是以电商作为核心企业，以未来收益的现金流作为担保，获得银行授信，为供货商提供贷款。

大数据通过海量数据的核查和评定，能够增加风险的可控性和管理力度，及时发现并解决可能出现的风险点，对于风险发生的规律性有精准的把握，将推动金融机构更深入和透彻的数据分析需求。虽然银行有很多支付流水数据，但是各部门不交叉，数据无法整合，大数据金融模式促使银行开始对沉积的数据进行有效利用。大数据将推动金融机构创新品牌和服务，做到精细化服务，对客户进行个性定制，利用数据开发新的预测和分析模型，实现对客户消费模式的分析以提高客户的转化率。大数据金融模式广泛应用于电商平台，以对平台用户和供应商进行贷款融资，从中获得贷款利息以及流畅的供应链所带来的企业收益。随着大数据金融的完善，企业将更加注重用户个人的体验，进行个性化金融产品的设计。未来，大数据金融企业之间的竞争将存在于数据的采集范围、数据真伪性的鉴别以及数据分析和个性化服务等方面。

二、互联网金融的发展趋势

（一）未来的发展速度越来越快

当前互联网金融具有两个显著特征：一是互联网企业纷纷加速进入该行业，传统金融机构也加快对该行业的布局；二是该行业各个模式的业务规模呈现爆发式的增长，产品创新层出不穷。可以说，互联网金融发展的这两大特征会继续保持下去，从而加快其发展速度。一方面，互联网企业和传统金融机构之间存在竞争关系，使机构之间的竞争加剧，各机构为了在该领域立足，不断创新其金融产品，调整产品结构，提高服务质量和效率，从而加大对投资者的吸引力度。另一方面，互联网金融的参与者，如借款者、投资者等，通过体验尝试到互联网金融的便利性和高收益性后，会不断加大对该行业的参与力度。随着互联网金融的规范性发展，其风险大大降低，这将提高人们对其的信任度，从而会有更多的企业或个人加入到互联网金融的发展中。人们通过一段时间对该行业的认识和了解，对相关知识和经验有所掌握，加上互联网金融的创新产品能满足人们个性化的需求，人们的满意度将会提高，人们将对其业务和产品也会产生依赖性，这种黏性也会加快该行业的发展速度。

（二）涉及的业务范围越来越广

目前，互联网金融涉及的业务领域包括银行业、保险业、证券业等，但是并没有涵盖这些金融行业中的所有业务，部分业务目前尚处于试点阶段。然而，通过扩张虚拟渠道、运用大数据和搭建平台等方式，互联网金融模式不断创新，其功能也得以延展，未来互联网金融所涉及的业务范围将会越来越广。扩张虚拟渠道有两条路径：一是向客户提供更多的服务种类，从而提高客户的流量变现能力；二是金融企业为了将产品放在网上销售，可以与互联网企业建立合作关系，这样既可以降低成本，又可以获得更多的客户资源。相关企业对大数据的运用表现在对已有数据进行挖掘、分析和处理，设计出满足用户个性化需求的产品。搭建平台是金融企业和互联网企业争夺较为激烈的一个领域，它们都想通过搭建平台来扩展其业务，这也是未来互联网金融发展的大方向。通过上述方式，互联网金融可以涵盖金融业的各方面，从而其涉及的业务范围将会越来越广。

（三）鼓励发展与加强监管并存

互联网技术发展所带来的不同产业之间的融合、全新的客户定位和效率的提升，可以填补传统金融机构留下的部分市场空白，这为互联网金融提供了巨大的发展空间和前所未有的机遇。首先，互联网金融得到了国家和政府的鼓励和支持，政府放权、监管试错为这一行业的发展提供了较大的政策空间；其次，网络贷款等互联网金融产品在不完善的金融服务体系中存在巨大的生存空间；再次，互联网技术对各行各业的不断渗透，使效率得到大幅提升，促进了行业之间或产业之间的融合，进一步拓宽了互联网金融的发展范围；最后，互联网金融能够直面客户，更好地服务于长尾市场和零售客户，发展空间非常广阔。随着互联网金融不断暴露出各种问题，一些行业发生了洗牌，如网贷公司倒闭或“跑路”，国家在鼓励发展互联网金融的同时，必然会不断摸索，加强对它的监管，使之规范化和良性发展。国家相关部门也在抓紧研究互联网金融这一行业的监管方案，相继会出台相应的监管法律、条例或措施等，以防范其风险的发生。可见，国家在鼓励该行业发展的同时也会逐步加强对其监管。

第五节　互联网金融理财产品

一、互联网金融理财产品的定义

由于互联网金融理财产品是新兴事物，目前对于互联网金融理财产品的定义并不明确。想要对它下定义，需要知道其和传统理财产品之间的差别。从定义上来说，传统理财产品的设计和发行主体是商业银行和一些正规的金融机构，而销售渠道是银行柜台或者一些机构发行商。传统理财产品通过把投资人的资金投入金融市场或者购买金融产品，将获得的收益按照合同约定的比例返回给投资人。而互联网金融理财产品的设计和发行主体并没有明确的行业限制，从目前市面上的互联网金融理财产品来看，其大多是由互联网公司与基金公司合作设计和发行的，是一种或者是基金公司借助互联网的技术和概念设计并发行，直接面向投资者的理财方式。如余额宝、理财通等。银监会给出的互联网金融理财产品的概念是，互联网金融理财产品是由互联网公司与基金公司合作设计和发行，或者是基金公司借助互联网的技术和概念设计并发行的货币基金产品，不含通过传统渠道和银行网站等代销的货币基金产品。由此我们可知，互联网金融理财产品和传统理财产品的设计和发行主体不同：前者没有明确界限，大多是互联网和基金公司；后者是商业银行和一些正规的金融机构。两者的销售渠道也截然不同：前者是直接面向投资者，不含中间渠道；而后者则是采用银行代销的方式。

对互联网理财产品的理解有广义和狭义之分。广义的互联网理财产品是将基金、信托、保险等各产品搬到线上进行销售，这虽然这打破了传统银行理财实体门店的限制，但是申购门槛和流动性等方面并没有改变，依旧忽略了数量庞大的普通消费者。从狭义上讲，互联网理财产品既指与消费者消费深度融合的理财产品，如余额宝、零钱包等；也指与知名互联网公司合作的理财产品，如理财通、百度理财计划等。这类理财产品是对原有理财模式的彻底颠覆，突破了原有理财产品门槛高、赎回期长的限制，降低了交易风险，实现了透明、平等理财，主要针对低收入人群。

二、互联网金融理财产品的特点

与传统银行的“富人理财”模式不同，互联网理财产品大大满足了低收入人群的理财需求，成为名副其实的“草根理财产品”。低收入人群进行投资理财时希望能够随时满足其现金需求，且能够在低风险条件下获得更高收益，因此基于消费者需求产生的互联网理财产品具有一定的独特性，具体表现在以下几个方面：

（一）准入门槛低

我国目前仍然是富裕阶层人数少，中低收入阶层人数多，民众手中有一些闲散资金，但数额较小。在这种情况下，普通百姓对房市、股市、银行等高收益但是高风险、高成本的理财方式望而却步。传统银行理财产品具有起投金额限制的投资门槛，而互联网理财产品实行 1 元起投，打破了传统理财产品限制，降低了投资理财门槛，满足了广大低收入人群的理财需求，使用户手中的闲散资金能得以充分利用从而增值。互联网理财产品不仅利率远高于银行的活期和定期存款利息，而且成本和风险都较低。从某种意义上讲，这也实现了一种理财上的民主和平等。

（二）流动性强

互联网金融理财具有当天结算的特点，收益及时而透明，满足了广大低收入群体的“现金灵活存取”这一需求。传统金融理财产品的运行周期较长，通常以月为周期，致使收益率详情不能及时送达理财用户，理财用户也不能随时随地了解其投资盈亏情况。而互联网金融理财实现了收益的当天结转，用户可随时查看资金余额及理财收益等事项。同时，互联网理财平台会定期公布理财产品存入的资金总额、理财产品的投资组合以及收益率变化等情况，充分实现了理财的透明化。

（三）便利性高

互联网理财可以实现多平台、多终端操作，满足消费者随时随地买进与提现的需求。消费者可以随时随地查看资讯信息、收益情况，在获得便捷体验的同时，也获得了投资收益。此外，随着互联网技术的迅速发展，金融产品不只是一种支付、消费工具，以余额宝为例，其除了帮助用户建立投资、消费渠道之外，还能兼顾居民的衣食住行，不仅可以完成水电煤气费用的缴纳，还能进行信用卡还款、股票投资、游戏充值等各类城市服务。

（四）经营成本低

与传统银行理财实体化不同，互联网金融理财完全是虚拟运作，只需要有网络及其终端设备就可以进行互联网金融经营，不再依赖一个又一个实体网点，运营成本和人工成本大大减少，还能不断扩大产品的运营规模，实现资本的再增值，同时大多数互联网理财产品无需任何手续费，极大地降低了理财过程中的交易成本。

（五）具有一定的风险

互联网理财产品是信息科技在资本领域的创新应用，事实上也是一种信息网络技术，因此它不可避免地存在网络安全问题，如隐私泄露、资金被盗等，虽然国家和企业不断采取措施防范和控制风险，但现实生活中仍然存在黑客攻击网络等现象，造成网络用户的账户信息泄露，如酒店旅客信息丢失等严重问题依然存在。目前，互联网理财产品在我国处于起步阶段，相关监管措施滞后，虽然国家鼓励新兴行业发展，但互联网理财产品的发展仍处于探索阶段，因此互联网理财产品在风险防控方面仍有不足。

三、互联网理财产品分类

随着互联网的普及和理财意识的提高，曾经习惯于银行储蓄的人们，开始越来越多地把资金放在各种互联网理财产品中去。有业内专家将互联网理财产品分为四大类。

（一）与支付平台对接的货币基金模式

2013 年 6 月 13 日，阿里巴巴旗下的支付宝携手天弘基金推出“余额宝”理财服务，支付宝用户可以将其支付宝账户中的沉淀资金转入余额宝，转入之后就相当于投资购买了货币基金——天弘曾利宝基金，而且该基金是 1 元起购。传统银行理财产品是 5 万元起购，排除了大量潜在投资者，余额宝的诞生恰恰满足了小额资金客户的需要。2014 年 1 月 15 日，余额宝宣布其规模达 2500 亿元，用户达 4900 万户，成为了当之无愧的互联网金融产品“领头羊”。余额宝成功后，京东、苏宁等陆续获得了相应的支付牌照，也推出了互联网理财产品。2014 年 1 月 15 日，苏宁与广发基金、汇添富合作推出“零钱宝”；2014 年 1 月 22 日，腾讯推出微信理财通；2014 年 3 月 8 日，京东“小金库”推出“活钱包”“增值宝”。这类理财产品最大的特点是，购买了这类理财产品即相当于通过互联网支付平台购买了货币市场基金。在网络或手机上完成申购与赎回，投资门槛低、交易简便。更重要的是，这类理财产品都有对接的电子商务平台，用户可以动用理财账户余额进行购物和消费。

（二）各金融机构与互联网公司合作研发产品模式

证券公司、基金公司、保险公司等金融机构与互联网公司合作，打破了投资对象只有货币基金的单一性，研发出了新的互联网金融理财产品。国金证券与腾讯联合推出的“佣金宝”是证券领域的创新互联网理财产品。证券投资者可以在互联网上开立国金证券账户，并享受 0.02%的佣金率，投资股票以外的闲置资金享受货币基金收益，实现账户资金收益最大化。“定投宝”是银河基金公司与腾讯合作的理财产品，所募集到的资金投资于股票市场——腾安价值 100 指数，投资收益更高、风险较大。但它降低了股票型基金的投资门槛，10 元起购。“娱乐宝”是阿里巴巴与国华人寿保险公司合作推出的一款众筹互联网理财产品。众筹模式的核心是在互联网上通过社会大众来筹集新项目或开办企业的资金。“娱乐宝”是为网上投资者提供预期资金收益的保险理财产品，所募集的资金投向文化产业。

（三）P2P 网贷模式

P2P 网贷是通过互联网平台提供资金供需信息，撮合借款人和投资者，让融资者获得资金。换言之，这是一种小额信贷的个人对个人的直接信贷模式，也是投资风险与收益相对较高的互联网理财产品。阿里巴巴推出的“招财宝”与 P2P 网贷模式类似。即投资者通过“招财宝”平台可以购买银行、基金、保险公司等金融机构发布的各类定期理财产品以及中小企业或个人融资者发布的借款产品。但和 P2P 网贷不同的是，“招财宝”平台自身不发布任何理财产品和借款项目，也不设立资金池，不提供投资担保，不做期限错配，不干预定价，价格由融资方、投资方和提供风险管理的金融机构共同确定。

（四）基金公司、商业银行在互联网直销理财产品模式

许多基金公司分别优化升级各自的产品，华夏“活期通”，广发“钱袋子”等都具有互联网直销性质。以汇添富为例，2013 年 9 月其对“现金宝”货币基金进行了升级，专门面向网络销售，门槛降为 1 分钱起购，日复利，可实时查询前一天的投资收益，收益可以用于信用卡还款、手机充值等，其功能与余额宝类似。商业银行面对理财产品流动性差、存款搬家的压力，不得不进行产品的创新与研发。2014 年初，交通银行携手交银施罗德与易方达基金推出了“货币基金实时提现”业务，工商银行联合工银瑞信推出了“天天益”快速赎回业务。2015 年 4 月 13 日，交通银行更推

出依托货币基金的信用卡新理财服务“边花边赚”，有效地整合了储蓄账户、货币基金及信用卡。客户可将储蓄账户资金转入“边花边赚”中享受货币基金收益，信用卡客户在消费时刷银行信用卡额度，在还款日使用货币基金账户余额还款，实现“花银行的钱，用自己的资金投资”的目的，使资金获得最大的投资效益。该业务 1 分钱即可开户，没有交易手续费，随存随取，受到市场欢迎。

第六节　互联网金融对金融业的影响

一、互联网金融对金融业的正面影响

互联网金融已经渗透至金融业各个子领域，包括银行、保险、基金以及券商等，其中发展最为迅速的是网上支付、手机银行和 P2P 融资模式。总体而言，互联网金融对金融业产生的正面影响有以下几个方面。

（一）互联网金融有助于实现金融业的普惠性

传统银行等金融机构归属于服务业，服务业是坚持“客户至上”的。传统金融业一直以线下业务为主拓宽资源，具有很大的局限性。在互联网金融模式下，传统金融的客户群发生改变，不再局限于传统实体网点以及工作人员的业务范围，互联网可以使客户足不出户办理各种业务，依赖软件的多样化、个性化为企业和个人客户营造更加便捷、安全的金融环境。过去金融服务主要面向大城市、国有企业、大型民营企业和富人，小微企业以及穷人得到的金融服务很有限，特别是偏远地区和落后的乡村。互联网金融的兴起与发展使更多的普通百姓享受到金融的便捷性、高效性以及经济性。

（二）互联网金融能够提高金融行业的资源效率

传统银行通过吸收存款获得资金，再通过贷款提供间接融资，起到了媒介作用。存贷差是银行收益的主要来源，其垄断地位使存贷款利率脱离了实际的市场规律，造成了一定程度上的资源不合理配置。互联网金融模式为资金供求双方提供了详细的真实信息，简化了交易程序，促进了利率市场化，从而削弱了传统银行的金融媒介作用。此外，第三方支付平台为客户提供转账支付、支付结算等服务，一定程度上代替了传统银行的柜台业务，提高了金融业的服务效率。

（三）互联网金融能够加快金融业的信用体系建设

互联网金融电子化、虚拟化的产品与服务，要求金融业加快信用体系的建立。互联网金融依托大数据来评定客户的信誉；反过来，互联网金融产生的信息流、交易流、资金流会更快、更全面地完善居民和企业信用体系的建设。传统金融在互联网金融时代应完善信用评级的风险控制机制，实现与社会中信用体系的对接，从而加快金融业的进一步发展。

（四）互联网金融能够倒逼存款利率市场化进程

利率管制限制了存款人的利息收入，使银行获得了大量的利差收益，随着以余额宝、财付通为代表的互联网金融产品的兴起，面对金融业发展的客观要求，现有的利率管制显然已不再符合经济发展的需要。我国当前已逐步构建利率市场化体系，近几年多次不同程度地放开贷款利率，而存款利率市场化的进程也已进入到攻坚阶段。央行也明确表示将进一步完善存款利率市场化所需要的各项基础条件，稳妥有序地推进存款利率市场化。随着互联网金融产品的高利率带来的存款分流，各大银行均推出了相应利率的理财产品，但是理财产品并不完全等同于银行存款，理财产品的高收益均伴随着一定的风险。而利率市场化的实质是对风险的释放，即对风险进行重新定价，使市场上的消费者有更多的选择。消费者对金融风险的认知得到加强，投资需要承担风险，即使是银行存款也并不是“零风险”的。由于银行存款不再是“零风险”的，这就需要相应的存款保险制度来保障，政府不能成为最后的责任者，而是应该从金融市场中撤出来，将市场间的竞争转变为金融产品间的竞争。可以说，互联网金融的发展为推进利率市场化提供了一个很好的支点。

（五）互联网金融能够促进金融行业的混业经营

余额宝、财付通等由第三方支付平台提供的投资账户理财产品让普通居民接触到了货币市场基金投资。在收益高、流动性强的情况下，客户对于活期资金的选择也越来越脱离传统的银行活期存款，对金融产品的需求与日俱增，这促使银行业不得不改变经营理念。面对挑战，商业银行应在发展传统业务的基础上，拓展新业务，积极探索混业经营道路，以便在激烈的竞争中生存和发展。传统银行业由早期的卖方市场进入到了激烈的买方市场，客户不仅需要传统的存贷结算等业务，而且对基金、债券和股票等金融产品的投资需求日益加大。在市场经济条件下，金融行业应随着人们对金融服务需求的变化而变化。进入 21 世纪后，以计算机和互联网为代表的信息技术的发展为金融行业混业经营提供了有力的技术支撑。传统商业银行对电脑技术的依赖程度越来越高，金融业务自动化处理日益增多，节省了很多人力成本，降低了处理数据的成本，信息技术的发展一方面极大地提高了的业务效率，另一方面也满足了客户的需求。从技术层面上讲，混业经营的技术问题基本已得到解决。而互联网金融的发展顺应了客户的投资需求，既提供了基金、证券、保险等金融投资服务，又在经营方式上促进了金融行业的混业经营。

二、互联网金融对金融业的负面影响

整体来说，互联网对金融业产生的影响还是利大于弊的，但是基于互联网的金融行为与传统金融业相比已经发生了很大的变化，这会造成缺乏有效监管，像 P2P 网贷这样的行业就爆出了大量“资金链断裂、老板携款潜逃”的新闻。这些问题也给政府的监管带来了新的挑战。整体来说，互联网金融确实简化了程序，但其风险放大的特性不能被忽略，整个金融业的稳定在于风险的管理和控制。互联网金融最大的特点是集约化，即在最短的时间内聚集更多的人气，这有利于产品和服务的产销。小额贷款可以在短期内吸引大量网民参与其中，但参与者对风险的认识并不深刻，甚至会完全忽视风险的存在，风险的集聚和蔓延会危及整个金融业的稳定。在利益的驱使下，互联网金融演变为一个制造商，信贷资产就是它的产品，但是市场需求远远超过其制造能力，在这种情况下，其不再关注风险，生产出很多次级产品。互联网金融业务的不断增长引起虚拟资产成交价格和成交量的大幅度上涨，其他行业的若干金融机构被吸引进来参与这项业务，不符合实际的过度金融创新带来的资产大幅增值，将会导致越来越背离实体经济的实际情况。

第七节　中国互联网金融发展的基础及现状

一、我国互联网金融发展的理论基础

互联网金融是互联网与金融业相互融合的产物，本书基于现有的经济与金融理论，构建互联网金融的理论基础，深入研究解析互联网金融的逻辑关系和理论依据。

（一）金融中介理论

金融中介理论解释了金融中介的存在原理，小企业信贷具有逆向选择和高交易成本等特点，与风险规避的要求有所冲突，因此金融中介机构通常不会完全满足小企业的借款需求。互联网金融以互联网为中介，因而可以用金融中介理论解释和研究其内在的合理性和演变的趋势。互联网金融

作为一种新型金融中介，既可以通过网络化方式超越传统金融中介和市场的资源配置效率，大幅度降低交易成本；又能使投资的门槛大大降低，并使各种金融交易、风险定价等大大简化，吸引更多的人参与其中，参与者更为大众化。互联网金融中资源配置的特点是，资金供需信息不经过传统金融中介和市场，直接在网上交易，未来可能的情形就是去中介化和金融脱媒。

（二）金融深化理论

金融深化理论是由爱德华·S. 肖在 1973 年提出的。他指出，金融机制会促使被抑制的经济摆脱徘徊不前的局面，加速经济的增长；但是，如果金融领域本身被抑制或扭曲的话，它就会阻碍和破坏经济的发展。如果包括利率和汇率在内的金融资产的价格被扭曲，金融抑制会缩小或者压低传统金融部门之外的金融体系的实际规模和实际增长率。相反，金融自由化战略则会不断地促进经济发展。他指出，政府放弃对金融经济发展的过度干预，放松金融管制，实行金融自由化，可以使金融业发挥优化社会资源配置的功能，使利率能够有效地反映资金供求，提高到均衡水平，从而促进经济增长。这与金融创新的要求相适应，因此成为金融创新的重要理论依据。

互联网金融促进了当前我国金融市场的金融深化。互联网平台能够构建资金供给者和资金需求者的典型双边市场，吸引一方的主体越多，对平台另一方主体的效用就越大，另一方主体参与平台活动的积极性就越强。

（三）金融创新理论

金融创新理论最早由熊彼特于 1912 年在《金融发展理论》一书中提出。他认为，所谓创新，就是建立一种新的生产函数，也就是企业家把一种从来没有过的关于生产要素和生产条件的“新组合”引入生产体系。其包括五种情形：引进新产品；运用新技术，即新的生产方法；开辟新市场；控制原材料的新供应来源；实行新的生产组织与管理方式，也称为组织创新。他强调生产技术对经济发展的作用，技术进步带来“创新性的破坏”，不断地从内部革新经济结构，即不断地破坏结构，不断地创造新的结构，这种过程就是“产业突变”。

从云计算加速商业创新和竞争的角度来看，云计算减少了进入 ICT（信息交流技术）领域的固定进入资本，因此，政府应该增加对这些建立了云计算的中小企业的资助。从金融功能而非金融部门的视角来研究金融发展与经济增长之间的关系。

（四）长尾理论

长尾理论最先由克里斯·安德森提出，当商品储存、流通足够便捷，成本极低时，需求极低的产品形成的众多小市场在汇聚之后可产生与主流相匹敌的市场能量。产业融合是伴随技术变革与扩散过程而出现的一种新经济现象。较为准确和完整的含义表述为，由于技术进步和管制放松，发生在产业边界和交叉处的技术融合，改变了原有产业产品的特征和市场需求，导致产业的企业之间竞争合作关系发生改变，从而导致产业界限的模糊化甚至重划产业界限。

技术革新和管制放松是产业融合的主要原因。其中，技术革新是内在原因，其改变了原有产业的生产技术路线和消费特征，降低了产业的生产成本，带来了新的市场空间。管制的放松是产业融合的外在原因，管制的放松导致其他相关产业的企业加入到本产业的竞争中，从而逐渐走向产业融合。

传统金融关注的是 20%的高净值优质客户，而互联网金融关注的是在传统金融下得不到满足的 80%的草根客户，互联网平台上，那些无法从传统金融机构获得的融资得以实现，因此，互联网平台构建了互联网金融活动的长尾基础。互联网以其灵活性、便捷性和可得性等特征，为传统金融行业的“长尾市场”（中小客户群体和小微资金融资需求）寻求突破方式，大大拓展了金融服务的广度和深度。在中国信贷体系中，所有的银行在进行信贷决策时都以企业的申请信息为考核基础，申请信息可以划分为硬信息（易于编码、量化和传递的信息，如企业财务状况、抵押资产价值、信用级别等）和软信息（难以证实、表达和传递的信息，如企业主的素质、品格、技能等人格化特征），虽然小银行比大银行在软信息方面更有优势，而且金融监管部门对此市场定位也有行政要求，但是基于软信息进行决策的关系型贷款要求银行将更多权力赋予最能获得软信息的信贷人员，但由此却会带来银行内部复杂的委托代理问题，监管部门通过行政命令强迫的方式又不符合经济学意义上的比较优势原则。

（五）声誉理论

声誉模型由戴维·克雷普斯、保罗·米格罗姆、约翰·罗伯茨和罗伯特·威尔逊在 1982 年建立，也称为 KMRW 模型。他们证明，参与人对其他参与人支付函数或战略空间的不完全信息对均衡结果有重要影响，只要博弈重复的次数足够多，合作行为在有限次重复博弈中就会出现。该理论解释了在进行多阶段博弈时，声誉机制能起到很大的作用，上一阶段的声誉往往会影响到下一阶段及以后阶段的收益，现阶段良好的声誉意味着未来阶段较高的收益。在互联网金融模式下，人们可以从社交网络、搜索引擎、电子商务平台获得大量的数据，通过云计算和大数据技术对其进行分析挖掘，可以获得相关行为人的行为模式和声誉情况，进而确定融资的金额、期限和利率等重要变量。互联网金融平台承担着信息中介的作用，通过建立信用评价体制来保障信息低成本快速传播。虽然在开始阶段互联网金融的风险较高，但是随着时间的推移以及博弈次数的增多，互联网金融的参与各方会为了长远利益而各自约束自己的行为，达成长期合作关系，从而降低互联网金融的风险。

二、我国互联网金融发展的技术基础

金融机构的主要功能就是减少资金流通中出现的信息不对称问题。以前人们要查找、搜寻自己的账户信息或者理财的最新消息，总是要去银行柜面或者实体门店进行了解，消耗了大量的时间和精力，而且无法实时了解信息情况，造成信息不对称问题。而互联网出现以后，人们获取信息时不再受时间、空间的限制。手机等各类设备的引入，使人们的生活节奏比以往更快。在大数据等各类新型技术的支持下，互联网和金融行业的相关业务方式不断改善，传统的金融行业应以此作为发展机会，实现转型升级。

（一）移动互联网

移动互联网是指通过智能移动终端，采用移动无线通信方式获取业务和服务的新兴业务，随着宽带无线接入技术和移动终端技术的飞速发展，人们迫切希望能够随时随地甚至在移动过程中都能方便地从互联网中获取信息和服务，移动互联网应运而生并迅猛发展。移动互联网的快速发展也使互联网金融更加贴合现代社会的消费习惯，同时不断促进互联网金融的发展。

（二）云计算

获得海量的数据资料只是这一过程的开端，接下来还要对这些数据进行整理和分析，并把有用的信息筛选出来，这样可以使其中的一些单一数据变成对发展商业有价值的数据。云计算技术的发展，在一定程度上使数据的处理效率和信息的利用率都得到了提升，同时也降低了运营成本。

（三）社交网络

社交网络改变了以往的信息传播方式和途径，从事信息技术经营的相关机构应该加强对各类社交网络的利用，这可以解决信息共享困难的问题。在相关技术的支持下，互联网金融能够快速地获得相关的信息，并在一定程度上降低相关的成本，提高资源配置的效率，对可能产生的风险进行很好的管理。

移动互联网技术、云计算技术、社交网络技术的发展使互联网金融的发展有了更多的终端、更加多样化的载体和更广阔的客户群，技术的发展为互联网金融的发展提供了不竭动力。

三、我国互联网金融发展的动力基础

（一）个人资产管理的需求

随着信息技术的快速发展，社会大众的传统消费方式受到了严重的冲击。社会调查显示，截至2015年初，我国互联网使用量所占的比重已经达到了近一半，网民的数量突破了6亿人，手机网民占有很大一部分比例，在整个网络用户群体中所占的比重超过了4/5，潜在的发展空间与相对完整的支持体系极大地加快了新型金融模式的产生与发展。长期以来，我国公民的闲散资金一直得不到妥善的保管。根据资金量的不同，中国把存款利率分为了多个等级，以50000元作为分界线，如果金额在此分界线之下，则可获得国家规定的资金衍生价值；如果金额在此分界线之上，则可用其进行相关金融活动，利率要高于官方的利率。100万元以上的资金的利率是最高的。显而易见的是，这种安排并不符合大部分公民的利益，低收入人群的投资需求并没有得到足够的重视。随着人们持有资金的数量不断增加，其对经济的认识也在不断地加深，越来越多的人开始关注理财方面的内容，这使人们不再单一地把注意力放在相关部门推出的金融业务中。互联网金融的出现，给个人资产管理提供了更多的投资平台，既能节省时间，又能得到预期的收益，达到财富增值的目的。从事信息技术经营的相关机构依靠自身的特点，将社会各阶层的资本进行有效的聚集，为社会大众开拓出一条新的投资途径，这种金融活动不受时间和地域的限制，并且相对于传统的金融机构来说更加便捷，成本更加低廉，因此互联网金融一经推出就迅速获得了广大社会群体的认可。

（二）中小企业的融资需求

传统意义上的金融活动具有显著的不足，由于传统金融机构主要看中的是企业的利益，这些机构在发掘服务对象时，往往会把运行费用与危机规避作为参考依据，主要倾向于那些交易量大且实力较强的企业。因此这些对金融机构利润贡献较大的企业能够优先利用金融资源，而那些相对较小的企业便无法得到公平的待遇。根据相关部门对我国企业布局的统计，实力较强的大型公司的占比相对较小，大部分都是中小企业，而且规模越小的企业数量越多。这些企业由于信誉问题，无法获得银行的支持，得不到相应的贷款，因此不得不开拓新的途径来为自身提供资金支持。互联网金融这种新型的金融运作模式为中小企业的发展带来了新的有效方式。互联网金融具有融资快、贷款金额不限、办理手续方便快捷等特点，完全满足了中小企业的需要，也正是中小企业的融资需求使互联网金融有了广大的个人和企业客户群体。网民数量的不断扩大和国家政策对于个人创业的鼓励必将使互联网金融的客户群体不断扩大，在广阔的客户群的支持下互联网金融必将得到长足的发展。

四、我国互联网金融发展的现状

随着网络技术和移动通信技术的普及，近年来我国的互联网金融发展迅猛，新型机构不断涌现，市场规模持续扩大，尤其以第三方支付和 P2P 网贷发展最为迅猛。互联网金融业在资金需求方与资金供给方之间提供了有别于传统银行业和证券市场的新渠道，提高了资金融通的效率，是现有金融体系的有益补充。互联网金融能大大降低交易成本、分散风险并扩大金融服务的范围，让个体经营户、小微企业和普通民众都受益匪浅。

然而，P2P 网贷风险频发，使互联网金融风险不断浮出水面。互联网金融的虚拟化、无国界化、技术装备水平高的特点以及相关法律缺位等问题，使其风险管理更加复杂，这也加大了监管的难度。目前，互联网金融在业务操作方面、技术方面以及相关法律方面都存在一定的风险，这对我国金融安全防范体系甚至经济安全都有可能造成很大的威胁。

互联网金融未来的发展之路将充满挑战，互联网金融与传统金融势力博弈的结局还有很大的不确定性。而互联网金融的未来发展同样令人期待，互联网技术的使用能大大降低金融服务的成本，提高服务效率，促进金融行业的发展日益独立化；倒逼银行改变传统的盈利模式，改善服务水平。本书在此背景下对我国互联网金融行业的现状进行分析，具体有如下几点。

（一）平台总量呈快速增长态势，问题平台频频出现

截至 2015 年 12 月底，除港澳台地区外，全国 P2P 网贷行业正常运营平台共计 2593 家，环比增幅达 64. 63%。值得注意的是，2015 年内平台数量的高点出现在 11 月，为 2610 家。12 月新增问题平台数量大幅超过新上线平台，导致 12 月正常运营平台总量出现负增长，这种现象在行业历史上都是史无前例的。而行业累计平台总量达到 3859 家（含问题平台），继续创出新高。2593 家正常运营平台广泛分布于全国 30 个省份，其中广东依旧牢牢占据榜首位置，山东坐稳次席位置，北京以微弱优势力压浙江位居第三，上海位居第五。其中广东、山东和北京分别有 476 家、329 家和 302 家平台正常运营，占全国的比重分别为 18. 36%、12. 69%和 11. 64%，排名前五位的省市合计占比已经超过 6 成（如图 2-1 所示）。

2015 年国内 P2P 网贷行业新上线平台共计 1917 家，其中 8 月上线 228 家为年内最高，2 月上线 77 家为年内最低，加上 12 月上线 89 家，全年仅有 2 月和 12 月这两个月新上线平台数未过百。全年平均每月新上线平台 159 家。

截至 2015 年 12 月底，网贷行业运营平台达到了 2595 家，相比 2014 年底增长了 1020 家，绝对增量再创历史新高。2016 年网贷行业运营平台数量达到了 2448 家，2017 年网贷行业正常运营平台数量达到了 1931 家，相比 2016 年底减少了 517 家，预计 2018 年网贷行业运营平台数量仍将进一步下降。

从图 2-1 中可以看出，截至 2015 年 12 月底，广东、山东、北京分别以 476 家、329 家、302 家的运营平台数量排名全国前三位，其平台数量总和占全国总平台数量的 42. 69%，其中山东的运营平台数量与 2014 年相比

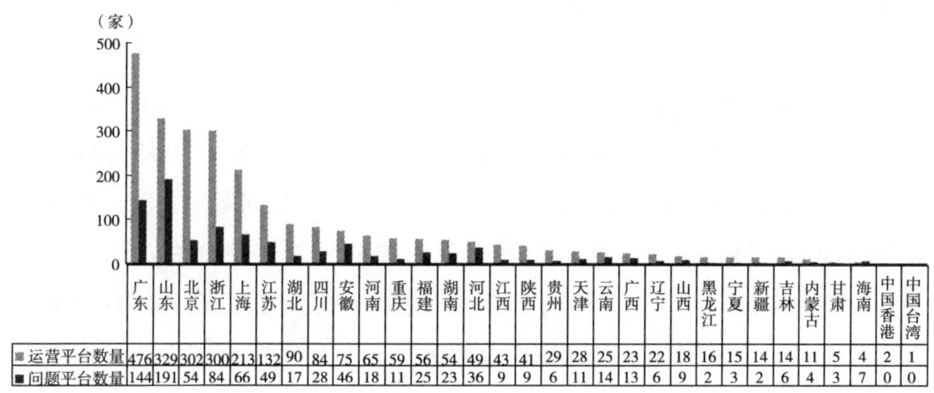

	广东	山东	北京	浙江	上海	江苏	湖北	四川	安徽	河南	重庆	福建	湖南	河北	江西	陕西
运营平台数量	476	329	302	300	213	132	90	84	75	65	59	56	54	49	43	41
问题平台数量	144	191	54	84	66	49	17	28	46	18	11	25	23	36	9	9

	贵州	天津	云南	广西	辽宁	山西	黑龙江	宁夏	新疆	吉林	内蒙古	甘肃	海南	中国香港	中国台湾
运营平台数量	29	28	25	23	22	18	16	15	14	14	11	5	4	2	1
问题平台数量	6	11	14	13	6	9	2	3	2	6	4	3	7	0	0

图 2-1　2015 年各省份网贷运营平台数量

资料来源：网贷之家、盈灿咨询。

增长超过了 100%，广东、北京的运营平台数量相比 2014 年分别增长了 36.39%和 67.78%。与 2014 年一样，排名前六位的省份都分布在经济发展水平较高的沿海地区。随着各地逐步出台支持互联网金融的发展政策，2015 年湖北、四川、贵州等内陆省份的网贷也出现了快速的发展，其中湖北省运营平台数量相比 2014 年增长幅度超过了 100%。

而在问题平台方面，全年爆出的问题平台广泛分布于全国 29 个省份，在不考虑港澳台地区的情况下，除了青海尚未统计外，拥有 P2P 网贷运营平台的地区中仅西藏“幸免于难”，但西藏至今仅有 1 家 P2P 平台，可谓是国内网贷发展中唯一的一片“净土”。从问题平台爆发的具体地区来看，山东、广东、浙江高居前三位，山东出现的问题平台多达 191 家，是最为严重的地区，广东爆出 144 家，浙江、上海、北京也紧随其后。这 5 个省份的问题平台数量占 2015 年问题平台总数的比重达到 60.16%。进入统计的 29 个省份（港澳台地区除外）都有问题平台爆出。

2015 年全国问题平台达到 896 家，是 2014 年的 3.26 倍（如图 2-2 所示）。相较于 2014 年，2015 年“跑路”、停业这两种类型的问题平台的数量占比出现了增长，增幅分别为55%和15%，而提现困难、经侦介入的问题平台的数量占比出现了下降，降幅分别为29%和1%。之所以2015年“跑路”、停业这两种类型的问题平台占比出现增长，是因为运营平台数量的增加进一步加剧了中小平台的生存压力，一旦经营不善极有可能停业或“跑路”，同时监管意见的出台也使不少平台加速“跑路”。虽然提现困难的问题平台的占比数量相比2014年出现了下降，但是问题平台的绝对数量还是出现了明显的上升。平台出现提现困难的原因主要分为以下几个方面：股市大幅波动对P2P网贷平台形成了抽资效应，挤兑现象导致中小平台无法生存；一些网贷平台拆标现象较为严重，加上资金实力和风控能力较弱，一旦发生负面消息，容易出现挤兑现象。经侦介入的问题平台与其他类型的问题平台相比数量明显要少，但是国湘资本等平台被经侦介入调查引起了整个行业的关注，P2P网贷行业秩序整顿对于建造一个健康良好的发展环境有着积极作用。

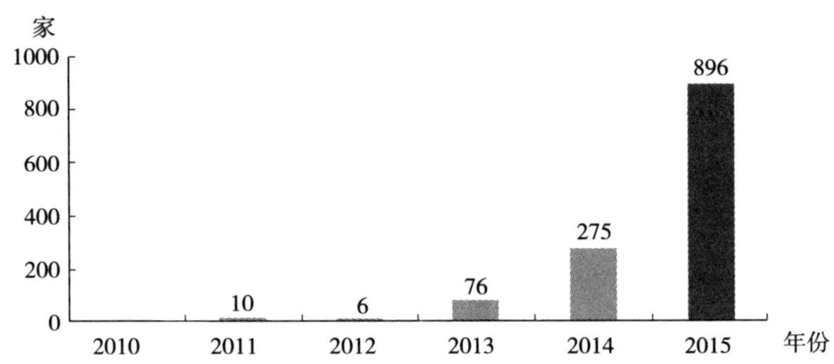

图2-2 全国各年问题平台数量

资料来源：网贷之家、盈灿咨询。

（二）累计成交额持续上升，综合收益率持续走低

回顾近几年P2P网贷行业的成交情况，行业成交额呈现指数级的增长态势。2010年行业成交额仅10亿元出头，2013年首度突破千亿元，尽管

2014 年开始行业便饱受“跑路潮”风波的影响，但全年成交额仍顺利突破 2000 亿元大关，2015 年行业再现近几年平均增速 3 倍左右的成交增速，突破多个关口，几近拿下万亿元大关。

2015 年 P2P 行业的历史累计成交额达 1.36 万亿元，其中 2015 年当年的贡献超 7 成。截至 2015 年 12 月 31 日，2015 年全年网贷成交量达到了 9823 亿元，距离万亿元大关也是咫尺之遥，而整个行业累计成交额在 2015 年 10 月便已突破万亿元大关，到 2015 年底达 13652 亿元，其中 2015 年成交额的贡献率高达 71.95%。与 2014 年（2528 亿元）相比，2015 年网贷成交量增长了 288.57%（如图 2-3 所示）。按照目前的增长态势，2018 年全年网贷成交量或超过 3 万亿元，2016 年全年网贷成交量达20638.7亿元，2017 年全年网贷成交量达 28048.49 亿元，相比 2016 年增长了 35.9%。

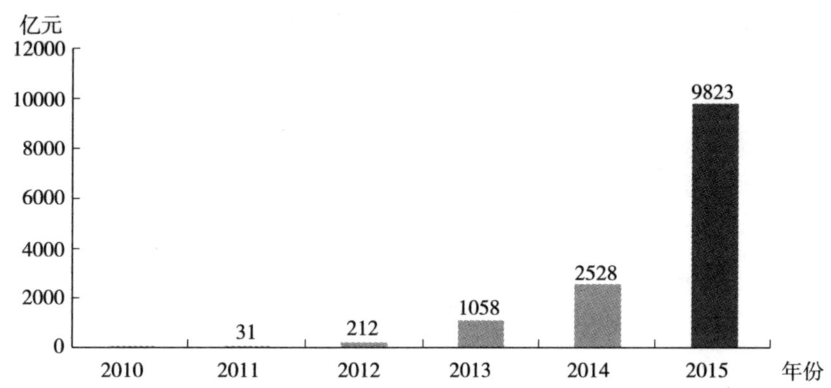

图 2-3 全国各年网贷成交量

资料来源：网贷之家、盈灿咨询。

而从收益情况来看，2015 年网贷行业总体综合收益率为 13.29%，相比 2014 年下降了 457 个基点（1 个基点 = 0.01%），是 2013 年后连续第二年大幅下降，而这种趋势仍将持续。2013 年超过 20%的综合收益率为近几年行业最高值，之后综合收益率呈逐年下降走势（如图 2-4 所示）。从 2015 年全年行业收益率走势情况来看，前 11 个月几乎呈现单边下跌的态势，主要原因在于 P2P 网贷逐步成为资产配置的一部分，越来越多的投资人开始进入 P2P 网贷，在借款端增长不如投资端的情况下，供需结构持续失衡导致网贷综合收益率持续下降。同时，全年央行多次降准、降息造成了较为宽松的货币市场环境，市场持续宽松推动网贷综合收益率持续下行。受年末因素影响，投资人资金需求较大；12 月有多次股票打新机会，各大平台出于资金挽留考虑，有不同程度加息，这些带动了 2015 年 12 月网贷平台综合收益率的上升。2016 年行业平均收益率仍然面临较大下行压力，2016 年网贷行业总体综合收益率为 10.45%，2017 年网贷行业总体综合收益率为 9.45%，2018 年行业收益率可能会继续在 9%~10%浮动。

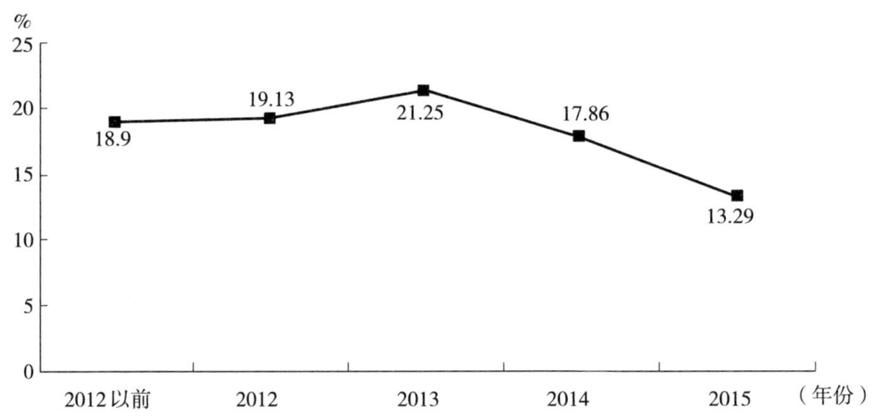

图 2-4　全国各年综合收益率走势

资料来源：网贷之家、盈灿咨询。

（三）网贷人气飙升，投资金额逐步上升

2015 年网贷行业投资人数与借款人数分别达到 586 万人和 285 万人，较 2014 年分别增加 405%和 352%，网贷行业人气明显飙升。2014 年网贷行业投资人数与借款人数分别为 116 万人和 63 万人（如图 2-5 所示）。按照目前的增长态势，2017 年网贷行业投资人数与借款人数分别为 1713 万

人和2243万人，较2016年分别增长24.58%和156.05%，借款人和投资人数量差距继续拉大。2015年12月单月活跃投资人数和借款人数已经分别达到298.02万人和78.49万人，而2014年12月的单月活跃投资人数和借款人数分别为90.82万人和18.5万人，这组数据同样反映网贷人气出现明显上升。

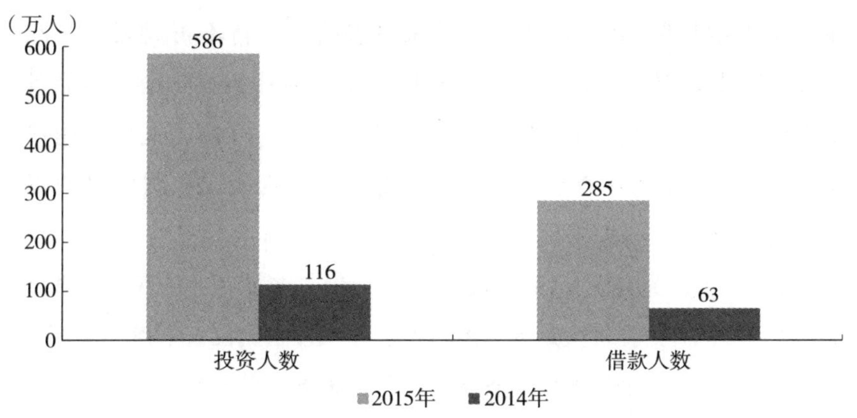

图2-5 2015年网贷投资人数与借款人数

资料来源：网贷之家、盈灿咨询。

2015年银率网“360°银行测评”数据显示，2014年互联网理财投资金额为5000~50000元的用户占所有用户的43.07%，而2015年这一比例上升至46.59%；投资金额为10万元以上的用户所占的比重也由2014年的10.89%上升至2015年的18.61%。投资金额为2万元以下的互联网理财用户占56.02%，投资金额为5000元以下的用户则减少了8.87%。其中，江苏、浙江、北京、上海的投资者最富有，投资金额为10万元以上的人数最多，分别占总人数的1.91%、1.68%、1.64%和1.30%。西藏、甘肃、青海等西北地区投资金额为10万元以上的人数为零。分职业来看，会计、金融、银行、保险等行业的人员对互联网理财的参与度最高（26.65%），投资金额为10万元以上的人数也最多（3.06%），广告、媒体行业最“保守”，购买过互联网理财的人最少（1.22%），投资金额为10万元以上的人数也最少（0.20%）。

互联网理财的投资金额与家庭收入也有较大的关系。2015年银率网360°银行测评报告显示，随着家庭平均总收入的不断增多，人们投资互联网理财的热情也在升温。银率网分析师认为，用户对互联网理财的“安全墙”已经构建起来，愿意将更多的资金投入其中以博取更多收益。未来互联网理财将进一步分流传统理财机构的客源，对其形成挑战。随着对互联网理财规则的熟悉和信心的提高，越来越多的用户将不再局限于一两年前的“宝宝”类理财，而是把目光投向日益丰富的其他互联网理财品种，以博取更高的收益回报。虽然互联网理财投资便捷、收益诱人，但用户仍保持谨慎态度。银率网调查显示，50%的受访者投资于互联网理财的资金占其所有投资资产的三成以下。

尽管各平台“跑路”、倒闭的原因不一，但其多涉嫌非法集资、非法吸储等违法经营。也有一些确实是因为经营不善、风控不到位，不得不破产或者关门歇业，还有一些是因为过度监管知难而退。2016年监管更严格，合格资产的获得和管理将更具有挑战性，投资人的选择将更谨慎，资产端的风险控制将出现专业化、差异化、垂直化、数据化、精准化的趋势，投资端的服务不仅要便利更要安全，互联网金融平台的品牌价值梯队将陆续形成，品牌的市场认可程度将持续分化。伴随着互联网金融监管政策的逐步规范、完善和市场自身的优胜劣汰，对于能够静下心来专注于提供安全、可靠、便捷的金融服务并始终坚持合规合法经营的互联网金融平台而言，发展环境更为纯粹和有利。现在正是市场洗牌、变革、发展的良机，未来监管升级后，操作会更透明，中介服务也将更专业化，随着征信、大数据等基础设施的完善，金融创新也会有更多可能性，互联网金融的细分领域也必将继续受到更多资本的青睐。

第三章

“大数据+互联网金融”发展模式与应用探索

第一节 大数据发展背景

一、大数据的内涵

在信息化建设过程中，数据可分为三种类型：结构化数据、非结构化数据和半结构化数据。其中，80%的数据属于企业业务过程中产生的非结构化数据。对于大数据的概念，至今没有一个业界广泛采纳的明确定义。李国杰等提出，大数据是指无法在可容忍的时间内用传统 IT 技术和软硬件工具对其进行感知、获取、管理、处理和服务的数据集合；夏海元认为，大数据包含那些由于迅速增长使无法通过现有的数据库管理工具进行管理的大规模数据集；Stephen Kaisler 等指出，大数据是在数据单位为 EB（1018Byte）甚至超越 EB 的范围并且超越当前在线存储系统和处理系统的能力的数据量。综上所述，大数据是来源于交易数据、交互数据及传感数据的海量数据的集合，其中大部分是非结构化数据，其规模和复杂度都超越现有常用技术能够处理的能力范围。大数据从内涵上看，主要可归纳为数据、技术与应用三个方面：①数据类型方面，除了包括海量的结构化和半结构化的交易数据，还包括海量非结构化数据和交互数据；②技术方法方面，核心是从各种各样类型的数据中快速获取有价值信息的技术及其集成；③分析应用方面，重点是采用大数据技术对特定的数据集合进行分析，及时获得有价值的信息。

二、大数据的发展历程

（一）概念提出与酝酿阶段：1980~2008 年

尽管著名未来学家托夫勒在 1980 年就提出了“大数据”的概念，但是在很长一段时期内，由于 IT 产业发展能力以及信息资源的产业利用都还处于初级阶段，“大数据”的概念并没有得到人们应有的重视。

（二）概念延伸阶段：2008~2011 年

2008 年的金融危机使 IT 行业的跨国公司（如 BIM）提出“智慧城市”的概念，大力推行物联网以及云计算，从而使信息资料得以海量增长，同时其技术能力也面临大规模的紧迫需求。在这种情况下，美国的一些数据处理公司着眼于研发大规模的并行处理系统，在此需求的驱动之下，大数据技术很快得到应用，Hadoop 海量数据并行处理系统开始受到人们的广泛关注。从 2010 年开始，各大 IT 巨头加快在大数据领域的产品推出进度，包括 EMC、惠普、BIM、微软在内的全球 IT 巨头纷纷通过收购大数据相关厂商来实现技术整合，亦可见其对大数据战略布局的重视。支撑大数据发展的因素主要来自一些大型 IT 公司，如谷歌、亚马逊、中国移动、阿里巴巴等，它们需要以更加优化的方式存储和分析数据。此外，还有一些来自健康医疗、地理空间遥感和数字媒体等行业的大数据需求。

（三）快速发展阶段：2012 年至今

美国是世界上大数据技术及其市场应用的领先国家。美国联邦政府于 2012 年 3 月发布了“大数据的研究和发展计划”，该计划涉及美国国家科学基金、美国国家卫生研究院、美国能源部、美国国防部、美国国防部高级研究计划局、美国地质勘探局六个联邦政府部门，旨在提高从海量数字数据中提取知识和观点的能力，从而加快科学与工程发现的步伐，加强美国的安全并实现教学的变革，是美国为应对大数据革命带来的机遇，推进相关研究机构进一步进行科学发现和创新研究的重大举措。

美国联邦政府将大数据开发上升到国家发展战略层面，对世界各国产生了重大的影响。目前，欧洲的许多大型机构仍然处在大数据使用的早期阶段，而且严重缺乏有关大数据的技能，许多有关大数据的最新进展和技术都来自美国，因此部分欧洲的机构要想跟上大数据快速发展的步伐，仍然面临着一定的挑战。但是金融服务业，尤其是伦敦的投行业是欧洲最早采用大数据的行业之一，其在大数据方面的经验和技能足以媲美美国的大数据领军机构，而且该行业对大数据的投资一直维持着良好的势头，前景乐观。2013 年 1 月，英国政府宣布将在对地观测、医疗卫生等大数据和节能计算技术方面投资 1.89 亿英镑。

日本政府对于大数据战略的应对相对比较及时。2012 年 7 月，日本总务省推出新的 ICT 综合战略——"活力 ICT 日本"，重点关注大数据应用。2013 年 6 月，安倍内阁正式公布了新 IT 战略——"创建最尖端 IT 国家宣言"。这篇"宣言"全面阐述了 2013~2020 年以发展开放公共数据和大数据为核心的日本新 IT 国家战略。

大数据也引起了我国政府的高度关注。《国务院关于推进物联网有序健康发展的指导意见》（国发〔2013〕7 号）提出，要"加快传感器网络、智能终端、大数据处理、智能分析、服务集成等关键技术研发创新"；2012 年 12 月，国家发改委将数据分析软件开发和服务列入专项指南；科技部在 2013 年初公布的"国家重点基础研究发展计划（"973"计划，含重大科学研究计划）2014 年度重要支持方向"将大数据计算的基础研究作为其中的一项重要内容，要求"研究多源异构大数据的表示、度量和语义理解方法，研究建模理论和计算模型，提出能效优化的分布存储和处理的硬件及软件系统架构，分析大数据的复杂性、可计算性与处理效率的关系，为建立大数据的科学体系提供理论依据”。一些地方政府也在积极应对大数据的调整，加快本地区的大数据技术产业发展步伐。2012 年 12 月，广东省启动了《广东省实施大数据战略工作方案》，北京成立“中关村大数据产业联盟”；2013 年 7 月，上海市政府有关部门发布了《上海推进大数据研究与发展三年行动计划》（2013~2015 年），重点选取金融证券、互联网、数字生活、公共设施、制造和电力等具有迫切需求的行业，开展大数据行业应用研发，探索“数据、平台、应用、终端”四位一体的新型商业模式，促进产业发展。

三、大数据与传统数据的区别

（一）传统数据与大数据的数据特征差异

数据量增多是人们区别传统统计数据与大数据的第一个认识。传统数据的数据量小，以 MB、GB、TB 等为存储单位。大数据的数据量大，一般以 PB、EB、ZB 等为存储单位。但这两者之间的区别并不仅仅是体量，还包括数据类型、研究对象的范围、信息视角等方面。

1. 传统数据与大数据的数据类型对比

传统数据是一种结构化的标准数据。其数据类型单一，主要以结构化、体量小、标准化、价值密度高及周期化数值为特征，数据产生和变化的速度慢。其数据特点是朴素真实、简单有限、准确性高及被动有用性。

大数据统计范畴较大、数据类型复杂，其中包括：①非结构化非标准数据，如动态实时时序数据。②半结构化数据和非结构化数据，如文本、图像、视频等。③现有的结构化数据，如传统数据。其数据模型具有复杂多维的特征，统计结果多是非精确多种相关性趋势数据。

大数据具有 4 个基本特征，即体量浩大（Volume）、模态繁多（Variety）、生成快速（Velocity）和价值巨大但密度很低（Value），且具有来源多样、实时、多元的信息化特点。因此，数据在产生、获取、存储、传输和计算过程中，因体量大、快速多变，易产生冲突和不一致，人工很难检测和修复。

2. 传统数据与大数据的研究对象不同

传统数据的研究对象是宏观视角下有限的随机样本数据。随着信息化的发展，实践中产生大量冗余沉淀数据，这一时期经过清洗的全样本数据是数据挖掘的研究对象。而大数据面对的则是原生态全样本数据，也就是所谓的总体数据。

从随机样本数据到经过清洗的全样本数据再到原生态总体数据，研究视角从宏观向中观和微观扩散。研究对象和研究范围向宽度和深度两个方向不断扩展。不断深入微观个体进行多维度感知，信息能力和价值也不断提升。这种转变来自技术和需求的驱动，新型数据处理技术及需求获取能力成为演变的关键因素。

（二）大数据相对传统数据分析思维方式的变革

数据中蕴含的宝贵价值是人们存储和处理数据的驱动力，数据分析是实现数据价值的必要途径。由于传统数据与大数据在体量、结构、内涵等方面有着本质的区别，所遵循的数据分析理论基础、分析思路、相关技术也不同。

1. 传统数据与大数据的数据分析的理论基础不同

对传统数据进行数据分析的理论基础是分布理论，以概率为保证，即根据样本去推断总体特征，其逻辑关系是“分布理论—概率保证—总体推断”，分析过程是“假设—验证”基础上的“定性—定量—再定性”。

对大数据进行数据分析以全体数据为基础，以数据信息相关为保证，其逻辑关系是“实际分布—总体特征—概率判断”，可以不受任何假设的限制去寻找关系、发现规律，分析过程是“定量—定性”及“发现—总结”重要数量特征和关系基础上的定量回应。

2. 传统数据与大数据的数据分析思路不同

传统数据价值的实现路径为“数据到信息再到知识和智慧”。传统数据分析着力于经典严密封闭系统的精确性和因果关系的探索，找到事物属性之间的因果关系，比较容易实现。

对于开放复杂的巨系统，传统的因果分析难以奏效，因为系统中各个组成部分之间会相互影响，可能互为因果，即因果关系隐藏在整个系统中。因果关系本质上是一种相互纠缠的相关性。大数据的数据分析无法检验逻辑上的因果关系，不能致力于寻找真正的原因。

Mayer-Schonberger 在《大数据时代》一书中指出了大数据时代数据处理理念的三大转变：要全体不要抽样，要效率不要绝对精确，要相关不要因果。因此，大数据分析逻辑体现为走“数据直接到价值”的捷径。大数据的数据分析关注事物相关性认知分析，所谓相关性是指两个或两个以上变量的取值之间存在某种规律性，即对数量巨大的数据进行统计性的搜索、比较、聚类、分类等分析归纳。相关分析的目的是找出数据集里隐藏的相互关系网（关联网），一般用支持度、可信度、兴趣度等参数反映相关性。

3. 传统数据与大数据的数据分析处理技术不同

进行数据分析需要相应的数据分析处理技术以及技术人员的全力参与。数据分析领域面临的主要矛盾是快速增长的数据信息需求与有限统计资源和滞后数据处理能力的矛盾。信息技术应用成本的低廉化和性能效率的巨变成为数据需求和质量要求快速增长的基本动力。

传统数据的分析和处理遵循一般的关系数据库的数据分析和处理技术，技术人员经过一定的训练即可胜任。

对大数据进行分析和处理需考虑以下技术因素：①数据清洗。大数据价值密度低、冗余数据多、垃圾数据泛滥，大数据清洗需要专业和细致。数据不能清洗过细，否则会增加数据清洗复杂度，甚至有可能过滤掉有用信息。数据也不能清洗过粗，要保证数据筛选的效果。②以 Map Reduce（一种编程模型）和 Hadoop（Apache 基金会所开发的分布式系统基础架构）为代表的非关系型数据库的非关系型数据分析技术具有良好的横向扩展性，故其在大数据分析处理中得到了广泛应用。③要深入分析数据，数据分析人员既要熟悉数据分析技术和工具，又要具备相关领域的专业知识。

（三）传统数据与大数据的数据质量保证的要求不同

高质量的数据是进行数据分析的前提和基础，是数据发挥效能的保证。传统数据的数据质量以有限信息逻辑的因果性、确定性以及清晰且高度的结构化为主要特征，主要关注数据自身本源的质量问题，如准确性、完整性和客观性。质量标准至少应该包括指标解释（含义、范围、口径）、数据特征、调查方法、统计误差、获取时间、频率及渠道等方面的内容。

大数据以既定边界内总体数据系统随机的相关性、自身的不确定性以及总体的非结构化为特征。数据质量问题在大数据环境下会被不断放大，因此大数据主要关注数据可信度与溯源等非数据本源性质量问题，即数据资源产生后在传输、存储和应用过程中产生的突出问题。下面重点从流程和管理两方面分析传统数据和大数据所面临的数据质量的挑战及应对措施。

1. 从流程角度分析数据质量保证

从流程的角度来看，可以将数据生产过程分为数据采集、数据存储和数据使用三个阶段，三个阶段对传统数据和大数据的质量保证提出了不同的要求。

（1）数据采集过程中数据质量保证问题。数据采集阶段是整个数据生命周期的开始，这个阶段的数据质量对后续阶段的数据质量有着直接的、决定性的影响。传统数据的数据量小，通过编写简单的匹配程序，甚至是人工查找即可实现多数据源中不一致数据的检测和定位。大数据由于数据来源复杂，数据之间存在冲突、不一致或相互矛盾的现象。因此，需要在数据获取阶段保证数据定义的一致性及元数据定义的统一性，以保证数据质量。

（2）数据存储过程中数据质量保证问题。数据存储是实现高水平数据质量的基本保障，如果数据不能被一致、完整、有效地存储，数据质量将无从谈起。传统数据以结构化数据为主，主要采用传统的结构化数据存储架构（如关系型数据库）进行数据的存储。大数据的数据规模庞大、数据结构多样且复杂、变化速度快，需要使用专门的数据库技术和专用的数据存储设备进行大数据存储，以保证数据存储的有效性，方便对数据进行快速读取。数据库一般采用分布式文件系统和分布式并行数据库［如 HDFS（分布式文件系统）、Big Table（Google 设计的分布式数据存储系统）等］，在数据存储过程中，数据格式的转换非常关键和复杂，要根据大数据结构的要求和特点合理设计数据存储和使用规则。

（3）数据使用过程中数据质量保证问题。数据价值的发挥在于对数据的有效分析和应用。传统数据的使用需要遵从关系型数据的完整性约束和数据一致性的技术要求。由于大数据使用人员众多，数据规模庞大、变化速度快，对数据的处理速度要求较高，很多时候需要不断地对数据进行提取、分析、更新和使用，因此需要保证数据使用的一致性。

2. 从管理角度分析数据质量保证

传统数据分析下，一般由业务部门负责掌管数据，IT 部门负责信息技术的应用，这种分离式的运营管理方式容易造成业务人员不了解分析不同数据所需的不同 IT 工具，而 IT 人员在运用 IT 技术分析数据时不了解数据本身的内涵，甚至会做出错误的数据解释，进而影响了企业决策的准确性和有效性。

为了更好地利用大数据，保证大数据的质量，企业高层管理者应给予重视和支持，需在高层配备专业数据管理人员。在大数据生产过程的任何一个环节，企业都应该配备相应的专业数据管理人员，如由专门人员负责记录定义并记录元数据，收集原始数据、建模、提取并利用隐藏在大数据中的信息。

四、大数据的特征与意义

当前，较为统一的认识是大数据有四个基本特征：数据量大（Volume）、数据类型多样（Variety）、数据处理速度快（Velocity）、数据价值密度低（Value），即所谓的 4V 特性。这些特性使大数据区别于传统的数据概念。

（一）数据量大

大数据的数据量是非常大的，根据 IDC 的定义，至少要有超过 100TB 的可供分析的数据，数据量大是大数据的基本属性。导致数据规模激增的原因有很多：首先，随着互联网的广泛应用，使用网络的个体、企业、机构增多，数据获取、分享变得相对容易，以前只有少量的机构可以通过调查、取样的方法获取数据，同时发布数据的机构也很有限，人们难以在短期内获取大量的数据，而现在用户可以通过网络非常方便地获取数据，同时用户有意的分享和无意的点击、浏览都可以快速地提供大量数据。其次，各种传感器数据获取能力的大幅提高，使人们获取的数据越来越接近原始事物本身，描述同一事物的数据量激增。早期的单位化数据对原始事物进行了一定程度的抽象，数据维度低，数据类型简单，多采用表格的形式来收集、存储、整理，数据的单位、量纲和意义基本统一，存储、处理的只是数值而已，因此数据量有限，增长速度慢。随着应用的发展，数据维度越来越高，描述相同事物所需的数据量越来越大。以当前最为普遍的网络数据为例，早期网络上的数据以文本和一维的音频为主，维度低，单位数据量小。近年来，图像、视频等二维数据大规模涌现，而随着三维扫描设备以及 Kinect 等动作捕捉设备的普及，数据越来越接近真实的世界，数据的描述能力不断增强，而数据量本身必将以几何级数增长。此外，数据量大还体现在人们处理数据的方法和理念发生了根本的改变。早期人们对事物的认知受限于数据获取、分析的能力，一直利用采样的方法，以少量的数据来近似地描述事物的全貌，样本的数量可以根据数据获取、处理能力来设定。不管事物多么复杂，通过采样得到部分样本，数据规模变小，就可以利用当时的技术手段来进行数据管理和分析，因此如何通过正确的采样方法以最小的数据量尽可能分析整体属性成了当时的重要问题。随着技术的发展，样本数目逐渐逼近原始的总体数据，且在某些特定的应用领域，采样数据可能远不能描述整个事物，会丢掉大量重要细节，甚至可能会得到完全相反的结论，因此目前有直接处理所有数据而不是只考虑采样数据的趋势。使用所有的数据可以带来更高的精确性，从更多的细节来解释事物属性，同时必然会使要处理的数据量显著增多。

（二）数据类型多样

数据类型繁多、复杂多变是大数据的重要特性。以往的数据尽管数量庞大，但通常是事先定义好的结构化数据。结构化数据是将事物向便于人类和计算机存储、处理、查询的方向抽象的结果，在抽象的过程中，忽略一些在特定的应用下可以不考虑的细节，抽取有用的信息。处理此类结构化数据，只需事先分析好数据的意义以及数据间的相关属性，构造表结构来表示数据的属性，数据都以表格的形式保存在数据库中，数据格式统一，若有新增的数据，只需根据数据属性，将其存储在合适的位置，就可以方便地处理、查询，一般不需要为新增的数据显著地更改数据聚集、处理、查询方法，限制数据处理能力的只是运算速度和存储空间。这种关注结构化信息，强调大众化、标准化的属性使处理传统数据的复杂程度一般呈线性增长，新增的数据可以通过常规的技术手段处理。而随着互联网与传感器的飞速发展，非结构化数据大量涌现，非结构化数据没有统一的结构属性，难以用表结构来表示，在记录数据数值的同时还需要存储数据的结构，增加了数据存储、处理的难度。而时下在网络上流动着的数据大部分是非结构化数据，人们上网不只是看看新闻和发送文字邮件，还会上传下载照片、视频等非结构化数据，同时，遍及工作、生活各个角落的传感器也在不断地产生各种半结构化、非结构化数据，这些结构复杂、种类多样，同时规模又很大的半结构化、非结构化数据逐渐成为主流数据。如上所述，非结构化数据量已占到数据总量的 75%以上，且非结构化数据的增长速度比结构化数据快 10~50 倍。在数据激增的同时，新的数据类型层出不穷，已经很难用一种或几种规定的模式来表征日趋复杂、多样的数据形式，这样的数据已经不能用传统的数据库表格来整齐地排列和表示。大数据正是在这样的背景下产生的，大数据与传统数据在处理方式上的最大不同就是重点关注非结构化信息，大数据关注包含大量细节信息的非结构化数据，强调小众化、体验化的特性使传统的数据处理方式面临巨大的挑战。

（三）数据处理速度快

对于数据的快速处理要求，是大数据区别于传统海量数据处理的重要特性之一。随着各种传感器和互联网等信息获取、传播技术的飞速发展普及，数据的产生、发布越来越容易，产生数据的途径增多，个人甚至成为数据产生的主体之一，数据呈爆炸式的快速增长，新数据不断涌现，快速增长的数据量要求数据处理的速度也要相应地提升，这样才能使大量的数据得到有效的利用，否则不断激增的数据不但不能为解决问题带来优势，反而会成为快速解决问题的负担。同时，数据不是静止不动的，而是在互联网中不断流动，通常这样的数据的价值是随着时间的推移而迅速降低的，如果数据尚未得到有效的处理就失去了价值，大量的数据就没有存在的意义。此外，在许多应用中要求能够实时处理新增的大量数据，如有大量在线交互的电子商务应用，就具有很强的时效性，大数据以数据流的形式产生，快速流动、迅速消失，且数据流量通常不是平稳的，会在某些特定的时段激增，数据的涌现特征明显，而用户对于数据的响应时间通常非常敏感，心理学实验证实，从用户体验的角度出发，瞬间（3 秒钟）是可以容忍的最大极限，对于大数据应用而言，很多情况下都必须要在 1 秒钟或者瞬间内形成结果，否则处理结果就是过时和无效的，这种情况下，大数据具有快速、持续的数据实时处理要求。对不断激增的海量数据的实时处理要求，是大数据与传统海量数据处理技术的关键差别之一。

（四）数据价值密度低

数据价值密度低是大数据关注的非结构化数据的重要属性。传统的结构化数据依据特定的应用对事物进行了相应的抽象，每一条数据都包含该应用需要考量的信息，而大数据为了获取事物的全部细节，不对事物进行抽象、归纳等处理，直接采用原始的数据，保留了数据的原貌，且通常不对数据进行采样，而是直接采用全体数据。由于减少了采样和抽象，呈现所有数据和全部细节信息，大数据可以得到更多的信息，但也引入了大量没有意义的信息，甚至是错误的信息，因此，对于特定的应用，大数据关注的非结构化数据的价值密度偏低。以当前广泛应用的监控视频为例，在连续不间断监控过程中大量的视频数据被存储下来，许多数据可能是无用的，对于某一特定的应用，比如获取犯罪嫌疑人的体貌特征，有效的视频数据可能仅有一两秒，大量不相关的视频信息增加了获取这有效的一两秒数据的难度。故大数据的数据密度低是指，对于特定的应用，有效的信息相对于数据整体是偏少的。信息有效与否也是相对的，一些信息对于某些应用是无效的信息，但对于另外一些应用则成为最关键的信息，数据的价值也是相对的，有时一条微不足道的细节数据可能造成巨大的影响，比如网络中的一条几十个字符的微博，就可能通过转发而快速扩散，导致相关的信息大量涌现，其价值不可估量。因此，为了保证对于新产生的应用有足够的有效信息，通常必须保存所有数据，这样一方面导致数据的绝对数量激增，另一方面使数据包含的有效信息量的比例不断减少，数据价值密度偏低。

现在的社会是一个高速发展的社会，科技发达、信息流通，人们之间的交流越来越密切，生活也越来越方便，大数据就是这个高科技时代的产物。阿里巴巴创办人马云在演讲中就提到，未来的时代将不是 IT 时代。而是 DT 的时代，DT 就是数据科技（Data Technology），这表明大数据对于阿里巴巴集团来说举足轻重。

有人把数据比喻为蕴藏能量的煤矿。煤炭按照性质可分为焦煤、无烟煤、肥煤、贫煤等，而露天煤矿、深山煤矿的挖掘成本又不一样。与此类似，大数据并不在“大”，而在于“有用”。价值含量、挖掘成本比数量更为重要。对于很多行业而言，妥善利用这些大规模的数据成为赢得竞争的关键。大数据的价值体现在以下三个方面：①为大量消费者提供产品或服务的企业可以利用大数据进行精准营销；②采用“小而美”模式的中长尾企业可以利用大数据做服务转型；③面临互联网压力必须转型的传统企业需要与时俱进充分利用大数据的价值。不过，"大数据"在经济发展中的巨大意义并不意味着其能取代一切对于社会问题的理性思考，科学发展的逻辑不能被湮没在海量数据中。著名经济学家路德维希·冯·米塞斯曾提醒过："就今日言，有很多人忙碌于资料之无益累积，以致对问题之说明与解决，丧失了其对特殊的经济意义的了解。"这确实是需要警惕的。

第二节　基于大数据的互联网金融的创新发展模式

一、基于大数据的互联网金融创新发展的必要性

大数据的真实价值就如同漂浮在海洋中的冰山，第一眼只能看到冰山一角，但其实绝大部分都隐藏在表面之下。对于互联网金融来说，大数据从客户需求、市场透明度和风险控制等方面为金融产品和金融服务的创新提供了新的渠道。

（一）通过海量数据采集与分析实现精准营销

互联网金融借助互联网平台所产生的庞大用户和海量数据，通过数据挖掘和关联性分析，预测投资者与消费者对产品和服务的反应，有的放矢，提升客户转化率，实现互联网金融业务的精准营销。同时，互联网金融客户群体快速增长，倒逼传统金融企业转变观念，进行传统业务的转型升级。

（二）通过大数据技术形成有价值的社交商业链

在大数据和云计算的保障下，互联网金融客户的信息通过社交网络生成和传播，被搜索引擎组织、排序、检索，通过数据分析最终形成有价值

的信息链，并成为信用评估的重要依据；电子商务平台利用买卖双方的交易信息，观察用户搜索、浏览、决策、交易的全过程，判断用户的行为和潜在需求，洞察市场动向，监测平台商家经营状况，设计有针对性的互联网金融产品。如阿里巴巴入股新浪微博，实现了社会化媒体与电子商务交易平台的合作，形成了社交商业链，为互联网金融企业提供更加全面、细节化的数据支撑。

（三）通过大数据挖掘风险控制创新方式

互联网金融企业通过大数据挖掘，自建信用评估系统。互联网金融企业的风险控制大致有两种模式：一种是类似于阿里巴巴的风控模式，通过自身系统大量的电商交易以及支付信息数据建立封闭系统的信用评估和风控模型；另一种则是众多中小互联网金融公司把数据提供给中间征信机构，再从征信机构分享征信信息。如征信机构从 P2P 网贷公司和线下小贷公司采集动态大数据，为互联网金融企业提供重复借贷查询、不良用户信息查询、信用等级查询等服务。

互联网金融打破了时空的限制，既迎合了我国互联网普及和信息消费升级的新趋势，也满足了客户希望获得更加方便的金融服务的迫切需求，大数据、云计算等现代信息科技快速发展，使那些无法从传统银行贷款的小微企业或个人获益，并通过良性竞争刺激传统银行跟上时代和科技的步伐，从而带给客户更优质的产品和服务。

二、大数据时代为互联网金融创新发展提供的优势条件

在信息化时代中，全球数据数量呈现逐年上升的趋势，互联网金融借助网络社交环境，每天都能够形成大批量的数据。这些数据资料记载着使用者的基本信息，并且相关数据信息之间存在一定的关联性与规律性。因此，大数据环境下互联网金融行业发展模式进行调整、转型及创新是必然的。只有实现创新的目标，互联网金融行业才能准确地掌握用户的实际需求，强化自身在经济市场中的透明度，同时达到有效规避金融风险的目标。

(一) 完成对巨量数据信息的汇集与分析，使营销模式更具有准确性

在大数据时代，在互联网平台的辅助下互联网金融企业的用户数量及数据量是巨额的，此时互联网金融企业对各种数据信息的实质以及其与金融产品之间的关联性进行深入的分析，从而合理地判别投资者与消费者对某一金融商品的需求量，以及他们各自对互联网平台所提供的服务方向和服务内容提出的标准。这样互联网金融企业就可以有效地提升用户转化的效率，互联网金融行业的业务营销方向也更具准确性，那么互联网金融用户的数量就会处于不断增长的模式中。

(二) 在大数据技术的辅助下，互联网金融行业才能建立健全社交商业链

电子商务平台应用买卖双方的交易信息，对使用者检索、阅览、决断、交易等一系列环节进行全方位的观察，以此去预测使用者的消费行为及心理需要，同时达到对金融经济市场运营状态深度解析的目标，当然电子商务平台上互联网金融厂家产品销售的实况也得到了科学、有效的监管。阿里巴巴集团将部分股份投入到"新浪微博"中就是最具代表性的实例，此时社会化媒体和电子商务交易平台建立合作关系，社交商业链的完善性更上一层楼，那么大数据时代中将会有更全面、更具精确性的数据信息为互联网金融企业的创新发展提供支持。

(三) 互联网金融借助大数据研发出有效规避企业风险的方式与手段

互联网金融行业要建立健全信用评估体系，对大数据进行深度的探索是基础也是前提条件。目前，对互联网金融企业风险的有效管控形式如下：第一，与阿里巴巴的企业风险管控模式相似的形式，实质上就是应用企业自身的电子商务交易业务以及数据信息的支付渠道，建立封闭式的信用评估体系与企业风险管控的雏形；第二，众多中小型互联网金融企业为

了安全起见而将某个征信机构作为媒介，并将数据信息提供给该机构，最终对征信信息实施对外分享的策略。例如，点对点网络信贷企业及线下小型信贷企业对动态化的大数据信息进行合理的征集，此时互联网金融行业在重复借贷查询、信用等级查询等方面的工作开展得更具便捷性与高效性。

三、探索大数据下互联网金融的创新发展模式

（一）打造以垂直搜索为核心的互联网金融服务平台

互联网金融服务平台最大的价值在于其渠道价值。依托大数据技术，聚集产业链上下游企业，构建产业联盟平台，汇聚多种金融产品和金融服务，向用户提供垂直搜索功能，用户通过对比进行挑选。互联网金融服务平台为用户提供全面的行业信息、精准的金融产品，为互联网金融企业提供智能化的金融产品销售服务，从而深度挖掘和满足用户的个性化需求，解决交易过程中的信息不对称问题，实现资金供需双方信息交流、业务对接和利益共赢。

互联网金融服务平台在拥有自己的品牌和积累足够的客户群体后，将成为传统商业银行、信托、基金以及网贷、众筹融资等重要营销渠道。

（二）发展互联网金融 C2B 模式

客户对商家（C2B）模式强调客户的主导性并以客户为中心，其核心是通过聚集分散但数量庞大的用户形成一个强大的采购集团，以此来改变商家对客户（B2C）模式中用户“一对一出价”的弱势地位，使单个用户能够以大批发商的价格购买单个商品，有效降低购买成本。

互联网金融企业通过大数据对客户行为、习惯、需求进行智能分析，为客户量身设计金融产品和金融服务，满足客户对金融业务的多元化需求，提升用户个性化体验，逐步形成互联网金融领域的 C2B 模式。互联网金融的 C2B 模式是互联网金融的发展趋势之一，但同时也面临金融服务成

本、资金门槛、监管约束及风险控制等问题。

（三）提供普惠金融服务的民营互联网银行模式

互联网银行的资本来源于民间，其依托移动互联端，向小微企业和个人提供普惠金融服务。互联网银行利用网络平台和中介优势扩张其业务领域，运用已有的庞大客户群体和成熟的产业链发展供应链金融，利用大数据技术分析社交媒体并构建风控体系，与传统银行展开差异化竞争，在服务流程、服务质量上凸显自身优势。

互联网银行利用互联网技术，突破时间、空间、介质等方面的限制，正朝着多元化、网络化方向发展。

（四）发展基于线下担保、数据开放的 P2B 模式

P2P 网贷的风险控制能力差、监管不到位，频现信用链条崩溃、“跑路”等现象。发展基于线下担保、数据开放的个人对企业（P2B）模式，针对中小微企业提供融资服务，借贷方由担保机构提供担保，可在一定程度上保障投资人的权益。

P2B 模式在经营活动中涉及个人投资者、借贷企业、P2B 网贷平台、第三方资金托管以及担保机构等，P2B 平台主要为有理财需求的个人投资者和有借贷需求的中小微企业搭建“桥梁”。P2B 平台引进第三方资金托管和融资担保机构为战略合作伙伴，利用大数据进行详细的贷前审核，公布平台自有的信用评估模型及信用评分，将风险防控、项目经营状况公示于平台。在 P2B 网贷平台上，投资者自行选择投资项目，向融资项目投标，将资金转入第三方资金托管账户；借贷企业向 P2B 平台提出融资需求，担保机构对融资标的提供担保，担保公司要求借贷企业提供线下抵押品进行反担保，经 P2B 平台审核通过后，发布融资信息。该模式的特点是固定时间段内的投资标的较少，参与的投资人很多，风险高度聚集，第三方资金托管和担保机构分散了 P2B 平台的融资风险。

（五）构建商业银行“四位一体”的商业服务新模式

在大数据和云计算的环境下，传统商业银行必须进行战略转型，构建智慧银行、移动金融、电商金融、在线融资“四位一体”的商业服务新模式，推动传统商业银行的互联网金融创新发展。利用大数据技术整合网点资源，加快智慧银行旗舰店、商业区或社区小型体验银行、后台一体化的运营服务保障体系的建设；丰富手机银行的功能，集支付结算、移动生活服务、理财融资等多元应用于一体，培育新的业务增长点；加强商业联盟，推进电子商务和金融服务的深度融合，建立网络购物、网络融资、消费信贷三者合一的综合电商平台；利用电商平台资金流、信息流、商流、物流四流合一的优势，推出多种在线融资产品，以应对互联网金融对银行间接融资的冲击；利用大数据分析客户的财务情况、信用等级，降低中小微企业信贷风险，以在线融资业务促进资产业务转型。

第三节　大数据在互联网金融领域的应用

一、大数据在传统金融领域的应用

（一）大数据在金融监管机构中的应用

我国的金融行业正处于大数据应用的初级阶段，国内的金融机构经过多年发展与积累，拥有超过百 TB 的海量数据，而且非结构化的数据量也在不断增长。金融机构在大数据应用方面具有天然优势：首先，金融企业在平时的业务开展中积累了大量高价值的数据，如客户的身份、资金收付交易、资产负债情况等，这些数据经过专业技术挖掘和分析之后，将产生巨大的商业价值；其次，金融机构相对而言有较为充足的预算，可以吸引了解大数据技术的高端人才，也有能力采用大数据的最新技术。

但是，在许多具体金融业务层面，我国还是存在管得过严、管得过宽、管得过细的问题，甚至管了很多不该管的事情。这种情况极大地阻碍了金融市场化改革的进程，制约了金融机构的自主发展，削弱了金融市场化配置社会资源的能力。

1. 大数据助力金融机构的战略转型

在宏观经济结构调整和利率逐步市场化的大环境下，目前国内的金融机构主要表现出盈利空间收窄、业务定位亟待调整、核心负债流失等问题。业务转型的关键在于创新，但现阶段我国金融机构的创新往往沦为监管套利，没有以挖掘客户内在需求、提供更有价值的服务为主。而大数据技术正是能够帮助金融机构深入挖掘既有数据，找准市场定位，明确资源配置方向，推动业务创新的重要工作。

此外，大数据及智能技术的逐渐成熟将会重塑未来金融监管的方式。以非法集资为例，在互联网时代不法分子利用网络的虚拟性、广泛传播性等特点，通过承诺高收益来吸引广大投资者。近年来，由于经济形势下行，非法集资案件频发，这对金融秩序和居民的合法权益造成了较大的影响。

利用大数据建立非法集资监测预警平台就为打击非法集资提供了有力工具，可以提高金融监管的效率和准确性。非法集资监测预警平台的设计包括两个子平台：一是对正规金融产品进行登记的前台。前台通过对网站销售的金融产品的信息进行登记，做好数据收集工作。产品登记、信息披露、资金托管是互联网金融的三大监管措施，金融机构将产品的属地名称、属地编号、发行日期、机构编号、产品编号等信息在平台上进行登记、备案。二是发现非法集资线索的后台，这可以用来打击违法犯罪，守住底线。前台提供信息给消费者，后台打击非法集资。基本建设思路如下：利用互联网收集信息，运用大数据挖掘、云计算技术，通过两次比对、一次干预、最终确认的一系列步骤，实现对疑似非法集资的企业进行不同级别的处置应对。

2. 大数据能够降低金融机构的管理和运行成本

通过大数据对信息的挖掘和分析，金融机构能够准确地定位内部的管理缺陷，制定有针对性的改进措施，实行符合自身特点的管理模式，最终实现降低管理运营成本的目标。大数据还提供了全新的沟通渠道和营销手段，可以更好地了解客户的消费习惯和行为特征，及时、准确地把握市场营销行情。

3. 大数据有助于降低信息不对称程度，增强风险控制能力

金融机构可以摒弃原来过度依靠客户提供的财务报表来获取企业信息的业务方式，转而对其资产价格、账务流水、相关业务活动等流动性数据进行动态和全程的监控分析，从而有效提升客户信息透明度。目前，花旗、富国、UBS 等先进银行已经能够基于大数据，整合客户的资产负债、交易支付、流动性状况、纳税和信用记录等，对客户行为进行 360 度全方位评价，计算动态违约概率和损失率，提高贷款决策的可靠性。

（二）大数据在银行业中的应用

从数据贡献度上看，银行是金融数据的重要贡献机构和使用机构。截至 2015 年第四季度末，全国共开立人民币银行结算账户 73.7 亿户，环比增长 3.15%；个人银行结算账户 73.25 亿户，占银行结算账户的 99.4%，环比增长 3.15%；单位银行账户 4439.03 万户，环比增长 2.43%，其中基本存款账户增加 89.55 万户，一般存款账户增加 10.91 万户，专用存款账户增加 5.10 万户，临时存款账户减少 0.07 万户。全国共发生银行卡交易 3343.2 亿笔，金额 178.14 万亿元。其中，涉及互联网金融的网上支付发生 106.37 亿笔，同比增长 25.21%；移动支付 56.33 亿笔，同比增长 244.74%（数据来源于九次方大数据）。

中国银行业大数据应用主要集中在客户营销、产品创新、风险控制和运营优化四个领域。例如，光大银行研发的“阳光理财”资产配置平台（APP）能够分析客户需求并设计与之匹配的资产配置方案以支持营销；民生银行通过大数据分析定义营销举措并防止客户流失；招商银行利用大

数据发展小微贷款。总体来看，银行大数据的应用可以分为以下三个方面（如图 3-1 所示）。

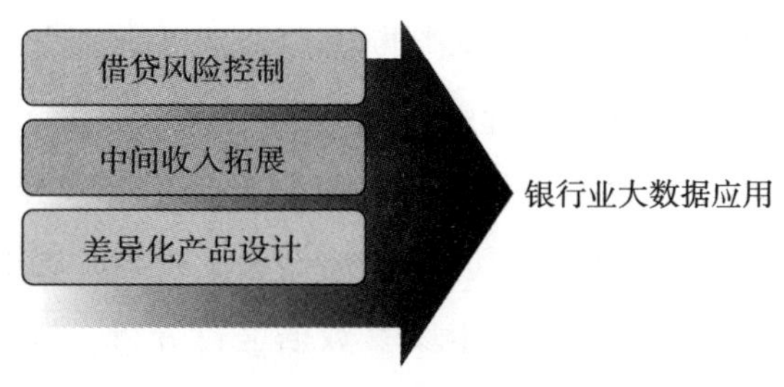

图 3-1　银行业大数据应用

1. 大数据能够帮助银行控制信贷风险

在传统方法中，银行对企业客户的违约风险评估多是基于过往的营业数据和信用信息，这种方式的最大弊端就是缺少前瞻性，因为导致企业违约的重要因素并不仅仅是企业自身的经营状况，还包括行业的整体发展状况，而大数据手段的介入使信贷风险评估更趋近于事实。西班牙一家大型银行正是利用大数据来为企业客户提供全面深入的信用风险分析。该行先识别出影响行业发展的主要因素，然后对这些因素进行模拟，以测试各种事件对其客户业务发展的潜在影响，并综合评判每个企业客户的违约风险。这样的做法不仅成本低，而且风险评估的速度快，同时显著提升了评估的准确性。

2. 大数据能够提升银行的中间收入

如今，坐拥海量数据的银行不再局限于使用数据服务其核心业务，把数据直接变成新产品并用来创造直接收入是新的中间收入拓展渠道。澳大利亚一家大型银行通过支付数据的分析了解零售客户的“消费路径”，即客户日常消费的典型顺序，包括客户的购物地点、购买内容和购物顺序，并对其中的关联进行分析。该银行将这些分析结果销售给公司客户，帮助客户更准确地判断合适的产品广告投放地点以及适合在该地点进行推广的产品。银行通过这种方式获得了传统业务之外的收入。更重要的是，银行通过这样的创新为客户提供了增值服务，从而大大增强了客户黏性。

3. 大数据能够使零售银行业务差异化产品设计更加丰富

在零售银行业务中，大数据为判断客户行为并匹配营销手段提供了广阔的创新空间。例如，海外银行围绕客户的“人生大事”进行交叉销售。这些银行对客户的交易数据进行分析，由此推算出客户经历“人生大事”的大致节点。人生中的这些重要时刻往往能够激发客户对高价值金融产品的购买意愿。通过对客户的银行卡交易数据进行分析，银行很容易识别出即将添丁的家庭，在这样的家庭中，准妈妈会开始购买某些药品，而婴儿相关产品的消费会不断出现。该行面向这一人群推出定制化的营销活动，获得了客户的积极响应，这种具有差异化的产品设计可以大幅提高交叉销售的成功率。

（三）大数据在证券行业中的应用

现代证券行业具有资本密集、信息密集、智力密集和技术密集的特点，大数据时代的数据不仅信息量大大增加了，而且数据的产生、传播、内容、速度、形式等方面都更加多样、复杂，越来越呈现出细节化、多维化、立体化的特点，对业务发展的影响也越来越大。

目前，国内外证券业的大数据应用主要有以下三个方向（如图 3-2 所示）。

图 3-2　证券业大数据应用

1. 大数据可以提升证券业的个性化服务水平

证券行业作为综合类金融服务产品的提供者，在大数据的背景下，将有能力快速收集高质量的信息，设计出更符合客户需求的产品组合，并且可以根据客户偏好的改变及时调整。同时，由于中介服务的竞争逐渐同质化，争夺的焦点将来必然落在价格上。如果标准化同质服务不再能够给券商带来正常利润，那么券商必须转变经营思路，将通道业务转变成包含增值服务的金融服务。

大数据能够通过对客户消费行为模式进行分析，提高客户转化率，开发出个性化的产品以满足不同客户的需求。越来越多的证券公司开始采用数据驱动的方法，通过一系列信息的收集、存储、管理和分析，为客户提供更好的决策，这充分体现了以客户为中心的服务理念。

2. 大数据能够帮助证券公司避免客户的流失

依据客户历史交易行为和流失情况创建大数据分析模型，预测客户流失的概率。例如，海通证券自主开发的"给予数据挖掘算法的证券客户行为特征分析技术"主要应用于客户深度画像以及基于画像的用户流失概率预测，通过对海通证券自身100多万名样本客户及其半年交易记录的海量信息分析，建立了客户分类、客户偏好、客户流失概率等模型。该项技术的最大初衷是希望通过客户行为的量化分析，来测算客户将来可能流失的概率。

3. 大数据在量化投资方面的应用

量化投资策略在欧美发达国家的金融市场已经相对成熟，由于收益巨大，这是大数据最早应用的领域。证券业已经进入了一个大数据信息时代，证券的数据模型越来越复杂多样，数据的总量和种类都有了重大的突破。大数据在处理证券数据时，通过对主力和散户的行为、轨迹分析，对主力资金和散户资金的去向追踪，对主力、散户和市场之间的关系理解，能够很好地增加投资胜率。个人投资者将能够轻松使用大数据获得实证支持，从而使交易风险降低，投资能力获得大幅提升。大数据也让科技公司第一次有机会能够挑战传统的金融分析师，利用对各种数据的量化、重组和整合，提供不同的交易策略，让投资者能够科学地分析全球投资市场。

（四）大数据在保险行业中的应用

目前，国内保险行业的大数据应用主要集中在以下四个领域（如图3-3所示）。

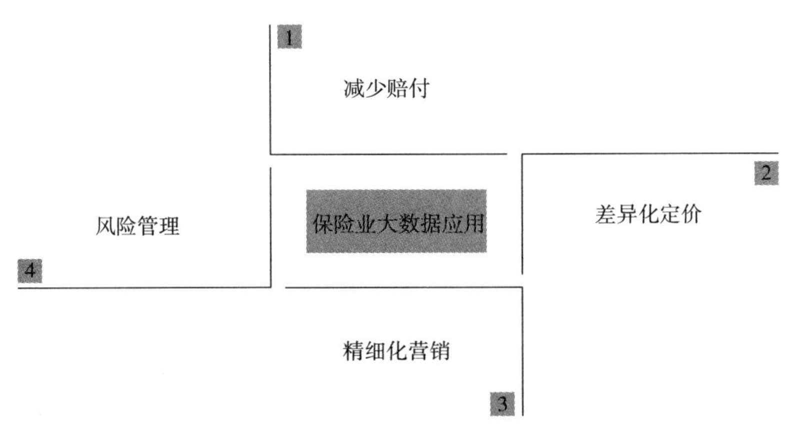

图3-3 保险业大数据应用

1. 大数据能够帮助保险公司减少赔付

赔付直接影响保险企业的利润，对于赔付的管理一直是险企的关注点。而赔付中的“异常值”（即超大额赔付）是赔付额上长升的主要驱动因素之一。一家领先的美国保险集团通过结合内部、第三方和社交媒体数据进行早期异常值检测，用1.4亿个数据点构建了预测模型，其中既包括客户的个人数据（健康状况、人口特征、雇主信息等），也包括集团的内部数据（过往的理赔信息和已经采取的医疗干预信息等），并基于模型及时采取干预措施，使平均索赔费用下降了20%。同时，借助大数据手段，险企可以识别诈骗规律，显著提升反欺诈的准确性与及时性。

2. 大数据能够提高保险公司的差异化定价水平

对保费的定义是基于对一个群体的风险判断，而大数据无疑为这样的风险判断带来了前所未有的创新。一家澳大利亚保险公司通过分析客户的购物数据来预测驾驶风险。分析显示，饮用大量牛奶并食用大量红肉的客户具有较低的驾驶风险，而食用大量意大利面和米饭并在夜间开车和饮酒的客户则是高风险人群。

3. 大数据的应用可以实现精细化营销

以淘宝运费退货险为例。据统计，淘宝用户运费险索赔率在50%以上，但该产品为保险公司带来的利润只有5%左右，然而依然有众多保险公司有意愿提供该服务。实际上，客户购买运费险就意味着保险公司能够获得该客户的个人信息，包括手机号、家庭住址、银行账户信息及产品购买信息等，基于这些数据保险公司能够最大限度地实现精准推送。

4. 大数据能够解决现有的风险管理问题

通过大数据分析可以解决现有的风险管理问题。例如，通过智能监控装置收集驾驶者的行车数据，通过社交媒体收集驾驶者的行为数据，通过医疗系统收集驾驶者的健康数据，以这些数据为出发点，如果一个人不经常开车，并且开车十分谨慎的话，那么他可以比大部分人节省30%~40%的保费，这将大大提高保险的竞争力。

二、大数据在互联网企业金融领域的应用

我们先以百度、阿里巴巴、腾讯（BAT）三家公司为例，对大数据的类型及应用进行分析。

在大数据方面，BAT三家公司的数据体积相差不多，三家几乎都有LBS、交易、社交等一系列不同维度数据，只是能力有所区别。

三家公司数据的核心优势如图3-4所示。

公司	数据	技术	人才	方向
百度	公共数据 需求数据	数据聚合、 语义理解、 深度学习	高价+用心挖相 关领域高端人才	注重研究与实 用性结合，仍 然围绕搜索发展
阿里 巴巴	电商数据 信用数据	底层系统、 并发处理	系统级别人才， 例如Linux Kernal、数据库、 服务器	完善底层系统， 做分享平台
腾讯	关系数据 社交数据	技术低调、 执行力强、 封闭开发、 集体加班、 重金激励	缺技术带头人， 但技术执行力强， 同时注重与高校 合作	先将产品补全， 形成稳定生态 圈。面向产品 不断挖掘

图 3-4　BAT 大数据对比

百度的数据是基于搜索产生的公共数据、需求数据。百度的优势在于数据最全面，数据样本比较复杂，在数据的广度和多样性方面比较强，拥有核心技术和数据矿山，而且是一座富矿。

阿里巴巴的数据是基于淘宝和天猫业务产生的电商数据、信用数据。阿里巴巴的核心业务是电子商务，故其数据比较聚集，更容易做分析。这种数据类型的优势在于，更容易变现和挖掘出商业价值。

腾讯的数据是基于微信、QQ 产生的社交数据、关系数据以及游戏数据，相对较杂。不过，基于这些数据容易分析人们的生活和行为，从里面挖掘出商业、健康等领域的信息。

大数据领域有这样一种说法，即所有的数据都是风险数据。而拍拍贷风险副总裁顾鸣博士之前提出过一个金字塔结构图，如图 3-5 所示。

在图 3-5 中，征信数据位于金字塔的顶端。往下依次是消费数据、运营商数据、社交数据、行为数据以及其他数据。越是靠近金字塔的顶部，大数据在风控领域的应用就会越直接，但获取数据的难度也会越大，覆盖率当然会越低；相反，越是靠近金字塔的底部，大数据在风控方面的应用难度就越大，但是数据的数量和覆盖率都会越大。

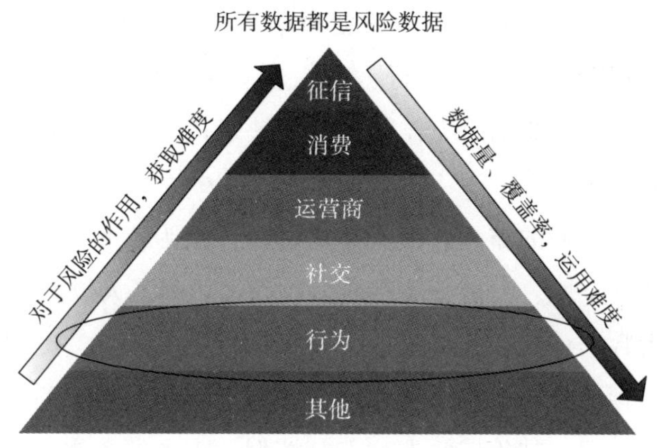

图 3–5 大数据金字塔结构

把 BAT 三家套入这个金字塔结构中就会发现，阿里巴巴的数据离变现几乎只有一步之遥。阿里巴巴以电商—支付—信用为三级跳板，针对性很强，数据价值纯度高，金融数据的整合方面做得也比较完善，缺点是覆盖面不够。不过，这些年来阿里巴巴收购、入股了优酷、微博、高德等一系列企业，其数据维度越来越丰富，在不断往金字塔的底层下探。

腾讯有社交数据、行为数据，这些数据不能直接运用，但从这些数据中获取的信息会更丰富。而腾讯目前的大数据策略是先将产品补全，并将产品后台数据打通，形成稳定生态圈。本阶段先利用大数据挖掘改进自己的产品。后期有成熟的模式以及合适的产品后，再利用自身的社交及关系数据开展对大数据的进一步挖掘。

虽说有人认为百度和腾讯很多数据是非结构化数据，在风控上的运用难度较大，很难直接商业化。不过，这些数据恰恰是金字塔最底层的数据。在普惠金融的环境下，互联网全域大数据带来的价值不可忽略。

金融、电商、物流、生活服务等各个领域，其实都离不开维度全面的数据。因为数据维度越丰富，企业对用户粗颗粒的画像就会越了解。某一个画像的用户到底喜欢什么，企业都可以一清二楚地了解到，也就能够做很多有针对性的营销。尤其是在金融领域，企业对大数据掌握越全面，所能涉及的业务也会越丰富。BAT 数据最丰富，在金融业务领域横亘支付、贷款、理财、保险、证券、银行、征信、基金、众筹等各个领域。而小米、京东、万达等企业则因为在数据方面缺乏优势，所以在这 9 个领域中缺失某些领域的布局。

BAT 在 9 个领域的布局，其实都是以大数据为核心串联在一起的，征信、风控、消费金融、财富管理都或多或少运用到了大数据。

首先，大数据征信。大数据在个人征信领域的应用，是目前金融行业面临的最大问题。基于用户在互联网上的消费行为、社交行为、搜索行为等产生的海量数据，其价值并未被充分挖掘，个人征信在大数据的采集和信息挖掘上面仍有很大的想象空间。阿里的芝麻信用算是其中的佼佼者了。芝麻信用几乎打通了用户的身份特质、行为偏好、人脉关系、信用历史、履约能力等各类信息。这恰恰是因为接入了电商、支付、社交等各类数据维度。

其次，大数据风控。大数据风控目前应该是前沿技术在金融领域的最成熟应用，相对于智能投顾、区块链等尚在初期的金融科技应用，大数据风控目前已经在业界逐步普及。目前，美国的企业基本上都采用三大征信局的信息，最传统的评分基本上都是用 FICO 来做的。各家平台都在尝试使用机器学习、神经网络等大数据处理方法。

国内市场对于大数据风控的尝试还是比较积极的。特别是大公司，可以将移动互联网的行为和贷款申请人联系到一起展开大数据风控。百度在风控层面上的进展还是比较突出的，百度安全每天要处理数十亿网民的搜索请求，保护数亿用户的终端安全，保护十万网站的安全，因此积累了大量的数据。

一个很具体的案例就是，通过海量互联网行为数据，比如监测相关设备 ID 在哪些借贷网站上进行注册、同一设备是否下载多个借贷 App，可以实时发现多头贷款的征兆，把风险控制到最低。

再次，大数据消费金融。消费金融对大数据的依赖是天然形成的。如消费贷、工薪贷、学生贷等，这些消费型的金融贷款很依赖对用户的了解。所以必须对用户画像进行分析提炼，通过相关模型展开风险评估，并根据模型及数据从多个维度为用户描绘一个立体化的画像。

在大数据消费金融的领域中，腾讯和阿里的优势很大程度上是在渠道层面上的。正如前文所说的，阿里以电商—支付—信用为三级跳板，具有很强的针对性，支付宝接入消费金融产品之后会有较强的渠道作用。而腾讯的"微粒贷"也已经接入到了微信支付当中。在消费金融的发展速度上，腾讯速度也不逊色。

最后，大数据财富管理。财富管理是近些年来在我国金融服务业中出现的一个新业务，主要是为客户提供长期的投顾服务，实现客户资产的优化配置。这方面业务在传统金融机构中存在的比较多。不过因为技术能力不足，大数据财富管理在传统金融机构中相对弱势。

财富管理在互联网公司的业务中也非常流行。蚂蚁金服一开始最为简单的财富管理方式就是余额宝，后来逐渐演化成经过大数据计算并智能推荐给用户的各种标准化的"宝宝"理财产品。百度金融依托"百度大脑"，通过互联网人工智能、大数据分析等手段，精准识别和刻画用户，提供专业的"千人千面"的定制化财富管理服务。

接下来，我们分析阿里巴巴、腾讯、京东、百度以及苏宁云商的大数据金融。

（一）阿里巴巴的大数据金融

阿里金融作为互联网金融业务的典型代表，是阿里巴巴针对小微企业、个人创业者提供一种互联网化、批量化和数据化的微贷服务。目前，阿里金融包括针对 B2C 淘宝平台客户的"淘宝小贷"和针对 B2B 阿里巴巴平台客户的"阿里小贷"。其中"淘宝小贷"主要解决淘宝商家临时性资金周转需求，一般多在商品旺季淘宝商家现金流无法支撑大量订单时进行贷款；而"阿里小贷"主要是针对贷款难的小微企业开发的金融产品。基于无抵押、无担保的产品设计，阿里金融主要通过信用评级和资金流向监控来实现对风险的控制，而阿里金融的目标即在于将小微企业和个人的电商行为转为信用数据，依托大数据的支撑，构建商业信用库为小微企业和个人提供专属性、个性化的金融服务。

1. 阿里金融大数据平台的构建

阿里金融的整个业务流程基于大数据平台和云计算技术。阿里巴巴在对分散在电子商务平台上长期积累的海量数据进行处理、整合、深度挖掘和提炼后形成对阿里巴巴有着巨大价值的信息，即阿里金融自身的大数据平台。

阿里巴巴的海量数据主要来源于以下几个方面：一是电商平台，即阿里巴巴 B2B 网上贸易平台、淘宝 B2C 以及支付宝支付平台，该部分数据包含交易情况、店铺与服务评价、物流数据、投诉纠纷、实时经营信息、相关资格认证信息等，这部分也是最主要的数据；二是贷款申请数据，客户提交贷款申请的同时所提供的企业相关信息同样可以作为大数据的一部分；三是其他外部数据，涵盖了如水电费、网络费用、税收、与客户在社交平台的互动数据、搜索引擎中的数据等。2013 年阿里巴巴购入了新浪微博 18% 的股份，获得了新浪微博平台积攒的社交数据，进一步完善了阿里自身的大数据类型。

基于上述数据来源，目前，阿里巴巴积攒的经过处理的海量数据已经超过 100PB，即相当于 104857600GB。阿里巴巴自身构建的以买卖双方信息为核心的数据平台成为阿里金融快速发展的重要推动力，也成为阿里金融区别并领先于其他互联网金融的重要标志。

2. 基于大数据的信贷风险控制

阿里金融以海量的交易数据为基础建立了完善的信用评价机制和风险控制体系。在信用评价机制方面，阿里巴巴的数据平台在引入客户的物流、资金流、经营等数据后，通过网络数据模型对该商户的信用状况进行综合评估，辅以交叉检验技术及在线视频技术，面对面地对客户的基本状况进行了解，参考各个渠道的信用记录，出具信用评级报告，整个过程无纸化，高速、便捷、高效率。随后，系统基于对客户及商家的资信状况、运营情况等的分析进行后台处理，核定出授信额度，包括系统核定和人工审批，并生成电子合同。

在风险控制体系方面，阿里金融从贷前、贷中、贷后三个阶段实行多阶段风险预警和掌控。贷前，对商家进行严格的资格审查；贷中，通过支付宝和阿里云对现金流变化和交易变化实时监控，一旦发现可疑问题，系统将会自动给出警告；贷后，阿里金融同样有催收机制等管理机制，并且对违约的客户，阿里巴巴将关闭其在淘宝平台的网店，另外，其在官网上设置了"欠贷企业曝光"，使客户的违约成本巨大，从而降低了违约风险。数据显示，阿里小贷的整体不良贷款率在 0.9% 左右，这也证明了阿里金融的风险控制体系运行有效。

3. 基于大数据的阿里信贷市场表现

依赖大数据平台，阿里金融根据小微企业和个体创业者的具体情况提供有针对性、专属化的信用贷款。相关数据显示，截至 2014 年上半年，阿里金融大约接受了近 80 万客户的阿里金融信贷服务，累计发放的贷款总额超过 2000 亿元，客户的平均贷款金额仅为 4 万元，平均贷款期限仅为 120 天左右。借助于大数据平台，阿里小贷和淘宝贷以日计算利息，随借随还，充分满足了小微企业短、快、急的融资需求。由于阿里金融主要是利用大数据平台本身和数学模型对小微企业和个体创业者进行信用评级，一切信用评级活动在网上进行，因而其也为阿里金融业务的开展节省了大量人力、物力，降低了阿里的信贷成本。

（二）腾讯公司的大数据金融

腾讯发展互联网金融的特色是以支付为基础，融合社交优势，其定位是搭建互联网金融时代的新型基础设施，以"连接力"服务产业链各参与方。例如，基于用户、社交特色以及大数据积累，腾讯可以通过微信钱包、朋友圈、公众号和好友推荐等社交传播渠道推广理财通产品，使金融产品触达用户的速度成倍提升。截至 2015 年 10 月，其理财通用户数已超过 2000 万名，资金保有量破千亿元，以 2015 年 10 月光大永明的两款投连险产品为例，上线第一天即有 54 万名用户预约，5 分钟内产品就宣告售罄，每日限额 2 亿元，超 20 万用户火热抢购，开始交易后迅速被“秒光”。

腾讯体系内每天都有大笔交易发生，数亿张银行卡与用户账户绑定，在微信、QQ 两大平台上，累积了大量数据，具备云计算能力，所以可以将很多价值向合作伙伴分享，并且基于用户洞察、产品创新以及风控协同，联手金融机构打造更多的明星产品。

（三）京东的大数据金融

京东是目前我国国内最大的自营性电商企业。截至 2015 年第二季度末，京东在中国自营电商市场的占有率达 54.3%。京东商城属于综合类中间商，同时开放了部分平台模式的产品销售，形成“自营+平台”的混合模式。

1. 业务体系布局：电商+互联网金融

京东集团的业务体系布局是电商+互联网金融。京东集团旗下设有京东商城、京东金融、拍拍网、京东智能、O2O 及海外事业部，形成了零售和金融两大业务条线，以及物流、云计算和支付三大基础支撑体系，其主营业务为电子商务。京东商城是目前我国国内最大的自营性电商企业，经营范围涉及 3C 家电、服装、鞋帽、箱包、家居、母婴用品、图书、食品等。除电子商务外，京东主要经营互联网金融业务。自 2013 年 10 月独立运营以来，京东金融已经拿到小贷、支付、保理、基金销售等多张牌照，征信、互联网保险牌照也在申请中。京东的业务布局目前正逐渐由零售业务延伸到上游的生产环节，聚焦于智能硬件产品与部件，并与国内多家知名厂商展开生产合作，如富士康、海信、科龙等。

2. 风险控制模式：大数据分析+实时监控

京东的风险控制模式的主要创新做法如下：

（1）大数据模型分析。一是天平模型和浮标模型。京东的大数据征信模型主要使用天平模型和浮标模型。其中，天平模型对不同行业的商家制定了更加统一、公平的准入标准，并且可以定期测量、跟踪商家经营状况的变化；浮标模型通过预测店铺的季节性销售对资金的需求，提前发现商家需求，及时修正贷款额度，并能预测店铺的生命周期，提高贷后预警的可靠性。二是供应商评级。京东在分析以往产业链数据的基础上，将提取出的定性和定量信息输入模型，对供应商进行 A~E 五个级别的评级，再根据评级决定供货商可以获得的融资额度。三是用户评分。目前，京东的大数据征信模型体系已经完成了超过 1 亿数量的用户评分，将从身份特征画像、个人用户评估、履约历史评价、关系网络评估、网络行为偏好及信用风险预测六个维度刻画用户，为风险评估提供更多有价值的参考。

（2）实时监控。随着供应商在京东的采购情况、入库情况等信息的变动，模型会对融资额度进行动态调整。如"云仓京融"通过数据化和模型化的方法进行风险管理，精准地测算额度和利率。一是京东拥有大量 SKU（库存量单位）数据，可以获得产品的价格曲线、产品生命周期等，从而快速地对其形成一个准确的价值评估。另外，京东体系内也有很多关于毛利、利润、采购差价的数据，京东可基于这些数据，做出商品的折扣预测以及几个月后商品价格走势的预测，实现质押率的自动化。二是京东合作的仓储系统按照其研发的监控系统发出指令，就可以实现轻松控货，避免了人员现场监管的"重监管"模式。三是"云仓京融"探索出全新的动态置换模型。传统的质押物不能流动，而商品的质押率可在 20%~85%，这意味着电商客户可以正常销售，一旦质押品即将卖完，系统可以随时提示客户补货。

（四）百度的大数据金融

百度金融最具竞争力的优势是技术，即云计算、大数据、人工智能，即要用技术撬动传统金融，提升效率，将大数据和人工智能的基因植入百度金融的业务之中，并重点关注身份识别认证、大数据风控、智能投顾、量化投资、金融云和智能获客这六大方向。

2015 年 12 月，百度宣布架构调整，组建了金融服务事业群组（FSG），其中包括消费金融、钱包支付和互联网证券。到目前为止，百度的金融业务已覆盖众多领域，从支付、消费信贷、征信到基金、证券、保险、银行，再到众筹，其业务覆盖甚至超过了腾讯。2016 年 7 月，百度宣布在西安正式成立西安百金互联网金融资产交易中心（以下简称百金交）。这是百度用技术改变金融，在金融领域布局的又一着重棋。百金交以技术为底层结构改善金融资产的交易机制，扩大可交易资产的范围。如利用人工智能和区块链技术，为大数据资产等进行资产确权。另外，依托于百度云计算能力，百金交未来可以评估出更科学的风险定价模式。

一直以来，百度在人工智能、大数据以及云计算等领域有着业界公认的深厚储备，其在金融科技领域的发力，为人工智能技术找到了一个极具行业价值的应用领域。从技术角度来看，百度金融拥有“全球最好”的人脸识别技术，在亮度大于 $1cd/m^2$ 的光线条件下，百度大脑就能够成功检测用户身份。百度还拥有全球领先的语音识别、图像识别技术，这些技术运用于金融业务的身份识别领域，能够有效降低光线昏暗、声音嘈杂等环境因素对识别精度的影响，大幅提升识别率，防范欺诈。此外，百度的智能投顾还可以通过整合百度全平台的海量数据，生成金融知识图谱、用户画像及资产画像，这不仅能提升资产配置的科学性和匹配精准度，还能有效追踪、控制风险。在量化投资这样的专业领域，百度也可以打通网民搜索行为数据、全网财经新闻数据、券商专业研报等数据，建立丰富的量化投资策略，输出专业的策略咨询服务。

（五）苏宁云商的大数据金融

在互联网时代背景下，类金融模式也跟随时代脚步发展出了新的内涵。所谓类金融模式是指非金融企业如同银行一样，以较低的成本甚至无成本的方式吸纳、占用各方资金，通过循环滚动的方式长期使用，最终利用这些资金实现自身扩张和利润最大化的营运模式。因此该定义包含两个关键点：第一，无成本或低成本吸纳、占用资金；第二，通过合理使用这些资金获得资金收益。苏宁云商在净营运资本、现金周转期、净现金需求等方面都符合类金融模式的特征，因此可以证实苏宁云商是在沿用类金融模式。

1. 苏宁云商类金融模式的资金来源

（1）占用供应商资金。苏宁云商虽然正在向互联网转型，但其零售业的本质并没有发生变化，因此对供应商资金的占用仍然是其类金融模式中资金的主要来源。

（2）苏宁云台。苏宁云商新的业务模式——"云商模式"＝线上电子商务+线下实体电商+线上线下零售服务商，而苏宁云台正是其云商模式中的"线上线下零售服务商"。从类金融模式的角度出发，苏宁云商通过苏宁云台可以无成本获得大量资金，具体来说有两种方式：

第一，商家保证金。和其他电商平台一样，苏宁云台也要向入驻商户收取一定的费用，这些费用包括服务保证金、佣金、平台年费、订单交易支付手续费和消费者保障基金等。在这些费用中，商家的服务保证金是可以无成本占用的。该服务保证金在商户进驻苏宁云台时缴纳，在退店后的六个月或一年后退还。

第二，占用商家货款。与其他电商平台不同，苏宁云台没有账期，因此其占用商家货款的方式与连锁实体门店占用供应商资金的方式有所不同。众所周知，网上购物的一般流程如下：消费者先在网上支付货款，此时货款进入平台账户，平台在收到货款后通知商家发货，商家再联系物流公司发货；消费者在收到货物并确认后，平台才会将货款转账给商户，此时商家才最终收到货款。苏宁云台所指的"没有账期"是指消费者确认收货后，平台向商家付款的时间一般不存在账期。尽管如此，但网购流程中的每个节点都会延长付款时间，特别物流发货与消费者确认收货这两个时点。根据保守估计，从用户下单到经过物流再到最终确认收货，最少也需要3~4天的时间，此时苏宁云台便可无成本占用商家货款3~4天。

2. 苏宁云商类金融模式资金收益

在类金融模式下，企业在低成本获得大量资金后，要合理利用这些资金以使其产生最大收益。苏宁云商通过占用供应商资金、苏宁云台保证金、易付宝余额等方式获得资金后，主要通过以下几种方式获取资金收益。

（1）投资理财。苏宁云商在 2014 年董事会上分别审议通过了投资银行理财产品和货币市场基金的议案，议案中明确指出，在保证日常资金需求和资金安全的前提下，使用不超过 50 亿元的自有资金投资银行理财产品，不超过 30 亿元的自有资金投资货币市场基金。

（2）投资房地产。早在 2002 年，苏宁云商便开始涉足房地产投资，并于 2005 年成立了专门的房地产公司——苏宁置业。苏宁云商的房地产投资主要集中在商业地产，从自建门店和自建物流基地开始，逐步进入到综合商业地产开发。围绕着线下“店商”的核心定位，苏宁云商加大了投资自建苏宁广场和苏宁生活广场的步伐，商业广场逐渐成为其线下实体连锁开放平台的核心组成部分。其商业广场以家电零售为核心，通过其自有门店良好的消费体验吸引客流，然后吸引休闲娱乐等其他行业商家入驻，进而打造新型综合购物广场，其物业在满足自身需求后可以对外出租。此外，苏宁云商近年来加快推进自建物流基地，通过自建物流基地来完善其现代化物流网络布局，以期形成全国性仓储配送网络，而物流基地的建设也是其投资房地产的重要组成部分。

（3）苏宁云商的供应链金融。苏宁云商在其早期的供应链金融中仅仅扮演着中间人的角色，获取的收益也只是一定比例的手续费，而利润的主体部分还是被出资人——商业银行以利息的方式获取。为了获得更多的收益，苏宁云商试图改变传统供应链金融的运作模式，取代银行的出资人地位。于是在 2012 年，苏宁云商注册成立“重庆苏宁小额贷款有限公司”，帮助小微企业解决融资难的问题。通过设立苏宁小贷公司，苏宁云商的类金融模式便形成了一个闭环，即通过无偿占用供应商资金获得大量资金储备，之后再将储备的资金贷款给其供应商，以实现资金的充分利用，进而获取资金收益。

（4）苏宁云商的消费金融。面对消费金融的蓝海，特别是在各大电商平台纷纷成立消费金融业务线的背景下，苏宁云商于 2015 年设立了苏宁消费金融公司，开始着手布局其消费金融业务线。消费金融作为苏宁云商互联网战略的重要环节之一，其经营范围包括向境内金融机构借款、发放个人消费贷款、经批准发行金融债券、代理销售与消费贷款相关的保险产品、与消费金融相关的咨询代理业务等。苏宁云商开展消费金融业务，一方面可以继续扩大消费规模，加快存货周转周期，增加用户黏性；另一方面还可以减少信用卡消费的手续费，同时获得一定的消费分期手续费。此外，将资金分散贷款给供应商和消费者，有助于消费和供给均衡发展，打造一个良好的发展模式，同时也可以降低单一投资带来的风险。

第四节　大数据背景下互联网金融发展的瓶颈、变革与未来前景

一、互联网金融发展的瓶颈

（一）互联网金融专业人才的匮乏

不得不承认，一切问题的本质是人，尤其是在互联网金融领域。平台的工程师、产品体验人才、营销人才等组合在一起决定着其金融产品最终能否被市场认可。互联网金融作为传统金融与互联网思维的交叉结合体，要求平台从业者必须兼备传统金融的专业知识和互联网的思维模式。虽然互联网金融在人员的总体需求量上并不突出，但是其特殊的用人需求导致市场的供给严重不足，空白点较大。

同时，互联网金融虽然是新兴行业，但其本质仍然属于金融。因此，互联网金融行业的核心竞争力来源于两个方面：一是对风险的管控，这主要涉及金融产品的设计、投融资两端的无缝对接、对投资项目的风险审核与控制，这是平台生存的根基与保障。二是在服务形态上采用互联网的思

维模式，更好地为投融资用户提供金融服务，通过差异化经营，避开传统金融机构的直接“火力”。根据岗位的任职条件，互联网金融对其从业者提出了“脚踏两只船”的要求，即既要精通传统金融，又要具有互联网思维。而互联网金融行业的跨越式增长，使市场上互联网金融的劳动力供给不能填补扩张留下来的数量空白，导致互联网金融人才越来越稀缺。

（二）互联网金融企业运营成本越来越高

互联网金融企业越来越高的企业运营成本将阻碍互联网金融的发展，这些成本包括所谓的合规成本、企业品牌营销成本以及企业创新的成本。

首先是合规成本对于互联网金融企业自身而言，其每一个金融产品的发布都必须通过验证。平台必须研发出一套 IT 系统来满足这一需求，而研发的成本也会极高。现在，互联网金融协会要求平台必须通过四家杀毒软件来进行测试，如果购买杀毒软件的成本是由企业自身来承担的话，那么又将是一笔巨额费用。

其次是品牌营销成本。互联网金融企业要想打造一个品牌非常难，尤其是新兴的公司，其在短期内获得用户的认可是非常艰难的。这要求平台必须耗费大量的资金成本来塑造一个品牌，包括请明星代言、在央视投放广告等各种各样的手段。这就是为什么大部分互联网金融平台在发展前期会出现烧钱模式。可见，塑造一个品牌有多难、有多贵。

最后是创新成本。目前互联网金融行业内产品整体趋向于同质化，基本上是今天出现了 P2P 模式，赚钱了，明天就会出现成千上万家 P2P 平台。模仿和跟风似乎成了互联网金融行业的通病。为什么会出现这种情况？一是由于创新风险太大，在监管政策不明晰的时候，创新使企业更容易触碰监管红线。二是由于创新成本太高，尤其是在细分领域里面。在细分领域，创新意味着从头再来，面临着诸多不确定因素，同时也会耗费大量资金，包括研发成本，渠道开发成本等。以过去的第三方支付为例，开拓一项类似的业务，可能会耗费公司几亿元甚至几十亿元的资金，一般企业根本无法承受。

（三）风险管理能力相对不足

支付、存款、贷款、债券投资、权益投资等诸多金融服务中，核心价值是风险管理，实际上银行、证券、保险、基金、信托企业的主要利润来源是作为风险管理专家所获得风险溢价，这种溢价既可能是来自信誉风险的溢价，也可能是来自市场风险的溢价，还可能是来自流动风险的溢价。传统金融企业非常重视风险管理，投入了巨大的资金和资源，建立了比较完善的风险管理体系、系统、制度、流程等基础设施，配备了专业风险管理人才且能对人才进行较好的管理。新兴互联网金融企业目前展现出的风险管理能力是相对不足的，这也使它们在与传统金融行业的竞争中处于劣势，成为其发展的局限和瓶颈。

（四）信息披露不规范

风险控制的前提是风险指标透明化，然而目前针对风险指标来说金融行业缺少一个统一口径，而且互联网平台的计算方法差距较大，行业没有建立对贷款的跟踪评级机制。这样一来，即使监管层硬性要求信息披露，但是由于计算口径不统一，信息披露的有效性也是令人担忧的。

（五）互联网金融机构的业务发展单调化

仅拿 P2P 来说，实际上大多数所谓的 P2P 机构是虚有其表，没有发展潜力的，与传统机构的重点业务比较并没有占上风。而且互联网金融同业竞争越来越激烈，同质化的产品数不胜数，导致互联网金融机构抢夺同一风险喜好的消费群。

二、互联网金融的发展前景展望

互联网金融的创新和积极尝试，对我国金融业的发展产生的重要影响是不可磨灭的，其互联网思维为金融机构找到了发展方向，改变了传统金融的经营模式，金融机构更加注重交互、去中心化、定向精准营销。

从短期来看，鉴于我国利率市场化改革的平稳缓慢步伐和我国传统金融机构思维改革的重构，互联网金融在未来的几年甚至几十年间会成为我国金融业的重要组成部分，对金融业的发展具有重要的理论和实践意义，在一定程度上冲击着传统金融机构的垄断地位。互联网金融目前的繁荣发展很大程度上是因为我国银行存贷款市场的利率没有实现完全的市场化，受到国家的严格监管，这使银行发放的贷款资金的使用成本无法做到自主定价。由于国有和大型企业的风险较低，现有的贷款利率能较好地对这部分风险进行覆盖，然而中小企业存在着经营风险大、可抵押资产少等特质。相应地，其资金使用成本也应该较高，以达到风险与成本匹配，但是商业银行受到利率限制，无法提高贷款利率。随着我国利率市场化的不断推进，互联网金融的此类灵活优势将会消失，传统金融和互联网金融面临更加公平的竞争。

从长期来看，目前开展互联网金融的企业将会优胜劣汰，绝大多数互联网企业会退出金融业，整个金融业将会重新“洗牌”。互联网企业从事金融业、“抢占蛋糕”的优势将会随着传统金融机构的逐渐转型而消失。传统金融机构依托成熟的线下业务并将其和线上经营的结合，最终会替代目前互联网企业所从事的金融活动；互联网企业回归平台业务，集聚的信息流、交易流、资金流将成为金融机构大数据的重要资源。

第四章

大数据背景下互联网金融风险测度理论

第一节　互联网金融风险测度的背景与意义

我国的互联网金融虽然是个“后来者”，但发展却特别迅速。2013 年 6 月，随着“余额宝”悄然上线，国内互联网金融出现了爆发式增长，各式各样的互联网企业、金融机构“宝宝”相继问世，多个大型企业正式涉足金融领域，对传统金融业（如银行、券商、基金、保险等金融机构）的传统业务形成很大冲击。正因如此，该年也被称为“互联网金融元年”。互联网金融正迅速抢占存款、贷款和支付这三大银行核心业务的市场份额，也在一定程度上推动了我国利率市场化和金融创新的步伐。由于大量客户将金融资源转向互联网，以获得高于银行等金融机构提供的投资回报，其所带来的风险也成为社会关注的焦点。

然而，互联网金融在快速发展的同时也不断显现出其弊端、漏洞。阿里巴巴“余额宝”收益率一路下滑，收益率由刚开始上线时的 6%已经下滑到 4%；P2P 平台数量在增加的同时频频出现提现困难、倒闭或“跑路”等现象，在 2012 年仅有 6 家平台出现问题，而 2015 年出现问题的平台达到了 896 家，增加速度呈现几何级数趋势；众筹融资平台的创意作品在展出过程中被侵权的事件时有发生。由于互联网金融企业网站上项目信息披露不完全、投资者过于盲目、征信体系不健全、部分领域存在监管空白等，许多投资者损失较大，人们也逐渐认识到这一行业存在的风险，将互联网金融纳入金融监管体系已十分必要。

随着我国金融市场的改革发展，一些传统银行体系之外的信用中介机构和业务（影子银行）日益活跃，在满足经济社会多层次、多样化金融需求的同时，也暴露出业务不规范、管理不到位和监管套利等问题。2014 年《国务院办公厅关于加强影子银行监管有关问题的通知》首次明确将互联网金融纳入影子银行范畴，目的是让影子银行在阳光下运行，风险可控。这一举措明确了互联网金融作为影子银行的创新性、合理性和积极性，并鼓励将互联网金融数据纳入征信体系建设，为有益的金融创新提供了配套的体系支持。

欧美等发达国家的互联网金融起步较早，而且在众筹融资模式和 P2P 网络借贷模式中还发展了许多较为成功的平台，在全球的相应行业中占据了较大份额。它们一方面积极鼓励互联网金融这一新兴行业发展；另一方面针对这一行业可能存在的风险多方研究，严加防范。其一般做法是在原有的金融系统下，通过补充相应的金融法律法规、形成行业自律组织等方式进行金融监管和风险防范，目前看来这些做法还是比较有效的。

因此，需要对我国互联网金融的具体模式及其风险和监管策略进行深入研究和探讨。

第二节　互联网金融风险类型

互联网金融具备互联网和金融双重属性，其风险既包含传统金融风险，又包含互联网风险，因此，其风险的特点也是既包括传统金融风险的特点，也包括互联网风险的特点。传统金融风险的特点有以下几个方面：首先，其具有客观性，即金融风险的存在不以人的主观意志为转移，且存在于金融活动的全过程；其次，其具有普遍性，即金融风险在整个金融领域内无处不在、无时不有；再次，其具有扩张性，即在时间和空间上金融风险具有较大的传播能力；最后，其具有多样性、可变性，即同种金融风险在不同的时间和空间方位，其内容和程度会有差异。

一、系统性风险

在经济联系日益紧密的今天，系统性风险是各行各业都需要面对的且后果比较严重的风险。随着金融市场脱媒趋势的不断演进，投融资双方可以直接通过互联网金融企业获得资金融通服务，因此，与传统金融业一样，互联网金融也需要注意系统性风险，且互联网金融的系统性风险主要有四个特征：一是对系统或全局功能的破坏，而不仅仅是对某一机构或局部的破坏；二是具有非常强的蔓延性和传染性，一旦发生，便可传导给毫不相干的第三方，造成重大损失；三是具有非常强的负外部性，对整个金融市场甚至实体经济产生负面的溢出效应；四是由于该行业技术领先、业务发展效率高、支付快捷，风险传播速度非常快。

互联网金融的系统性风险的形成途径大致有以下几点：第一，系统中各种风险暴露且相互关联，以致某个特定的冲击便会对全局造成影响；第二，与经济周期具有一定的相关性，由于金融体系与经济周期波动之间存在较为紧密的相互反馈机制，所以这种亲经济周期性容易导致系统性风险；第三，金融市场创新形成的风险，各类金融市场的联动效应增强很可能诱使互联网金融爆发系统性风险。

二、流动性风险

流动性风险是指企业或金融机构无法及时提供足够的资金，或产品在市场上无法及时变现而遭受损失的风险。按照形成原因流动性风险可以划分为两种：一种是融资流动性风险，是指企业或金融机构为了履行其支付义务，影响自身的正常运作或基本财务状况的风险；另一种是市场流动性风险，是指由于遭受市场价格大幅下跌而产生损失的风险。

目前，互联网金融在这方面还面临新的挑战：一是金融产品的创新和复杂化。由于创新的金融产品面市时间不长、历史数据缺乏、信息披露程度和透明度较低、交易欠活跃等，难以全面准确地了解和评估其流动性风险特性。二是支付系统的变革和发展。在原有的支付清算系统的基础上，网上支付和移动支付越来越普遍，网络金融和手机金融等业务逐渐普及，加大了流动性风险管理的难度。三是跨境业务的发展。跨境交易规模的日益增大，可能导致流动性问题在各经济体的经济体系内扩张，为维护本国利益，这些国家很可能进一步限制资金的自由流动。

三、信用风险

信用风险不仅存在于一切信用活动中，而且也存在于一切交易活动中，在互联网金融方面则主要表现为信息不对称风险和道德风险。由于互联网金融的业务活动大多都是在由电子信息构成的虚拟空间中进行，交易双方不需要面对面的接触，只需通过网络便能进行交易，这在给交易双方带来便利的同时也增加了对交易者身份和交易真实性的验证难度，从而导致交易双方在身份认证、信用评级、财务状况等方面的信息不对称的程度加大，进而导致信用风险加剧。就道德风险而言，其也是制约互联网金融发展的重要风险因素，以电商小贷为例，其贷款依托于电商的庞大数据，经过一系列的分析处理，并依据相关结果对贷款人进行自动化处理，这在降低交易成本、提高运作效率和资金周转速度的同时，仍然面临难以克服虚假交易和虚假信用的难题。此外，由于征信体系不完善，难以有效实现信息共享，很容易造成不同体系和不同平台之间的信息套利，这种道德风险给搭建平台的互联网金融模式带来的损失将是巨大的，可见，无论何种道德风险对互联网金融所产生的信用风险都是难以估量的。

四、市场风险

市场风险是指产品价格波动使实际收益、预期收益发生偏离所带来的损失，包括利率风险、汇率风险等。例如，市场利率上升可能导致互联网金融产品投资者所持有的理财产品价值缩水，或借出款项的收益率低于市场利率从而造成收益金额减少；市场利率下降可能使借款人通过其他渠道获得资金以致提前还贷，从而减少贷款人的收益；另外，利率的波动会影响借款者融资的方式，进而导致互联网金融产品年化收益率的变动，从而影响投资者的收益。所谓汇率风险，是指汇率变动的不确定性给参与者带来的不利影响。目前，互联网金融涉及的业务或提供的服务不仅在本国范围内展开，而且在国际上展开，随着互联网金融的不断发展，以后将会有更多的业务跨越国门的界线，在国际上开展相关的互联网金融业务必然会受到汇率波动的干扰。

五、操作风险

操作风险是指企业或机构由于内部控制不健全或失效、人为操作失误或外部事件等造成损失的风险。从上述定义可以看出，所有互联网金融中介和市场的内部程序在任意环节出现的问题以及相关业务人员出现的疏漏，都属于操作风险的范畴。根据风险的来源差异操作风险可以分为内部操作风险、第三方风险和客户操作风险，其中内部操作风险主要来自对互联网金融机构网上银行业务缺乏系统性管理、内控相对滞后，第三方风险主要来自服务提供商风险、互联网金融机构与银行信息技术外包风险。操作风险涵盖的内容广泛，相对于传统金融模式而言，互联网金融的内部程序和系统所带来的操作风险有所上升，而且针对不同模式，又会产生不同形式的操作风险，其所带来的后果可能是非常严重的，甚至是致命的。

六、法律政策风险

法律政策风险是指与互联网金融相关的法律法规不健全甚至缺失，以致在交易过程中出现问题时，无法依据明确的法律规范对其进行处理，从而导致权责不明的风险。法律政策风险主要表现在以下两个方面：一方面，现存的法律法规对电子货币、网上支付等交易和运作过程涵盖的内容不全面。例如，在互联网金融的交易过程中，大多数采取无纸化的交易与支付，倘若电子货币的交易系统和运作过程的法律框架不健全、不完善，则有可能给那些具有合约权利与义务的运营机构带来诸多不良影响；而且因为电子货币是匿名的，单个交易也难以追踪，所以很容易被相关犯罪分子所利用。另一方面，对于互联网金融的新兴业务，如果没有及时出台健全的法律政策对其进行监管，那么很可能出现监管漏洞，这既包括监管主体不明确，又包括运作流程监管缺乏，从而容易引发金融风险。为防止互联网金融的经营主体在法律政策不健全的情况下胡作非为，有必要加强互联网金融方面的法律法规建设，维护互联网金融市场的稳定、高效、持续健康的运行。

七、技术性风险

技术性风险主要是指计算机网络系统的在当前阶段的不足所带来的风险。技术性风险主要表现在以下三个方面：第一，软件、计算机系统、认证系统等存在缺陷，造成相关的技术性风险。例如，在防火墙和防御体系不够强大的情况下，互联网金融软件容易被病毒或其他不法分子攻击，计算机硬件会受到人为、自然破坏等。第二，目前针对互联网金融各种模式的木马程序不断翻新，未经授权的访问，尤其是那些黑客和病毒程序会对互联网金融进行攻击，盗取客户的数据资料，从而使客户的资料安全和经济安全受到威胁。第三，通过伪造交易客户身份，即以盗取合法用户信息的方式，用假冒身份进行金融诈骗，从而产生技术性风险。这种情况一般发生在客户身份认证存在安全漏洞，或客户身份信息在互联网传输过程中安全保密措施不到位，使不法分子趁机伪造身份进行金融欺诈甚至恶意攻击。由此可见，互联网金融的技术性风险所带来的危害是不言而喻的，可能直接造成客户无可挽回的巨额经济损失，与普通互联网平台的技术性风险存在巨大差异。因此，在目前某些互联网金融模式准入门槛较低的情况下，应该对互联网金融的技术性风险管理予以高度重视。

八、货币政策风险

货币政策风险是指创新业务会衍生出一系列问题，且缺乏有效监管和应对措施，进而导致货币政策实施不能充分发挥作用，存在一定风险。主要表现形式有以下几种：第一，互联网金融的创新业务会影响市场主体的交易行为，进而通过利率等变量影响货币政策的传导机制。例如，当中央银行实行紧缩的货币政策时，受贷款限制的厂商或行业可以通过网络借贷的方式获得急需资金，从而在一定程度上削弱了货币政策的信贷传导渠道；再如，互联网金融的交易成本大大降低，使越来越多的中小投资者直接投资于资本市场，这在一定程度上影响了货币政策的财富效应传导渠道。第二，市场主体的现金需求和交易审慎性需求会改变现金存款比率和超额准备金需求，导致货币乘数扩张，对货币政策造成困扰。第三，虚拟电子货币的发行，尚未纳入广义货币供应量（M2）和社会融资总量的范畴，易导致货币供应量被低估。

可见，互联网金融给货币政策带来的风险是不可小觑的，通过多种途径和方式对货币政策造成影响，且作用机理较为复杂，因此对互联网金融的货币政策风险进行防范具有较大难度。

九、长尾风险

互联网金融拓展了交易可能性边界，服务了大量不被传统金融覆盖的人群（长尾特征），因而具有不同于传统金融的风险特征。第一，互联网金融服务人群的金融知识、风险识别和承担能力相对欠缺，属于金融领域的弱势群体，容易遭受误导、欺诈等不公正待遇。第二，互联网金融服务人群的投资额小而分散，作为个体的他们监督互联网金融机构的成本远高于收益，所以“搭便车”问题更突出，从而导致针对互联网金融的市场纪律更容易失效。第三，个体非理性和集体非理性更容易出现。第四，一旦互联网金融出现风险，从涉及人数上衡量（涉及金额可能不大），对社会的负外部性更大。鉴于互联网金融的长尾风险，强制性的、以专业知识为基础的、持续的金融监管不可或缺，而对金融消费者的保护尤为重要。

第三节　互联网金融风险测度的统计基础

伴随着金融风险度量方法的不断涌现，金融市场参与者遇到了如何衡量各种测度方法的优劣并对其进行选择的难题，学者对风险度量的公理化标准的研究也就应运而生。同时，风险测度是金融风险管理的核心，而风险测度又是风险度量的基础。随着金融市场的迅速发展，金融产品复杂性的增加，金融工程的不断发展，金融风险测度也越来越趋于综合化和复杂化。本节将对金融风险测度的 3 个公理化标准以及现有的主要金融风险测度理论进行阐述。

一、金融风险度量的公理化标准

市场参与者和风险管理者在选择投资产品时的目的和角度不同，这就需要多样化的风险测度函数来满足其需求。那么，基于多样化的风险测度，本节介绍了现有的金融风险测度的 3 个公理化标准：一致性风险度量、凸性风险度量、动态风险度量。

（一）基本性质

Pollatsek A. 、Tversky A. N. 早在 1970 年就从公理化角度对风险测度进行了研究。此外，国外学者 Edirisinghe N. 、Uppal（1993），Artzner 等（1999），Follmer H. 和 Leukert P. （1998）对此也做了许多杰出的工作。目前最新的进展主要是 Ramsay（1994）提出的风险度量应满足的基本性质，Artzner 等（1999）提出的一致性风险度量，Follmer 和 Schied（2002）提出的凸性风险度量，以及 Rosazza（2004）提出的动态风险度量。

定义1：令 Ω 为特定的情景集合，如果风险用概率空间上的有限实随机变量 $X: \Omega \to R$ 来表示，G 是所有风险的集合：$G = \{\Omega \to R\}$，$t \in [0, T]$，那么风险测度 $\rho(X)$ 就是风险集 G 到 R 上的一个映射。

$$\rho: X(t) \to R$$

即 $\rho(X)$ 就是投资组合的风险度量值。

Ramsay 于 1994 年在论文中讨论了在保险领域风险度量的性质，提出了 5 条风险度量的公理化要求：

第一，当且仅当 $\rho(X)=0$ 时 X 无风险。

第二，对 $\forall X \geqslant 0$，有 $\rho(X) \geqslant 0$。

第三，如果 X、Y 相互独立，则 $\rho(X+Y) \leqslant \rho(X) + \rho(Y)$。

第四，$\rho(X+a) = \rho(X)$，$a \geqslant 0$ 为常数。

这表明增加现金投入不能降低风险。在现实生活中，如果在原有资产基础上增加无风险的头寸，资产组合的风险必定会随着无风险头寸的增加而减小，显然这个要求与事实不符。

第五，$\rho(X)$ 只依赖于 X。

（二）一致性风险度量

Artzner 等于 1999 年在保险领域给出了作为衡量资本准备金要求的一致风险度量（Coherent Risk Measure）的定义。

定义2：如果 ρ 满足以下 4 条公理，映射 $\rho: X \to R$ 称为一致性风险度量。

1. 单调性

若一个资产组合在任何可能出现的情况下都优于另外一个资产组合，那么这个交易组合的风险相比而言就较小，即若 $X \leqslant Y$，则 $\rho(X) \geqslant \rho(Y)$。

2. 正齐次性

如果一个资产组合内含资产品种和相对比例不变，但内含数量增至原

数量的 λ 倍，资产组合的风险也变为原来的 λ 倍。正齐次性间接表明相同资产构成的组合无法实现风险分散效益，即 $\forall \lambda \geq 0$，有 $\rho(\lambda X)=\lambda\rho(X)$。

3. 平移不变性

若在原有资产组合中再投资 c 数量的无风险产品或现金，那么资产组合的风险测度值 ρ(X) 也应减少 c，即∀实数 c，有 $\rho(X+c)=\rho(X)-c$。

4. 次可加性

两个资产组合合并成一个新资产组合的风险测度值 ρ（X）小于或等于最初两个资产组合的风险测度值的和，即组合投资可以降低风险，表达式为 $\rho(X+Y) \leq \rho(X)+\rho(Y)$。

（三）凸性风险度量

Follmer 和 Schied 指出在实际中这种线性变化关系往往不成立，风险头寸的变化对风险测度的影响往往是非线性的，因而，Follmer 和 Schied（2002）提出了较弱的凸性风险度量的定义。

定义 3：如果 ρ 满足以下 3 条公理，映射 $\rho: X \rightarrow R$ 称为凸性风险度量。

第一，单调性：若 $X \leq Y$，则 $\rho(X) \geq \rho(Y)$。

第二，平移不变性：∀实数 c，有 $\rho(X+c)=\rho(X)-c$。

第三，凸性：$\forall \lambda \in [0, 1]$，$\rho(\lambda X+(1-\lambda)Y) \leq \lambda\rho(X)+(1-\lambda)\rho(Y)$。

如果凸性风险度量同时满足正齐次性公理，那么此凸风险度量也是一个一致性风险度量。

（四）动态风险度量

一致性风险度量和凸性风险度量都属于静态风险度量理论，只考虑了某一时点上的信息，但金融市场瞬息万变，只有将动态信息纳入度量模型，才能根据金融市场的动向实时掌握风险的动态，为市场监管者提供更为有力的风险监管工具。Rosazza 在我国著名学者彭实戈教授等建立的g-期望的基础上对动态风险测度度量方法进行了研究，并提出了如下概念。

令 Ω 表示样本空间，$(\Gamma_t)_{t\in[0.T]}$ 表示金融市场的动态信息（信息流），X 表示一个有序的局部凸拓扑向量空间，它能够展现我们要度量的金融头寸的一些特性。当样本空间 Ω 是 n 维时，$X=R^n$。符号 L^0（Ω，Γ_t，P）表示样本概率空间（Ω，Γ_t，P）上的所有随机变量组成的空间，所有实值、Γ_T-可测和 P-可积的随机变量，也就是说这些金融头寸到 T 时刻是确定的。研究金融头寸 X 从初始时刻 0 到 T 时刻的风险，我们用 ρ_t（X）表示在任意时刻 t>0 金融头寸 X 的风险。

定义 4：映射 $(\rho_t)_{t\in[0.T]}$ 称为动态风险度量，满足以下 3 条性质：

第一，ρ_t：$\Theta\to L^0$（Ω，Γ_t，P），对于任意的 $t\in[0.T]$；

第二，ρ_0 是静态风险度量；

第三，$\rho_t(X)=-X$，P-a. s.，对于任意的 $X\in\Theta$。

在实际操作过程中，动态风险度量 $(\rho_t)_{t\in[0.T]}$ 还具有下列（部分）性质：

（1）动态单调性：若 $X\leqslant Y$，则 P-a. s.，$\rho_t(X)\geqslant\rho_t(Y)$，$\forall t\in[0,T]$。

（2）动态平移不变性：对任意的 X，$\eta\in\Theta$，若 η 是 Γ_T-可测的，则：

$$\rho_t(X+\eta)=\rho_t(X)-\eta$$

（3）动态次可加性：对任意的 X，$Y\in\Theta$，

$$\rho_t(X+Y)\leqslant\rho_t(X)+\rho_t(Y),\quad\forall t\in[0,T]$$

（4）动态正齐次性：对任意的 $\lambda\geqslant 0$ 和 $X\in\Theta$，

$$\rho_t(\lambda X)=\lambda\rho_t(X),\quad\forall t\in[0,T]$$

（5）动态不变性：对任意的 $c\in i$，$\rho_t(c)=-c$，$\forall t\in[0,T]$。

（6）动态标准化：$\rho_t(1)=-1=-\rho_t(-1)$，$\forall t\in[0,T]$。

（7）凸性：对于 $t\in[0,T]$，ρ_t 是凸的。

定义 5：满足公理（1）、公理（2）、公理（3）和公理（4）的动态风险度量 $(\rho_t)_{t\in[0.T]}$ 称为动态一致风险度量。

定义 6：满足公理（1）、公理（2）、公理（7）和$\rho_t(0)=0$的动态风险度量$(\rho_t)_{t\in[0,T]}$称为动态凸风险度量。

动态风险度量标准的提出为金融风险的计量提供了新的方向，引发了学者们在资产动态性下对风险度量的研究。

二、金融风险测度理论与方法

（一）VaR 族测度

1. VaR 测度

20 世纪 90 年代初，金融创新不断加剧，金融衍生品的种类增多，金融产品的构成日益复杂，已有风险测度方法越来越难以满足投资者和金融监管机构的需求。同时，全球金融灾难不断发生，无论是监管机构还是金融机构，都迫切需要一种可以量化风险的工具。1994 年 J. P. Mogan 的风险测度正是在此背景下提出的。巴塞尔监管部门也曾在 2001 年规定采用方法作为风险管理的重要手段。

（1）VaR 测度的描述。某一资产 X 的 VaR 是：某一置信水平下（一般取 95%或 99%），资产在未来某一段时间内可能发生的最大损失。若假定一个投资组合，测算出其在一年内 95%置信水平下的 VaR 值为 100 万美元，那么我们可以认为，该投资组合在一年内每天由于价格变动所引起的损失有 95%的可能低于 100 万美元。

由定义可知，计算 VaR 的前提是对持有期和置信水平进行选取。其中，置信水平也就是概率条件，由投资者设定，它反映投资者对风险的厌恶程度，即置信水平越高，投资者对风险的厌恶程度越强；相反，置信水平越低，投资者对风险的厌恶程度越弱。在实际估计市场风险时，持有期通常可以设置为 1 周、10 天或 1 个月等，而置信水平一般设置为 95%或 99%。巴塞尔委员会对金融机构计算 VaR 测度的要求是 10 天持有期和 99%的置信水平，以及至少一年的历史数据观察期。

（2）VaR 测度的计算方法。VaR 测度的计算方法分为参数法和非参数法。其中，参数法中最典型的为方差—协方差法。非参数法有两种：一是历史模拟法，二是蒙特卡罗模拟法。这三种方法均得到了巴塞尔委员会和各国监管机构的认可。

第一，参数法。该方法事先假定资产组合、资产头寸或风险因子的收益率服从特定的分布，然后通过历史数据分析和估计收益分布的参数值来求得 VaR 值。常见的分布形式有正态分布、对数正态分布、T 分布、对数 T 分布、偏态 T 分布以及韦布分布、极值分布等。在使用参数法估计测度时，我们需要首先确定损益分布的具体参数形式，这也直接影响着最终的风险度量结果。在选取这些分布以及参数模型时，我们需要通过样本数据分布的特征（均值、方差等）来进行选择。

对于参数估计方法，值得肯定的是，当分布的选择正确、适当且可信时该方法是相当合适的，但是这一条件在现实中是很难达到的，且随着样本容量的变化其估计效果也有待检验；更进一步地，当样本数据发生变化时（如对不同的机构数据进行分析）原来的参数方法或许就不再适用了，也就是说使用参数法会存在模型风险。

参数法中最为经典的方差—协方差法就是假设样本的收益率序列服从正态分布，然后根据样本数据估计数在给定置信度下的均值与方差，就可以计算出相应的测度值。

第二，历史模拟法。相比较而言，历史模拟法是计算 VaR 测度最简单直观的方法，也比较常用。它与样本收益率的分布无关，只依赖于过去时间段内的样本收益率的频率分布。

第三，蒙特卡罗模拟法。蒙特卡罗模拟法就是通过模拟来逼近样本的真实分布，具体是指通过不断随机产生一系列与模拟样本具有类似统计特性的数据，来模拟未来风险因素的变化。

从某种意义上讲，蒙特卡罗模拟法的出现，既在一定程度上克服了历史模拟法的不足，又保留了全值模型的优点，成为目前进行金融市场风险 VaR 测量的最有力工具。其基本思想是，某个随机变量的真实分布是未知的，为此先建立一个简单且便于实现的概率模型或随机过程，然后按此随机过程反复进行抽样模拟试验，并对试验结果加以分析，最终获得随机变量真实分布的估计。

2. 族测度

由于 VaR 不满足次可加性，学者们开始了探索新测度来对其进行改进。1999 年 Rockafellar 与 Uryasev 提出了 VaR 的修正方法——CVaR 测度。其定义为在一定的置信水平下，损失超过 VaR 测度值的条件均值。CVaR 测度优于 VaR 测度，首先，CVaR 测度是尾部损失的期望值，考虑到了所有大于 VaR 的损失值。其次，CVaR 测度满足次可加性，是一致性风险度量。

（二）失真风险测度

Yaari 提出了风险选择对偶理论，在此基础上 Wang（1996）定义了一个风险度量族，即失真风险度量。

失真风险测度是在一定的失真函数基础上通过一定变换而得到的一类新的风险测度，定义如下：设 g 是一个失真函数（也称变换函数），满足 g：[0，1]→［0，1］是一个非减函数，且 g（0）=0，g（1）=1。则 $F^*(X)=g[F(X)]$ 定义了一个新的概率分布函数。如果变换函数 g 是一个连续的严格单调的函数，那么 $F^*(X)$ 和 F（X）是等价概率测度。失真风险测度的风险度量指标 ρ（X）表示为

$$\rho(X)=E^*(X)=-\int_{-\infty}^{0}g[F(X)]dx+\int_{0}^{+\infty}\{1-g[F(X)]\}dx$$

若令 $g(u)=\begin{cases}0, & u<\alpha\\ 1, & u\geqslant\alpha\end{cases}$，则失真风险测度模型变为 VaR 测度模型；令

$g(u)=\begin{cases}0, & u<\alpha\\ \dfrac{u-\alpha}{1-\alpha}, & u\geqslant\alpha\end{cases}$，此时模型变为 CVaR 测度模型。

由上述两个例子可知，失真风险测度模型包含了 VaR 测度模型和 CVaR 测度模型。所以说，失真风险测度模型是一类适用范围较广的风险

度量模型，更具有一般性，它考虑到了投资者不同的风险厌恶程度对风险度量的影响，投资者可以根据自己对待风险的态度来选择适当的失真函数。

（三）谱风险测度

在现实生活中，投资者的风险偏好不尽相同，因此在构造风险测度时，必须将投资者的风险偏好考虑进去，这样风险测试才更实用，谱风险测度就满足了这样的要求。

1. 谱风险测度数学描述

Acerbi 于 2002 年首次给出了谱风险测度的概念，并且在此基础上指出谱风险测度满足单调性、平移不变性、正齐次性和次可加性四条公理性质，是一致性风险度量。其定义如下。

若 $\varphi(p)$ 是 $(0, 1]$ 上可积的实函数，若满足

（1）规范性：$\varphi(p) \geq 0, \ \forall p \in (0, 1]$；

（2）单调性：若 $p_1 \leq p_2 \Rightarrow \varphi(p_1) \leq \varphi(p_2)$；

（3）正则性：$\int_0^1 \varphi(p)\,dp = 1$。

则称 $M_\varphi(X) = -\int_0^1 X_P \varphi(p)\,dp$ 为谱风险测度。

其中，$\varphi(p)$ 表示风险谱函数或风险厌恶函数，代表投资者对风险的厌恶程度。当 $\varphi(p)$ 满足规范性、单调性和正则性时，$\varphi(p)$ 称为可容许风险谱。X_P 表示样本数据分布函数的逆函数，可以用 $F_X^{-1}(p)$ 来表示，即数据分布函数的分位数，那么谱风险测度的计算公式也可以表示为 $M_\varphi(X) = -\int_0^1 F_X^{-1}(p)\varphi(p)\,dp$，也就是分位数的期望值，即 $E[-F_X^{-1}(p)]$。

若样本数据分布函数是离散型时，谱风险定义为

$$M_\varphi^{(n)}(X) = -\sum_{i=1}^{n} X_{[i]} \varphi_i$$

其中，φ_i 表示风险谱函数或风险厌恶函数，代表投资者对风险的厌恶程度。X 表示一个包含 n 个损益值的样本，$X_{[i]}$ 表示将样本数据按从小到

大排列后排在第 i 位的损益，即$X_{[1]} \leqslant X_{[2]} \cdots \leqslant X_{[j]} \cdots \leqslant X_{[i]}$，那么谱风险也就是损益的加权平均。

2. 风险谱函数

常用的风险谱函数主要有以下三种：

（1）指数风险谱函数。

$$\varphi_r(p) = \frac{e^{-(1-p)/\gamma}}{\gamma\ (1-e^{-1/\gamma})}$$

其中，γ 为风险厌恶参数，$\gamma \in (0, \infty)$，p 为累积概率。指数风险谱函数的离散形式为

$$\varphi_r = \frac{e^{-\gamma\left(1-\frac{i}{N}\right)}}{\sum_i e^{-\gamma\left(1-\frac{i}{N}\right)}}$$

其中，N 为样本个数。

（2）幂风险谱函数。

$$\varphi_r(p) = (1-\gamma)\ (1-p)^{-\gamma}$$

其中，γ 为风险厌恶参数，$\gamma \in (0, 1)$，p 为累积概率。幂风险谱函数的离散形式为

$$\varphi_r = \frac{\left(1-\frac{i}{N}\right)^{-\gamma}}{\sum_i \left(1-\frac{i}{N}\right)^{-\gamma}}$$

其中，N 为样本个数。

（3）双曲型风险谱函数。

$$\varphi_r(p) = \frac{1}{\frac{1-p}{1-\gamma} + \frac{\alpha}{1-\gamma} \cdot \frac{1}{e^{\frac{1}{1-\gamma}}-1}}$$

其中，γ 为风险厌恶参数，$\gamma \in (0, 1)$，p 为累积概率，$p \in [0, \alpha]$，$1-\alpha$为置信水平，也就是说当置信水平取 0.99 时，$\alpha=0.01$；当置信水平取 0.95 时，$\alpha=0.05$。

双曲型风险谱函数的离散形式为

$$\varphi_i = \frac{1}{\left(\sum_{i=1}^{N} \frac{1}{\frac{1}{1-\gamma}\left(1-\frac{i}{N}\right)+\frac{b}{a}}\right)\left(\frac{1}{1-\gamma}\left(1-\frac{i}{N}\right)+\frac{b}{a}\right)}$$

其中，N 为样本个数，$\frac{b}{a}=\frac{\alpha}{1-\gamma} \cdot \frac{1}{e^{\frac{1}{1-\gamma}}-1}$。

3. 极值谱风险测度

在衡量市场风险方面，VaR 测度主要存在以下两点不足：一是 VaR 风险测度的前提条件是置信水平的选取，而对置信水平选取标准的分歧比较大；二是 VaR 风险测度通常假设投资者是风险中性或无风险偏好的，这个假设与市场中投资者的态度不符，故用极值谱风险测度来衡量金融市场风险更为合适。

在谱风险的选取中，选取了指数风险谱函数，在此基础上，构造的极值谱风险测度模型为

$$M_{\varphi}(X) = -\int_0^1 X_P \varphi(p)\,dp = \int_0^1 \frac{e^{-\frac{1-p}{\gamma}}}{\gamma(1-e^{-\frac{1}{\gamma}})}\left[u+\frac{\delta}{\xi}\left\{\left(\frac{n}{N_u}p\right)^{-\xi}-1\right\}\right]dp$$

其中，u 为阈值，ξ 为形状参数，δ 为尺寸参数，n 为样本总个数，N_u 为超过阈值 u 的样本个数，p 为置信水平。

（四）信息熵测度

信息熵原本是热力学中表征系统能量分布均匀程度或系统内部粒子无序程度的一个物理学基本概念，20 世纪 40 年代信息论之父 Shannon 将其引入了信息论的范畴并取名为信息熵，用以度量信源的平均信息量。从此信

息熵也被引入了衡量风险的行列当中，学术界也开始了研究的热潮。

1. 信息熵数学描述

信息熵建立在信息量的基础之上，下面先介绍信息量的概念。信息论中的信息量是衡量信息多少的物理量。由于各随机事件发生的概率不同，它们所包含的不确定性也不同。

设离散型随机变量 X，

$p(X=x_i)=p_i$，$0\leqslant p_i\leqslant 1$（$i=1$，2，…，n），$\sum_{i=1}^{n}p_i=1$，$x_i$的信息量函数为

$$\varphi(p_i)=\ln p_i$$

单位为 nat（奈特），则该离散概率事件 X 的信息熵为

$$H=-k\sum_{i=1}^{n}p_i\ln p_i$$

其中，k 是一个取决于度量单位的正常数，且定义：$0\ln 0=0$。

设连续性随机变量 X，其概率密度函数为 f（x），则该连续概率事件 X 的信息熵为

$$H=-\int f(x)\ln[f(x)]dx$$

2. 信息熵的基本性质

（1）非负性。

$$H\geqslant 0$$

由于 $0\leqslant p_i\leqslant 1$（$i=1$，2，…，n），则$\ln p_i\leqslant 0$，故 $H=-k\sum_{i=1}^{n}p_i\ln p_i\geqslant 0$。

（2）对称性。

$$H(p_1, p_2, \cdots, p_n)=H(p_1, p_2, \cdots, p_i, \cdots, p_j, \cdots p_n)$$
$$=H(p_1, p_2, \cdots, p_j, \cdots, p_i, \cdots p_n)$$

信息熵 H 只与随机变量的概率分布$(p_1, p_2, \cdots, p_n)$有关，与p_i的次

序无关。

（3）确定性。若 X（X_1，X_2，…，X_n）中任何一事件产生的概率为 1，则其他事件产生的概率为 0，这是一种确定的系统，不存在不确定性，即

$$H(p_1, p_2, \cdots, p_n) = H(1, 0, \cdots, 0) = 0$$

（4）极值性。对于一定的 n，信息熵 H 在随机变量等概率分布下最大，即

$$H(p_1, p_2, \cdots, p_n) \leqslant H\left(\frac{1}{n}, \frac{1}{n}, \cdots, \frac{1}{n}\right) = \ln n$$

也就是对于给定的 n，信息熵的分布具有单峰性，有且只有一个极值。

（5）凸性。熵函数是随机变量 X 的概率分布 $F=(p_1, p_2, \cdots, p_n)$ 上的凸函数。即对于 $\forall p^{(i)}$，$p^{(i)} \in P$，存在 $\theta \in [0, 1]$ 使以下式子成立：

$$\theta H(p^{(i)}) + (1-\theta) H(p^{(i)}) \leqslant H[\theta p^{(i)} + (1-\theta) p^{(i)}]$$

3. 信息熵的计算方法

信息熵作为一种新的度量不确定性的测度方法，引发了学术界的研究热潮，学者们将其应用扩展到不同的领域，产生了最大熵、相对最小熵和信息熵—标准差模型等计算方法，使不同金融系统之间的比较成为可能。

（1）最大熵法。Jaynes（1957）提出一种观点：在只掌握部分信息的情况下对分布做出推断时，应取符合约束条件但熵值最大的概率分布，这就是最大熵原理，它是解决非适定问题的一种不偏不倚的选择。

该原理的数学表示如下：

$$\max H(x) = -\sum_{i=1}^{N} p_i \ln p_i$$

$$\text{s.t.} \sum_{i=1}^{N} p_i(X_i) f_r(X_i) = E(f_r), \quad r = 1, 2, \cdots, m$$

$$\sum_{i=1}^{N} p_i = 1, \ p_i \geqslant 0, \ i = 1, 2, \cdots, n$$

其中，$P=(p_1, p_2, \cdots, p_N)$ 为待确定的随机变量的概率分布，称为服从最大熵原理的分布。$E(f_r)$，$i=1, 2, \cdots, m$ 为各种约束条件（如样本的 r 阶原点矩、中心矩等已知参数）。

（2）相对最小熵法。在 Jaynes 提出最大熵原理不久后，Kullback（1959）建立了最小相对熵原理，该原理阐述了这样一个事实：在满足已知信息约束条件下，与已知分布最接近或尽可能“靠近”的概率分布，是使两个分布相对熵取得最小值的分布。该规划问题的数学表述如下：

$$\max H(P, Q) = -\sum_{i=1}^{N} p_i \ln \frac{p_i}{q_i}$$

$$\text{s. t.} \sum_{i=1}^{N} p_i(X_i) f_r(X_i) = E(f_r), \ r = 1, 2, \cdots, m$$

$$\sum_{i=1}^{N} p_i = 1, \ p_i \geqslant 0, \ i = 1, 2, \cdots, n$$

其中，$P=(p_1, p_2, \cdots, p_N)$ 为待确定的随机变量的概率分布，$Q=(q_1, q_2, \cdots, q_N)$ 为已知的概率分布，$E(f_r)$，$i=1, 2, \cdots, m$ 为各种约束条件（如样本的期望、方差）。

（3）信息熵—标准差模型法。基于对信息熵和方差比较，学者们认为用方差度量风险时只反映了与均值的偏离程度，而无法确定风险在整体事件中的情况，信息熵却可以从整体出发对风险进行度量，因此，信息熵可以作为方差的有效补充，进而提出了信息熵—标准差模型。

此方法的数学模型为

$$R(X) = \lambda H_X(\theta) + (1-\lambda) S_X(\theta)$$

其中，$R(X)$ 表示资产组合 X 的风险，$H_X(\theta)$ 表示该资产组合在状态 θ 的信息熵，$S_X(\theta)$ 表示该资产组合的标准差。λ 为常数，是决策者的风险偏好系数，$0<\lambda\leqslant 1$。$1/2<\lambda\leqslant 1$ 表示投资者偏好风险；$0<\lambda<1/2$ 表示投资者规避风险；当 $\lambda=1/2$ 时，决策者风险中立。

因此，该模型从投资者出发，不仅考虑了资产组合价值偏离预期引起的风险，即标准差，还从整体角度考虑了不确定引起的风险，即信息熵。

（五）剩余熵测度

1. 剩余熵测度的数学描述

信息熵测度函数只是概率分布率（概率密度函数）的函数，和随机变量的取值无关，这导致它在解决一些实际问题时表现出一些缺陷。M. Rao 等在 2004 年给出了一种新的信息度量——累积剩余熵。

其定义是，设 X 是一个 N 维的随机实向量，即 $X \in R^n$，那么 X 的累积剩余熵为

$$S(X) = -R^n \int P\ (|X|>\lambda)\ \log P\ (|X|>\lambda)\ d\lambda$$

其中，$X=(X_1,\ X_2,\ \cdots,\ X_n)$，$\lambda=(\lambda_1,\ \lambda_2,\ \cdots,\ \lambda_n)$，且 $|X|>\lambda$ 意思是 $|X_i|>\lambda_i$。

在此基础上，我国学者在《度量尾部风险的剩余熵模型》一文中提出了度量尾部风险的剩余熵模型，其定义是，设 X 是一维非负随机变量，有

$$S(X) = -\int_{-\infty}^{+\infty}\int\ F\ (-X)\ \log F\ (-X)\ dx$$

其中，$F(-X) = 1 - F\ (X)$，是向下累积分布函数或者称尾分布，F（X）是 X 的累积分布函数，即用 $S(X) = -\int_{-\infty}^{+\infty}\int\ F\ (-X)\ \log F\ (-X)\ dx$ 来度量风险变量的尾部风险。剩余熵模型不仅包含了概率的信息，还包含了随机变量取值的信息，克服了熵是概率函数的缺点。

2. 剩余熵测度的计算方法

关于剩余熵测度的计算分两种情况。

（1）如果已知随机变量 X 的概率分布，那么只需按定义计算其剩余熵。

（2）如果随机变量 X 的分布形式未知，设X_1，X_2，…，X_n是独立同

分布随机变量，分布函数为 F（X）。随机变量X_1，X_2，…，X_n的 n 个样本的经验分布函数为F_N（X）。

$F_N(X)=\frac{1}{n}\sum_{i=1}^{n}I_{\{X_i\leq x\}}$，$X\in R$，$G_n(X)=1-F_n(X)$，不失一般性，设 $X_{(1)}\leq X_{(2)}\leq\cdots$，$X_{(n)}$为 n 个样本的次序统计量，其中，$X_{(0)}$表示随机变量积分的左端点，则剩余熵为

$$S(X)=S(F_n(X))=-\int_{-\infty}^{+\infty}G_n(X)\log G_n(X)dx$$

$$=-\sum_{i=1}^{n}\left(\frac{n-i}{n}\right)\log\left(\frac{n-i}{n}\right)(X_{i+1}-X_i)$$

第四节　互联网金融风险测度方法与模型

尽管相较于传统金融，互联网金融具有低成本、高流动性、高收益等众多优势，但其仍面临着一些不容忽视的风险。如今，防范互联网金融风险的呼声已日益强烈。然而，防范互联网金融风险的前提在于对互联网金融风险进行度量。

一、系统性风险测度模型

假设系统包含 N 家金融机构，机构 i 在 t 时刻的收益率为$r_{i,t}$，用 ω 表示机构 i 的市场份额，t 时刻的市场收益率用$r_{m,t}$（m 指市场）表示，那么

$$r_{m,t}=\sum_{i=1}^{N}\omega_i r_{i,t}$$

其中，ω_i表示机构 i 的市场份额。

（一）边际期望损失（MES）

Acharya 等（2010）将系统的条件期望损失（ES）定义为

$$ES_{m,t-1}(C)=E_{t-1}(r_{m,t}\mid r_{m,t}<C)=\sum_{i=1}^{N}\omega_i E_{t-1}(r_{i,t}\mid r_{m,t}<C)$$

这是在市场收益率$r_{m,t}$低于临界值 C 的条件下市场的期望收益率。在此基础上，又定义金融机构 i 的边际期望损失（MES）为机构 i 对系统性风险的边际贡献，即

$$MES_{i,t-1}(C)=\frac{\partial ES_{m,t-1}(C)}{\partial \omega_i}=E_{t-1}(r_{i,t}\mid r_{m,t}<C)$$

这是系统 ES 关于机构 i 的市场份额ω_i求偏导数。

（二）条件在险价值（CoVaR）

Adrian 和 Brunnermeier（2011）提出，用金融系统的 CoVaR 来测量系统性风险，且以一些机构处于财务困境状态为“条件”。通常，金融机构 i 在 q 分位数上的在险价值（Value at Risk，VaR）由下式来测定：

$$P_r(r_i\leqslant VaR_q^i)=q$$

其中，r_i表示金融机构 i 的资产收益率，VaR_q^i是负数。

在事件 $\{r_i=VaR_q^i\}$ 发生的条件下，即机构 i 的资产收益率等于它的在险价值时，定义金融机构 j（或整个金融系统）的条件在险价值为 $Co\ VaR_q^{j/i}$，则

$$P_r(r_i\leqslant Co\ VaR_q^{j/i}\mid r_i=VaR_q^i)=q$$

定义单个金融机构对系统性风险的贡献为两个不同条件下金融系统 VaR 之差，这两个条件分别为金融机构处在财务困境状态和平均状态。机构 i 对机构 j 的风险贡献为

$$\Delta Co\ VaR_q^{j/i}=Co\ VaR_q^{j/i}-Co\ VaR_{50\%}^{j/i}$$

其中，$Co\ VaR_{50\%}^{j/i}$表示当机构 i 处于平均状态时机构 j 的条件 VaR。特别地，若 j=系统，可省略上标 j，即 $Co\ VaR_q^i$表示金融机构 i 处于财务困境

状态和处于平均状态分别对应的金融系统条件 VaR 之间的差额。因此，$\Delta CoVaR_q^i$度量了单个机构 i 对整个系统性风险的贡献。

二、信用风险度量模型类别

目前国际上运用较多的现代信用风险度量模型大多是银行出于自身风险管理的需要开发出来的，目前业界比较流行的信用风险管理模型有以下四种：J. P. 摩根的信用度量术模型（Credit Metrics）、KMV 公司的 KMV 模型、瑞士信贷银行的信用风险附加法模型（Credit Risk+）、麦肯锡公司的宏观模拟模型（Credit Portfolio View）。

（一）Credit Metrics 模型

Credit Metrics 模型是 J. P. 摩根在 1997 年 4 月推出的，是第一个用于度量资产组合信用风险的模型。该模型运用的是一种“自下而上”的方法，这种方法表明，信用风险是通过转移矩阵中债券评级的变化而引起的。在 Credit Metrics 模型中，信用质量是通过一个不可观察的“潜在变量”来衡量的，这个潜在变量可以理解为债务人资产的价值，当债务人资产价值低于某一个水平的时候，假定该债务人处于违约状态。因此，Credit Metrics 模型包括三个类型的随机变量，即股票价值、资产价值、违约指标。步骤如下：

1. 按金融工具来度量风险敞口的大小

这一步从使用者的组合出发，按照其风险暴露来分解所有金融工具，并且估计在目标日期市场波动对期望风险敞口的影响。所涵盖的金融工具范围包括债券、贷款、互换、应收票据、商业约定和信用证。

2. 个别违约风险的分布

这个步骤给每种金融工具指定某一特定的信用评级。信用事件被定义为包括违约的信用评级变化，这种信用评级变化可以通过信用评级变化概率矩阵得到，因此违约概率的变动是离散的。发生信用事件以后，金融工具根据每一信用级别的信用价差来定价，在发生违约的情况下，回收率的分布根据不同历史水平的历史数据得到。我们从一种初始评级为 BBB 级的债券或其他信用工具出发，在给定的时间范围内，其信用评级可能在八种新的取值间变化，其中包括违约。

3. 违约事件之间的相关性

违约事件之间的相关性由资产价格间的相关性推出。个体会受到宏观因素的影响，因此我们可以将个体的相关性转换为宏观因素的相关性，毕竟宏观因素的相关性比较容易得到。利用因子分析方法，将每个债务人指定为属于某个行业或地区。利用包含 152 个国家行业指数，28 个国家指数和 19 个世界行业指数的数据库来计算共同风险因子的共同变化，由此推断出相关性。Credit Metrics 模型利用模拟过程可以得到联合资产的价值，这些资产价值间的相关性是预先给定的，并且服从多元标准正态分布。每一个模拟结果都为每个债务人指定其信用级别和其发行债券的价值，这样计算的结果就得到了这一信用组合的整体价值和一年时间范围内的信用损失分布。这些模拟过程也可用于计算违约事件间的相关系数。因为相对于信用等级变化而言，违约发生的频率要低得多，而违约的相关性一般比资产价值间的相关性弱得多。

（二）KMV 模型

穆迪公司推出的 KMV 模型提供了对将近 30000 个全球公众公司的预计违约频率（EDFs）的预测，其所使用的许多技术被视为专利且不进行公开。对一家上市公司而言，公司的资产价值等于负债加上所有者权益。假设公司资产价值为 V，其中负债为 D，需要在时间 T 后偿还。如果在时间 T 后，公司的资产价值 V 大于 D，公司便有能力归还负债 D，股东获得剩余权益 V-D；如果在时间 T 后，公司的价值 V 小于 D，公司不能全额归还负债 D，于是产生违约，相应的股东也无法得到收益。因此，莫顿模型将公司的股权价值 E（即 V-D）看作以公司资产价值为标的资产，执行价格为公司债务价值，到期时间为债务期限的看涨期权：

$$E=c(V, D, r, \sigma_v, \tau)=\max(V-D, 0)$$

其中，V 为公司的资产价值，D 为公司的负债价值，r 为无风险收益率，σ_v为公司资产价值的波动率，τ 为到期时间。

KMV 模型则是对莫顿模型的具体运用。实际中，KMV 模型将临界值 D 定义为所有短期债务（小于一年）的价值加上 1/2 表内长期负债的价值。KMV 模型以资产当前价值与其边界点的差额为基础计算出标准化的违约距离（DD）。例如，假设 V = ＄100，D = ＄80，并且σ_v = ＄10，对违约的差额进行标准化之后得到

$$DD = Z = \frac{V - D}{\sigma_v} = \frac{\$100 - \$80}{\$10} = 2$$

可以利用违约距离这个信息来披露公司的预计违约频率（EDF），或者违约概率。如果我们假定正态分布的收益，标准正态变量 Z 取值低于-2 的概率约为 2.3%。因此违约频率 EDF = 0.023。KMV 模型通过对债券发行人资产负债价值的分析推算出债券的违约概率，从而使我们有可能得到一个公司债信用利差的合理值。首先，根据债务人债权价值和股权价值的变动算出资产价值收益率。其次，将收益率与一系列的宏观因素指标、国家和产业指标做回归。最后，利用因素模型得到代表债务人资产价值的联合随机变量，之后再次利用产业标准化正态 copula 函数进行度量。

（三）Credit Risk+模型

Credit Risk+模型是瑞士信用公司于 1997 年 10 月公布的。该模型运用保险学框架推导出债券或贷款组合的损失分布，是在纯粹的精算统计方法的基础上建立起来的。Credit Risk+模型属于违约模式的模型，而非市值计价模型，模型中只考虑两种事件状态——违约或者不违约，不考虑信用等级。Credit Risk+模型最大的优点是相对简单。该模型借鉴保险小概率事件的数学方法，推导出债券和贷款组合损失概率的分布形式，计算较为简便。Credit Risk+模型只考虑每一个评级上的违约概率，可以将内部和外部的评级信息结合使用。但是 Credit Risk+模型和 Credit Metrics 模

型有类似的缺点，即在模型中假设没有市场风险，还忽略了信用评级的变化。并且，Credit Risk+模型不涉及期权与外汇互换等产品的信用风险的度量。

（四）Credit Portfolio View 模型

Credit Portfolio View 模型（CPV）是由麦肯锡公司于 1997 年发表的，是多因素模型。它在 GDP 增长率、失业率、政府支出等宏观经济因素一定的情况下，模拟了违约的联合条件分布以及每个国家不同行业各种级别客户的转移概率。Credit Portfolio View 模型将违约概率、转移概率和经济状况结合起来，具体表现为，当宏观经济条件变好时，违约和降级的概率会减少，当宏观经济条件恶化时，违约和降级的概率会增加。因此，T 时刻的违约率P_t是由一系列反映不同国家和行业的宏观经济变量X_k加总的线性函数y_t来决定的。违约率与y_t的函数关系就是所谓的 Logit 模型，保证了这一概率总是处在 0 和 1 之间。

$$P_t = 1/[1+\exp(y_t)] \qquad y_t = \alpha + \sum \beta^k X_t^k$$

传统的模型一般都是单期、单因素模型，Credit Portfolio View 模型可以扩展到多期，违约率可以看作许多期的违约率。每一个债务人都被划分到某一国家、行业和信用等级部分，这个模型的计算基于不同国家的经济条件来进行，甚至可以基于不同国家的行业来进行，从而有更大的适应性。

三、其他风险管理测度方法

（一）流动性风险的测度方法

随着市场微观结构理论的发展，对流动性风险的研究也越来越细致深入。Schwartz 指出，流动性的影响因素未被充分理解，并不存在一个科学操作的、普遍接受的流动性衡量方法。银行流动性似乎是极为简单的一个概念，但是对其的衡量则绝不是易事。在流动性的研究过程中，流动性风险的衡量方法发展日趋多元化。常用的流动性风险衡量方法包括静态指标衡量法、动态指标衡量法和计量方法，其中由于计量方法为 VaR 模型已在本章第三节介绍，此处不再赘述。

1. 静态指标衡量方法

银行资产的流动性可以通过静态指标衡量法比较直观地进行反映，主要包括以下静态指标：

（1）贷款对存款的比例，即贷款总额除以存款总额，表示银行能够通过存款来支持其发放贷款的业务的程度，这也是静态指标中最常用到的衡量指标。该指标数值越大，表明银行单位存款支持发放的贷款越多，银行流动性资金越少，即流动性风险越大。

（2）活期存款与定期存款的比例，该指标反映的是商业银行存款结构特征。一般来说，活期存款有随时被取现的可能，因此准备金的比率要求也较高。活期存款比定期存款的流动性低一些，如果活期存款所占比重较大，那么存款相对比较不稳定，流动性风险相对较高。

（3）现金和存放同业占总资产的比例，该指标反映银行不需要其他信用业务支持就可以应对资金的抽离与退出的能力。该指标数值越大，表明银行的资产组合越具有流动性，应对资金退出的能力越强，抗风险能力越强。

（4）核心存款占总资产的比例，核心存款主要指存款余额中较为稳定的那部分，对利率不敏感且不受经济环境或季节趋势影响的存款。该指标数值越大，表明银行筹资数量越大，相对而言流动性压力越小，也表示银行应对到期负债的能力越强。

（5）（不稳定资金-流动资产）/（资产总额-流动资产），该指标用以度量银行使用不稳定借款资金来支持经营资金需求的程度，衡量银行应对资金抽离的偿还能力，该指标数值越大，表示银行不稳定的筹资数量越大，存款的周转量越大，这可能会增加流动性压力。

（6）缺口比例，是指利率敏感性资产与利率敏感性负债之比，该指标等于 1 时，资产和负债的投资组合完全匹配。该指标大于 1 时，负债持续期间短于资产持续期间，出现了正缺口，当利率上升时，收益增加，流动性增加，当利率下降时，收益减少，流动性减少，风险加大。该指标小于 1 时，负债持续期间长于资产持续期间，出现负缺口，当利率上升时，收益减少，流动性减小，风险加大；反之亦然。

2. 动态指标衡量方法

流动性的动态衡量方法将更多的流动性影响因素考虑其中，银行资金的动态管理主要有缺口管理和现金流量分析等。动态流动性指标为银行流动性管理提供了良好的参考依据，也是银行业务经营与管理必不可少的环节。

（1）净流动性头寸。净流动性头寸主要指银行流动性供给和需求的差额。当净流动性头寸为正时，银行的流动性比较充足，相应地，流动性风险较低，当净流动性头寸为负时，流动性不足，流动性风险相对比较高。因此，银行可以通过对净流动性头寸的监测来加强流动性的缓冲管理，以应对未来预期的赤字或者紧急情况。

（2）流动性缺口。流动性缺口是指流动性资产与易变性负债的差额。当流动性缺口为负时，流动性资产超出易变性负债，银行的流动性比较充足，相应地，流动性风险比较低；当流动性缺口为正时，流动性资产低于易变性负债，银行的流动性不足，流动性风险比较高。

（3）融资缺口。融资缺口是指预测的资金总需要量与预测的稳定资金来源之间的差额。融资缺口反映的是不稳定融资，可以测量银行使用现金或者现金等价物来偿还债务的程度，以解决资本在非常短的时间内抽离的情况。当融资缺口较大时，不稳定融资占比较大，银行债务即刻偿还的保障较低，流动性风险也就比较高。

（4）现金流量分析。现金流量分析是一种具有较强的实用性的流动性管理方法。同时，现金流量分为实际的现金流量和潜在的现金流量。流动性风险可以表示为现金流入减去现金流出，如果流动性风险小于零，那么净融资需求额大于有效流动性，需要补充流动性；如果该指标大于零，那么净融资需求额小于有效流动性，存在流动性缓冲。

（二）市场风险的测度方法

以主流金融理论为依据，已有的金融市场风险测度方法和指标在理论研究和实际运用中都得到了广泛的认可。目前，经常使用的市场风险测度方法（指标）大致可以分为相对测度和绝对测度两种类型。

1. 市场风险的相对测度方法、指标

市场风险的相对测度主要是测量市场因素（如利率、汇率、股价以及商品价格等）的波动与金融资产价格（收益）变化之间的敏感性关系。

目前最常用的风险相对测度指标主要包括：针对债券等利率性金融产品的久期（Duration）和凸性（Convexity）指标；针对股票的 Beta 值；针对金融衍生产品的 Delta、Theta、Gamma、Vega 和 Rho 指标等（见表 4-1）。

表 4-1 市场风险相对测度指标及其含义

指标	含　　义
Duration	债券价格对利率变化的敏感程度
Convexity	Duration 本身对利率变化的敏感程度
DV01	利率水平变化 0.01 个百分点，而导致的债券价格的变化程度
Beta	股票价格相对于市场指数变化的敏感程度
Delta	衍生产品的价格相对于其标的资产价格变化的敏感程度
Gamma	Delta 本身相对于其标的资产价格变化的敏感程度
Vega	衍生产品的价格相对于其波动率（Volatility）变化的敏感程度
Theta	衍生产品的价格相对于距其到期日时间长度变化的敏感程度
Rho	衍生产品的价格对利率水平变化的敏感程度

2. 市场风险的绝对测度方法、指标

市场风险的绝对测度主要是测度金融资产价格（收益率）波动的绝对

幅度大小。目前最常用的市场风险绝对测度指标是由 Markowitz 提出的方差（Variance）风险测度指标。Markowitz 在著名的《金融学杂志》（Journal of Finance）上，首次提出了“风险为投资收益的波动性或不确定性”的概念，并利用金融收益率的方差或标准差（Standard Deviation）来度量其风险大小，同时在此基础上建立了相应的资产组合选择模型（Portfolio Selection Model）。随后，为了区别对待正的收益波动和负的收益波动对风险的贡献，Markowitz 又提出了只考虑负收益波动的半方差（Semi-variance）风险测度指标。在 Markowitz 之后，一些学者也提出了很多市场风险的测度理论和方法，其中比较有代表性的如下：Bawa 和 Fishburn 提出了用资产收益概率分布左尾部的某种“矩”（Moment）来度量风险大小的下偏矩方法（Lower Partial Moments，LPM）；Simaan 提出了用收益与其均值差值的绝对值来测度风险大小的绝对离差指标（Absolute Deviation）；Young 提出了用在一定观测期间内金融资产收益（价格）的最大值和最小值偏差来度量风险大小的极大极小值指标（Minimax）；等等。

然而，方法最大的优点在于其对市场风险度量的综合性，它可以把由于不同市场因素波动所引起的不同种类市场风险集合成一个单一的数值。国际清算银行的银行业监督管理巴塞尔委员会（Basle Committee）也推荐各国的金融监管机构使用 Var 模型所估计的市场风险来确定银行以及其他金融机构的资本充足率。

第五章

大数据背景下互联网金融的发展模式、风险防范及测度研究

第一节　第三方支付

一、第三方支付概况

随着互联网及电子商务应用的快速普及，第三方支付行业迅速崛起，在支付体系中扮演着重要角色。第三方支付对以银行为主导的传统支付体系带来了冲击，引起了监管部门的关注。

（一）第三方支付的概念及原理

2005 年瑞士达沃斯世界经济论坛上，阿里巴巴集团 CEO 马云第一次提出了“第三方支付”的概念，并做出了相关的阐释，指明了第三方支付产业将在未来国民经济中发挥着重要作用，会重塑国家支付体系，深刻改变消费者的传统消费购物理念与行为习惯。随着淘宝、京东等电子商务平台的迅猛发展以及网上购物理念深入人心，O2O 模式开始深刻地左右着未

来我国商业模式的发展路径。同时，以支付宝、财付通等为代表的第三方支付产业迅速崛起，通过在商户和个人用户之间构建一个便捷支付的桥梁——第三方支付账户，一方面可以解决跨行、跨地的支付问题；另一方面也能够通过信用中介的方式保证交易安全。随着这种互联网支付公司的发展，“第三方支付”这个名词开始出现并为社会逐渐认知和接受。关于第三方支付机构的概念可以从广义和狭义两个方面进行分析。广义上的第三方支付机构是指在收付款人之间扮演中介角色，提供网络支付、预付卡发行与受理、银行卡收单、部分或全部货币转移服务及中国人民银行规定的其他服务的非金融机构；狭义上的第三方支付机构是指独立于电子商务商户和银行，通过与各家商业银行签订协议，使其与商业银行之间可以进行某种形式的数据交换和相关信息确认，最终实现商户与消费者之间交易资金划拨的中介机构。

2010 年，中国人民银行颁布实施了《非金融机构支付服务管理办法》，第一次从国家层面上给予了第三方支付业务模式真正意义上的法律地位，系统性地解决了第三方支付机构在交易支付结算过程中扮演的角色以及权责的所属等问题。鉴于我国在第三方支付行业在准入机制方面实行前置审批制度，2011 年中国人民银行开始向符合政策规定的第三方支付机构颁发非金融机构支付业务许可证（以下简称第三方支付牌照），第三方支付行业的内涵因此有了进一步的外延与深化。第三方支付机构的业务范围涵盖了在收付款人之间提供的预付卡发行与受理、银行卡收单、网络支付以及央行指定的其他支付服务等。由此，资金转移、支付、结算等服务模式开始取代传统业务模式成为此类企业新的业务核心与增长点。第三方支付服务也可以理解为一种基于信用的支付托管服务，其运作实质是在交易双方之间搭建资金流转过渡的平台，实现资金流动与商品交易的完美匹配，这凸显了第三方支付在业务流程设计方面的人性化考虑，即在商品获得消费者认可之前，资金人为地停留在第三方支付平台，商家无法获得交易所得，这也从侧面激励商家为消费者提供更加优质的产品与服务。第三方支付机构独特的架构模式以及资金与商品分离的流程设计，不仅提高了电子商务的交易便捷度，更降低了“信息不对称”可能带来的交易欺诈风险，成为支付行业健康发展的强大保障。

（二）第三方支付的特点

可以看到，第三方支付具有显著的特点：第一，第三方支付平台提供一系列的应用接口程序，将多种银行卡支付方式整合到一个界面上，负责交易结算中与银行的对接，使网上购物更加快捷、便利。消费者和商家不需要在不同的银行开设不同的账户，帮助消费者降低了网上购物的成本，帮助商家降低了运营成本。

第二，与 SSL、SET 等支付协议相比，利用第三方支付平台进行支付操作更加简单且易于接受。SSL 是现在应用比较广泛的安全协议，在 SSL 中只需要验证商家的身份。SET 协议是目前基于信用卡支付系统发展比较成熟的技术。但在 SET 中，各方的身份都需要通过 CA 进行认证，程序复杂、手续繁多，速度慢且实现成本高。有了第三方支付平台，商家和客户之间的交涉由第三方来完成，使网上交易变得更加简单。

第三，第三方支付平台本身依附于大型的门户网站，且以与其合作的银行的信用作为信用依托，因此第三方支付平台能够较好地突破网上交易中的信用问题，有利于推动电子商务的快速发展。第三方支付平台运用先进的信息技术，对接用户的同时分别与各家银行进行对接，将资金转移的过程变得简单化、安全化，提高了企业的资金使用效率。

（三）第三方支付的运营模式及步骤

从发展路径和用户的积累过程来看，第三方支付企业的运营模式可划分为两大类：一类是以支付宝、财付通为首的依托于自有 B2C、C2C 电子商务网站提供担保功能的第三方支付模式；另一类则是以快钱、汇付天下等为典型代表的独立第三方支付模式。

1. 依托交易平台的担保支付模式

依托交易平台的担保支付模式，是指第三方支付平台依托大型的电子商务网站，并和各个银行建立合作关系，以公司的实力及信誉充当买卖双方的支付和信用中介，在用户和商家之间搭建低成本、安全、快捷的资金划拨通道。该类支付模式中，用户在电商平台选购商品并使用第三方支付平台提供的账户进行支付，货款暂由支付平台托管，平台会通知商户货款到达并要求发货。用户收货并确认没问题后，告知支付平台付款给商家，此时支付平台再将货款划拨至卖方账户，如果买家不确认收货而是退货的话，那么货款直接返还给买家。此模式的实质是第三方支付平台充当了买卖双方的信用中介，在买家没收到商品时，货款暂时由支付平台代为保管，防止欺骗和拒付等行为出现。由于拥有了完整的电子交易平台和庞大的网络客户，该类第三方支付的业务以线上支付为主，并占据了线上第三方支付的较大市场份额。最具代表的企业便是基于淘宝网和天猫商城的支付宝，以及基于拍拍网的财付通，它们的业务规模达到了线上支付的80%左右。

2. 独立的第三方支付模式

独立的第三方支付模式，是指第三方支付平台独立于任何电子商务网站，它不提供担保功能，只是为客户提供支付服务和支付系统解决方案。这类平台前端联系着各种支付方式供网上消费者与商户选择，平台的后端则连接着众多的银行，支付平台负责与银行进行账户清算。独立的第三方支付平台本质上是起到支付网关的作用，但又不同于最初的纯网关类型公司，因为它们开设了虚拟账户，可以收集所服务的商家的信息，除了给客户提供基本的支付结算功能之外，还可以衍生一些相关的增值服务。这种独立的模式主要以快钱、银联、汇付天下、易宝支付、拉卡拉等企业为典型代表。

独立的第三方支付模式交易流程如下：第一步，买家挑选好商品并下订单；第二步，选择一家合适的第三方支付机构并进入银行的支付界面；第三步，第三方支付机构把支付请求传递给银行，银行再根据买家的账户余额执行支付行为；第四步，第三方支付机构把支付结果传递回卖家那里，卖家得知付款后提供相应的服务和货物。

3. 两种模式对比

担保模式的第三方支付平台立足于C（个人）端，而独立的第三方支付平台立足于B（企业）端，前者凭借庞大的用户资源优势渗入行业，后者则通过服务企业客户间接服务客户的用户群体。它们虽然产生背景不同，走了相反的路线，但各有各的优势。独立第三方支付公司的规模显然无法与担保模式的第三方支付公司相比，但是它在保险理财、航空旅游等应用领域表现出了独特的竞争力。无论是支付宝、财付通，还是快钱、易宝支付，它们的盈利模式都比较相似，收入来源主要有交易手续费、行业解决方案收入以及沉淀资金的利息收入，不过沉淀资金的利息收入所占比重较小。

两种类型支付平台的“虚拟账户”的价值都是非常重要的，账户所提供的用户信息、支付信息以及交易信息，是支付平台开展增值服务的基础，而增值服务必然是第三方支付未来发展的重要盈利点。对所有的第三方支付平台来说，扩展平台的用户群以及不断开拓其市场是其谋求发展的必然选择。在发展的过程中，第三方支付平台都在不断探索增值服务，它们的业务范围已经从支付结算领域拓展到资金融通领域，并产生了较大的影响力。第三方支付平台借助对历史交易数据的挖掘，不仅可以分析出用户的消费行为和偏好，还可以对用户进行信用评级。第三方支付平台的金融化趋势日渐明显，并向传统金融发起了有力的冲击。

二、第三方支付发展现状

伴随着互联网支付业务的高速增长，全球第三方支付行业正步入多元化发展的“快车道”。一方面，全球第三方支付交易量增长迅速；另一方面，移动互联技术的发展和智能手机的普及促进了移动支付的迅猛增长，相关创新日新月异。第三方支付最早起源于发达国家，其发展以美国最为成熟，欧盟、澳大利亚等国的发展也各具特色。近年来，随着移动互联网时代的来临，各国的第三方支付企业不断向新的领域拓展，通过发展移动支付进军线下支付领域，产品研发及运营推广步伐不断加快。同时，谷歌、苹果等行业巨头也看好支付领域特别是移动支付的发展潜力，逐渐对传统银行业务形成冲击。国外第三方支付业务在市场中的占有率虽然不高，但渗透力很强，其中主要的非现金支付工具是签名借记卡和卡组织的信用卡。由于整体信用环境较好并且采取无磁无密的交易方式，国外的卡组织模式能够顺利将银行卡支付迁移到互联网交易渠道中。第三方支付企业与卡组织合作，不断开拓新的业务领域，金融危机之后，人们信用消费习惯有所改变，借记卡成为重要的支付工具，率先实施全球化战略的第三方支付企业凭借其优势占据整个市场的主导地位。另外在业务类型方面，第三方支付也已经延伸到了学费、公共事业费、房租等各类账单支付，并在整个业务量中所占的比例不断提升。总体来说，第三方支付市场在国外的发展可分为两个阶段：一是个人电商市场（C2C）起源、壮大、成熟的阶段；二是不断向垂直化、外部专业化电商网站深入拓展的阶段。

第三方支付最早起源于美国，其发展也以美国最具代表性。在美国，目前网络第三方支付业务被视为货币转移的一种业务，第三方支付机构被视为支付中介人与客户的代理人，按照客户指示对客户的资金进行划转，尽管其采用了先进的交易方式，但本质上仍是传统货币服务的延伸。因此，美国没有把第三方支付机构当作一种新型的机构进行专项的立法监管，而只是从货币服务业务的角度，在联邦和州两个层面对第三方支付机构进行监管。美国的 PayPal 是全球规模最大的支付企业，业务覆盖了互联网支付、移动远程支付、近场支付、店内支付、预付卡等，范围广、创新多。

近年来欧洲地区电子商务增长快速，但欧洲各国电子商务的发展程度不一，瑞典、丹麦、芬兰和挪威等北欧国家处于领先发展地位，英国、德国、法国和其他中欧国家发展居中，意大利、希腊等南欧国家相对滞后。欧盟通过对支付媒介的规定实现对第三方支付公司的监管。任何公司都要在获得银行执照或者电子货币公司执照后，通过商业银行货币或者电子货币这两种媒介开展支付业务。欧盟具体制定颁布了《电子货币指引》《电子签名共同框架指引》和《电子货币机构指引》三部“指引”，规定只有传统信用机构和受监管的新型电子货币机构在同时满足在央行存有大量资金和取得相关金融部门颁发的营业执照这两个条件后才能有权力发行电子货币。同时，三部“指引”也能对电子货币机构的大部分电子支付工具，包括支付网关及虚拟账户等起到规范作用。

在亚洲地区，日本的第三方支付行业领先发展，新加坡、韩国、印度等紧跟其后。日本电子商务能够快速发展不仅源于其企业间纽带关系，也因其具有完善的基础设施。一方面，日本企业在长期经营中形成了以大企业为核心、中小企业群围绕的共生体系，大企业凭借雄厚的资本和技术积极推进电子商务，同时也带动着大批中小企业与其一并发展；另一方面，日本传统的零售配送系统成功解决了电子商务配送和支付问题。这些为日本第三方支付产业发展创造了良好条件。新加坡电子商务的发展中政府发挥了积极作用，尤其在对中小企业的支持方面发挥了重要作用。印度等国近年来第三方支付产业发展迅速，不成熟的网上支付系统以及买卖双方的信用问题依旧是制约其发展的重要原因。在对第三方支付机构的监管方面，亚洲国家起步普遍较晚。1988 年新加坡领先其他亚洲国家，率先颁布了《电子签名法》，对第三方支付作出监管规定。亚洲其他国家和地区对于第三方支付机构的监管尚处于探索阶段。

目前，我国第三方支付正处于监管加强和行业突围的阶段，现阶段第三方支付的发展呈现出以下几个方面的特点：

（一）市场参与者众多，规模发展较快

据统计，截至 2015 年，中国已经有 290 家企业法人持有第三方支付牌照，其中，外资背景的有 5 家，获得网络支付牌照的 113 家。越来越多的第三方支付产品的出现使第三方支付行业的竞争日益激烈。第三方支付的交易数据在 2010 年达到了 10105 亿元，这意味着 2010 年第三方支付就已经突破了万亿元大关。2014 年第三方交易规模达到 80767 亿元。可以预见，随着电子商务涉及的业务范围越来越广泛，未来第三方支付的交易规模仍将不断扩大。

（二）市场集中度较高，盈利主要依靠手续费收入、沉淀资金利息

从第三方支付市场的份额看，少数几个行业龙头，如支付宝、财付通占有大部分的市场份额，同时还存在进一步集中化的趋势。依托于第三方支付的企业（包括支付宝、快钱、财付通及贝宝等企业）也正在快速成长，其盈利主要依靠手续费收入和沉淀资金利息。

（三）移动支付交易规模暴增，移动互联网支付占比快速提升

从支付技术看，近年来远程移动互联网支付在整体移动支付中的占比快速提升，2013 年占比高达 93.1%。由于移动支付是一个更加开放的市场，市场应用渗透度低，目前还没有出现垄断者和成熟的商业应用模式。此外，移动支付本身也可能具有许多创新模式，如基于微信平台的移动支付、二维码支付等，从而创新出更多的应用场景。可以预见，移动支付将成为未来第三方支付创新和爆发性增长的重要领域，其未来的前景和影响可能成为颠覆传统支付模式的主导模式。

（四）支付服务不断深入，与金融的深度合作成为新的业务增长点

随着信息技术的进步，第三方支付不仅是一个网络购物的支付工具，而且成为一种重要的金融服务创新模式。第三方支付服务范围正在不断扩大，目前第三方支付企业已开始与基金、证券、保险等传统金融企业合作，业务逐步扩展到基金支付服务、供应链金融服务、资产管理服务、外汇结算服务等领域。通过个人消费的购买记录及信用评价等不同于传统信息的手机模式，第三方支付企业能够获取更多、更加完善的个人信用信息。在此基础上，第三方支付企业拓宽服务，发展小额信贷（如京东白条等），为互联网信贷挖掘融资来源。互联网金融的发展为第三方支付企业带来了新的发展前景。

（五）创新层出不穷

随着我国电子支付产业深入发展，为突出自身的核心竞争力，追求差异化发展道路，第三方支付企业纷纷进行创新，使第三方支付创新得到迅猛发展。目前，第三方支付行业的创新主要朝着两个方面发展：一方面是更注重工具的通用性，面向用户需求，提供大众需要的更好的通用服务解决方案；另一方面是追求细分市场创新，争取从行业或是客户群的特点提供最优的服务解决方案。例如，随着团购网站的发展，越来越多的第三方支付企业争取与团购网站合作。

三、第三方支付对金融业的影响

非金融机构运营的第三方支付业务已成为了金融服务业的重要组成部分，弥补了传统银行服务的空白，提高了社会资金的使用效率。第三方支付业务的发展壮大给银行业带来了一定冲击，也为基金公司、保险业带来了新机遇。随着第三方支付机构沿着支付迈向融资，其将进一步推动金融脱媒，挑战传统金融服务的方式方法，改变金融业内各方的地位和力量对比。第三方支付对金融业的影响不仅仅是将信息技术嫁接到金融服务上，推动金融业务格局和服务理念的变化，更重要的是完善了整个社会的金融功能。

（一）促进金融行业服务变革

第三方支付客观上成为金融行业电子化的助推剂，强化了金融业务重视客户体验的服务理念，使金融业的服务水平整体上升。第三方支付出现的原因很简单，就是为了解决个人和企业跨行、跨地域转账时流程繁琐和到账时间长的问题。虽然银行已推出了网银，但其在支付结算领域的垄断地位及同业竞争问题，使其没有动力联合起来推出多银行账户即时结算的平台。第三方支付的成功在于发掘了市场需求，并将需求和新技术、新模式相结合，在以电子支付形式满足人们支付需求的同时，改变了人们办理金融业务的习惯。随着第三方支付的规模和影响力不断发展壮大以及电子支付普及率的上升，传统金融机构猛然觉醒，开始加速向电子化变革。国内各家商业银行纷纷依靠先进的计算机网络技术积极开展金融创新，相继推出覆盖网上银行、电话银行、手机银行、自助终端以及 ATM、POS 机等多渠道的电子银行综合服务体系。由第三方支付引发的金融业变革正在加速，传统银行业正在向“互联网银行”迈进。这种金融电子化的核心和最终目的是围绕互联网时代客户的金融服务需求，以先进的信息技术优化金融业务流程，创新金融产品，为客户带来高效、满意的服务。而这也正是第三方支付迅速能够赢得市场的根本原因。

（二）蚕食银行中间业务

第三方支付平台既是支付中介，又是金融产品的新兴营销渠道，它们正在蚕食银行的中间业务，使金融业务的格局发生变化。从收付款、转账汇款、机票代购到电费与保险代缴、手机话费缴纳等结算和支付服务，客户都能通过第三方支付来解决。起初第三方支付企业所针对的客户以及所提供的服务主要集中于互联网支付，并且在很大程度上是银行不愿意做或者做起来性价比不高的业务。如今，第三方支付企业不断创新突围，不仅扩大支付的应用场景，而且创新支付模式。移动支付、POS 机等第三方支付已不局限于网上支付。网购、航空、游戏等传统的互联网支付细分市场已被第三方支付企业瓜分殆尽，基金、教育、跨境支付等支付市场成为新兴的掘金领域。这一切都表明以“免费”和“便捷”吸引用户的第三方支付机构的存在，在弥补银行网点不足的同时，也正在使商业银行的支付中介功能逐渐弱化。如果说支付宝的出现意味着第三方支付机构对银行传统支付业务发起冲击，那么余额宝的出现则进一步表明第三方支付机构剑指理财市场。基金公司也看到了第三方支付平台的营销潜力，开始争相与第三方支付平台合作。支付宝通过推出余额宝这一基金直销推广平台，彻底打通了互联网和理财的分界线。另外，第三方支付企业与基金公司基于直销渠道的联合，有望打破银行渠道独大的局面。第三方支付的触角还伸到了保险业，但远不如基金市场这么火爆，是待开发的领域，第三方支付与保险的合作蕴藏着无限可能。随着第三方支付平台走向支付流程的前端，并逐步涉及基金、保险等金融业务，第三方支付将使原有的金融业务格局发生重组，第三方支付机构可能承担更多的传统银行的中间业务，小额、零碎、对灵活性要求高的业务成为其主攻方向。

（三）开创新的融资方式

第三方支付以开展个人信用支付和企业信用贷款的方式切入融资领域，引领金融系统进入依据用户支付信息进行金融服务的新时代。越来越多的第三方支付机构开始从支付概念领域进入对风控体系要求更高的金融领域之中，第三方支付机构的金融属性日益显现。第三方支付机构提供的融资服务，不需要小企业提供大量的资产抵押，并且能够实现跨产业链的资金融合，在缓解中小企业融资难方面发挥了重要作用。现在看来，支付公司开展融资业务是一个自然而然、水到渠成的过程。这种金融业务的开展基于精准的客户信息，贯穿着互联网创新精神，与传统金融机构的授信基础全然不同，也正因如此，第三方支付被称为互联网金融的源头。金融业竞争的本质就是信息战争，掌握一切有关资金流动和信用变化的信息，才能找到低风险的机会。第三方支付平台在运营支付业务的过程中，对客户和交易信息进行了积累，这成为其日后向其金融领域渗透的重要基础。第三方支付企业积累的大量行业客户和个人用户的资料和交易行为信息，在数据规模和质量上要优于银行的支付流水以及信用卡还款记录等数据，而且单家企业的数据集中度很高，也可辐射多个行业。通过信息技术对数据加以整合分析，评价客户和用户的信用等级，提供信用融资。第三方支付进行的金融创新，让金融机构意识到传统的信贷审核方法已渐渐难以维持其主导地位，借助信息技术实现远程、非现场的审核是大势所趋；在信贷资源配置上，整个金融行业开始向小微企业和个人消费信用倾斜，突破了曾经的信用贷款难题。

总体来看，第三方支付对金融业的影响是积极的、正面的，推动了金融行业的服务质量上升，提高了资金利用效率，加速了金融业和信息技术的融合。但短期来看，第三方支付对银行业也会有一定的冲击，这主要是源于两者部分业务的重叠性。第三方支付平台与商业银行的关系由最初的完全合作逐步转向了竞争与合作并存。支付公司将信息技术与支付清算服务结合，弥补了传统商业银行的支付清算服务在资金处理效率、信息流整合等方面的不足。然而，第三方支付机构从结算、融资业务两条线介入银行业的传统领地，倒逼商业银行改革现有的服务模式。但是，第三方支付机构不会对银行造成致命的威胁，两者还有更多的合作空间。一方面，银行出于增加存款等方面的考虑，会争取第三方支付机构的备付金；同时，第三方支付机构掌握了商户的资金流水，便可以审定一个授信额度，将银行资金对接给商户，第三方支付机构还与银行的零售银行部、金融市场部、投行部展开合作，尝试开展融资中介类业务，以获取主营业务之外的收益。另一方面，银行是第三方支付机构的资金托管方，也是第三方支付机构的资金来源。而且，银行是中国金融体系无可置疑的主角，不管从支付市场的份额来看，还是从融资业务的规模和对象来看，第三方支付机构对银行的影响也是有限的。

四、第三方支付风险分析与测度

（一）第三方支付风险分析

1．法律风险

通常意义上讲，法律风险是指没有任何法律调整，或者适用现有法律不明确造成的风险。第三方支付面临的法律风险主要有以下几个方面：

（1）主体资格和经营范围的风险。从第三方支付平台的性质来说，它可以被看作虚拟的商业银行，因为平台提供服务时聚集了大量的用户资金或者发行了大量的电子货币，客观上已经具备了某些银行的特征。但是我国《商业银行法》第二条规定：“商业银行是依法设立的吸收公众存款、发放贷款、办理结算等业务的企业法人。”而第三方支付吸收用户资金并不能被看作吸收存款，发放贷款更是无从谈起，它不具有法律规定的银行主体资格，因此不能将第三方支付平台当成是商业银行，更不能以监管商业银行的标准来要求第三方支付企业。央行2010年6月颁布的《非金融机构支付管理办法》明确将第三方支付平台定位为非金融机构，对其监管、准入条件的设置标准均低于商业银行，以利于第三方支付产业的发展。这导致第三方支付存在一定的监管漏洞，如沉淀资金使用混乱，从而形成资金安全隐患，并可能引发支付风险和道德风险。

（2）交易隐蔽性可能造成的犯罪风险。由于网络的隐蔽性和便利性，通过网络进行经济犯罪的情形越来越多，如进行洗钱等金融犯罪、用信用卡或第三方支付平台进行套现。第三方支付平台的发展和监管上的漏洞使犯罪分子得以用第三方支付平台进行金融犯罪。我国法律中虽然把信用卡恶意透支规定为违法行为，但这里的“恶意透支”并非由道德规范所评判，而被法律规定为，持卡人以非法占有为目的，超过规定限额或规定期限。并且经发卡银行催收无效的透支行为。由此可见，就信用卡套现的方法而言，大多数支付宝套现并不具备所规定的“超过规定限额或规定期限”与“经发卡银行催收无效”，完全规避了法律规定。恰恰相反，由于套现者及时还钱，还提高了个人“信誉”。因此对于支付宝套现的人来说，他们只是利用了制度的漏洞，并不违反国家法律，而只是违反道德与网上交易习惯而已。支付平台的网络违法犯罪活动不断出现，其造成的危害甚至金融风险也令人担忧。第三方支付平台很难辨别资金的真实来源和去向，使利用第三方平台进行资金的非法转移、洗钱、贿赂、诈骗、赌博以及逃税漏税等活动有了可乘之机。第三方支付可能成为某些人通过制造虚假交易来实现资金非法转移套现以及洗钱等违法犯罪活动的工具。

2. 技术操作风险

技术操作风险可以解释为由于外部事件或内部程序、系统和人员的失效而产生的风险。许多第三方企业规模较小，内部治理结构不健全，因而很容易产生技术操作风险。大多数第三方支付企业都产生于互联网，必须依靠互联网技术，但是在实践中，出现软硬件故障等各种技术和运营风险在所难免，需要不断地进行日常维护、软件升级、设备更新等来适应实际变化的需要。操作风险分为内外部欺诈风险，客户产品与商业行为风险，经营中断与系统错误风险，雇员行为与工作场所风险、物理资产破坏风险。

（二）第三方支付风险测度

在度量第三方支付各类风险时，主要采用 Logistic 回归模型、极值理论等方法。冷德军等以我国商业银行的年度数据为基础，使用回归模型实证分析得出：流动性、国家等风险及存贷因子、货币因子对现代支付体系风险有重要的影响；梁淑怡在度量风险方面运用极值方法，所得出的风险值比运用传统 VAR 模型得到的风险值更符合实际风险的大小，且正常情况下使用极值方法将会稍微高估实际风险值，而使用传统 VAR 则会低估实际风险值，对比而言，在风险防范时，风险准备多一点总比准备不足好得多；方艳杰对第三方支付平台的影响因素进行论证之后，回归分析各个因素对感知风险的影响程度，再根据论证结果提出一些相关的建议；李医群认为第三方支付市场还处在发展初期，面临诸多风险问题，尤其是新增的与计算机有关的操作风险，其运用现代金融风险测量技术度量在线第三方支付风险，应用极值理论建立相应的评价模型，并进行实证分析。

五、第三方支付风险防范对策建议

（一）完善法律法规

第一，目前我国监管机构对于第三方支付机构的法律法规还远远不够，第三方支付机构在运营过程中必然会涉及资金的流通问题，因此需对其进行法律约束和监管。根据现有法律法规，第三方支付机构的主要监督管理部门为中国人民银行、银监会、证监会等，完善第三方支付相关法律法规的第一步便是明确这些监督管理部门各自的监督管理职能。

第二，明晰第三方支付公司的法律身份。《支付清算组织管理办法》

(征求意见稿)明确规定第三方网上支付中的结算业务属于支付清算组织提供的非银行类金融业务;第三方网上支付企业属于金融增值业务服务商,这种定位得到大多数研究人员的认可。判断第三方网上支付是否属于银行的标准并不取决于其掌握或控制现金流,沉淀资金的性质才是判断第三方支付企业法律身份的依据。沉淀资金是支付企业的负债,第三方支付企业提供的业务只是银行业务的补充和延伸,因此应将其界定为非银行类金融机构。

第三,规范第三方支付企业的业务范围以及制定资金账户监管细则。第三方网上支付企业可以经营的业务包括:对包括票据等纸质支付指令、电子支付指令、卡类支付指令及网络平台支付指令进行交换和计算。应对第三方支付的资金账户进行如下监管:①应要求第三方支付企业分设基本账户与中转账户;②明确中转账户资金收入的归属;③建立客户结算资金的保证金制度。

第四,建立市场准入和市场退出机制。首先,完善市场准入机制,第三方支付企业要取得从事网络服务和从事金融业务的双重许可。第三方网上支付企业须按照计算机信息系统安全保护的规定,取得互联网接入许可,其所使用的所有电信设备和网络设备,必须有入网许可证和进网标志。第三方支付服务商必须是依法设立的企业法人,并有长期的业务发展计划及相关技术方案,健全的计算机信息网络、设备以及技术人员和管理人员以及信息安全保障措施。第三方网上支付企业应受金融法的规制,要符合金融业的基本准入条件。其次,完善市场退出机制,对那些审计不合格、实力较弱的第三方支付企业进行摘牌、收购或兼并,使其退出第三方支付市场。

(二)落实反洗钱工作

第三方支付平台中的交易主体涉及面广、手续便捷,只要持有网络银行卡就能将资金通过支付平台支付给其他主体,这些都为洗钱者提供了可乘之机。落实反洗钱工作应做到以下几个方面:第一,应借鉴欧美等发达国家或地区的反洗钱经验和做法，将从事第三方支付业务的企业纳入《反洗钱法》规定的负有“反洗钱义务”的非金融机构范围。第二，对在第三方支付平台上从事经营服务的主体，查验、审核其商户资格、经营范围、销售的产品（服务）是否合法。第三，第三方支付平台应妥善保管客户身份资料和交易记录，并明确规定其保存的年限；建立大额和可疑交易报告制度，对达到《反洗钱法》当中规定的报告标准的交易以及符合反洗钱法规定的可疑交易，应及时向反洗钱信息中心报告。

（三）强化反套现控制

信用卡套现的现象不仅存在于线上，更存在于线下，线下信用卡套现甚至出现了规模化、产业化的特点。对其进行防范并不只是单个企业的事情，而是要社会各方通力合作建立明确的信用卡监管、使用体系，打击信用卡套现违法行为。为了防止再次发生 2014 年 1 月近 600 笔超额套现交易的情况，我国相关监管部分应该促进支付产业联动风控的实现，支付产业的各参与主体应该通过此次危机，切实促进联动风控机制由形式向实质落实。另外，中国银联需要进一步完善风险信息共享系统，进一步促进产业链中风险联合防范机制的优化与落实，中国银联、商业银行以及各大支付机构都可以在共享平台上互相开放数据，实时更新异常交易等信息。

（四）加强软硬件建设，增强风险防范能力

在第三方网上支付过程中，避免会出现技术风险，支付企业的各种技术问题都会直接或间接影响支付过程的安全性。因此，应不断加强第三方网上支付企业软硬件系统的建设，加强用户数据存储及传输的安全性以及交易数据处理的安全性。虽然基于 SET 机制或通过 SSL 协议进行的第三方支付过程一般情况下还比较安全，但仍存在一些缺陷与不足，需要继续研究开发新的安全信息技术来防范黑客攻击与木马入侵的风险。除了积极采用和推广新的安全技术外，还应注重旧技术的完善与新技术的开发，占领技术的制高点，强化技术风险的防范能力。

第二节 P2P 网贷

一、P2P 网贷兴起背景及发展概况

P2P 网贷，又称 P2P 网络借款。P2P 是英文 Peer to Peer 的缩写，意即“个人对个人”。从整体而言，P2P 网络借贷其实是共同消费在金融领域的一个延伸。所谓共同消费是指参与者共同分享产品或服务，而其中的每一个个体并没有对这些产品和服务享有自己独立的所有权。这一概念曾经被美国《时代》周刊评为改变世界的十大理念之一。其出现的背景是 2008 年国际金融危机情形下，如何刺激消费者通过点对点的市场重新连接，易产生新的工作、新的收入流和新的社区网络。在互联网技术的运用下，身处不同地域的借款人和投资人的资金需求与资金供给可以匹配在一起，从而能高效地完成资金的对接。与此同时，P2P 网络借贷模式本身又会有很多创新，比如分散投资等。

网络信贷起源于英国，2005 年，全世界首家 P2P 网络借贷平台 Zopa 在英国伦敦成立，它是 P2P 网贷模式的雏形，是英国人理查德·杜瓦、詹姆斯·亚历山大、萨拉·马休斯和大卫·尼克尔森 4 位年轻人共同创造的。如今 Zopa 的业务已扩至意大利、美国和日本，平均每天线上的投资额达 200 多万英镑，Zopa 是“可达成协议的空间”（Zone of Possible Agreement）的缩写。在 Zopa 网站上，投资者可列出金额、利率和想要借出款项的时间，而借款者则根据用途、金额搜索适合的贷款产品，Zopa 则向借贷双方收取一定的手续费，而非赚取利息。

2006 年，P2P 网络借贷平台 Prosper 在美国加州三藩市成立，Prosper 也是迄今为止最大的 P2P 网络借贷平台之一。美国 P2P 行业最具代表性的三家公司是 Lending Club、Prosper 和 Kiva。其中，Kiva 是一个非营利性平

台，Lending Club 和 Prosper 类似，后者虽然成立较晚，但目前在美国的市场份额高达 75%，每个月发放的贷款超过 2 亿美元。在美国如此成熟的金融市场上，最终只有 Lending Club 和 Prosper 两家商业化机构生存下来。这应归因于 SEC 提出了非常高的市场参与门槛，有效阻止了没有优秀运营模式的新参与者加入。尤其是 2008 年美国证券交易委员会（SEC）对 P2P 网络借贷平台进行了整顿，要求所有的 P2P 公司必须先进行证交会注册才可以发展业务。

这些网络借贷平台通常处理的是小额信贷业务，虽然金额较小，但是借贷量十分可观，因此，从规模上讲，网络借贷占美国社会融资总量的规模极其有限，只是 Lending Club 和 Prosper 等网络借贷平台塑造了一个互联网金融业务模式的美国典型，因此引发了中国的广泛关注及研究。

此外，作为一种新生事物，网络借贷，尤其是 P2P 网贷，一直踩在合法与非法的边界上，就连知名的大型网络借贷平台 Prosper 也曾在 2008 年被美国证监会勒令关闭，直到 2009 年才重新营业。从本质上讲，国外的 P2P 网络借贷也是社会借贷或民间借贷在互联网环境下的一种新发展，起初主要基于社交网络，例如，Lending Club 最先就是通过 Facebook 平台进行推广。事实上，Facebook 本身并不会一直甘心当陪衬，其也已经有了进军金融领域的打算，甚至不仅局限于网络借贷，而是提供更加多元化的金融服务。但是，随着金融投资者的加入，社交网络的概念在 P2P 平台中逐渐弱化，而平台根据之前贷款数据计算的信用分则更多地成为参考标准。即便是国外比较成熟的 P2P 平台，现在也依然处在不断探索与调整的过程中。究其根本，发达国家的传统银行具有更强的安全壁垒，P2P 网络借贷等新兴互联网金融业务的风控能力明显弱于银行，无法提供大额贷款以及复杂的融资方案。因此，美国的 P2P 网络借贷往往局限于个人贷款，难以提供复杂的融资方案，这也是基于美国银行贷款中个贷占比很小的原因。同时，P2P 网络借贷额度相对较小，无法满足大额融资需求，当前在大量融资投资者介入后，这一局面可能会有所改变。

随后，韩国、日本、西班牙、冰岛等国相继成立了自己的网络借贷公司。其他网络借贷公司还包括目前最成功的P2P平台之一的Lending Club，为发展中国家提供小额贷款的非营利组织Kiva等。P2P网贷最大的优越性是使传统银行难以覆盖的借款人在虚拟世界里能充分享受贷款的高效与便捷。

在我国，最早的P2P网贷平台成立于2006年。在其后的几年间，国内的网贷平台还是凤毛麟角，鲜有创业人士涉足其中。直到2010年，网贷平台才被许多创业人士看中，开始陆续出现了一些试水者。2011年，网贷平台进入快速发展期，一批网贷平台踊跃上线。2012年我国网贷平台进入了爆发期，网贷平台如雨后春笋成立，比较活跃的有400家左右。

进入2013年，网贷平台更是蓬勃发展，以每天1~2家上线的速度快速增长，平台数量大幅度增长所带来的资金供需失衡等现象开始逐步显现。据不完全统计，国内含线下放贷的网贷平台每月交易额近70亿元。

第一网贷提供的资料显示，2014年1月全国P2P网贷平均综合年利率为21.98%、平均期限为5.73个月、总成交额111.43亿元。据悉，纳入中国P2P网贷指数统计的P2P网贷平台为356家，未纳入指数而作为观察统计的P2P网贷平台为80家。平均综合年利率21.98%，数据显示，2014年1月全国P2P网贷平均综合年利率21.98%，较上月（2013年12月）的21.76%上升了0.22个百分点；较上年度（2013年5~12月）的25.06%下降了3.08个百分点；较基期（2013年4月26日至5月31日）的23.53%下降了1.55个百分点。按借贷期限分类：1个月内为23.57%，1~3个月为27.17%，3~6个月为23.76%，6个月至1年为18.41%，1年以上为10.24%；按借贷标种分类：普通标为22.64%，净值标为13.89%；按时间分类：法定工作日为21.68%，法定节假日、双休日为23.42%。从2013年5月到2014年1月，全国P2P网贷平均综合年利率为24.66%。利率从2013年5月开始逐月上升，9月达到最高，然后逐月下降，12月达到最低，2014年1月又略有上升。

2017年全国P2P网贷行业成交额为38952.35亿元，比上年增长38.87%，历史累计8.33万亿元；平均综合年利率为8.57%，比上年降低

0.49 个百分点；平均期限为 8.19 个月，比上年延长 26.39%；日均参与人数为 68.21 万人，比上年增加 48.37%。2017 年，全年贷款余额为 17214.06 亿元，比上年增长 42.83%。

截至 2017 年底，全国有 1410 家（不含 90 家问题平台）P2P 网贷机构直接与银行对接进行资金存管或签订了存管协议，比上年大幅增长 460%。其中，银行资金存管已经上线的有 834 家，比上年增长 452%；已签订银行存管协议还未上线的有 576 家，比上年增长 470%。全国 712 家（不含 114 家问题平台）网贷机构持有 ICP 经营许可证、EDI 证或同时持有两证，比上年增长 68%（数据来源于《2017 年全国 P2P 网贷行业快报》）。

表 5-1 网贷相关数据

指标名称	2013 年	2014 年	2015 年	2016 年	2017 年
网贷平台数量（家）	280	1472	2244	2307	2426
网贷成交额（亿元）	892.53	3291.94	11805.65	28049.38	38952.35

表 5-1 的数据显示，2017 年网贷平台数量是 2013 年的 7.7 倍，网贷平台数量增长迅猛；2017 年网贷成交额是 2013 年的 43.6 倍，业务规模不断扩大。从环比增速来看，机构数量和业务规模的增长势头都得以放缓。

2014 年 1 月全国 P2P 网贷平均综合年利率最低的前三名是辽宁省 13.02%、上海市 13.50%、河北省 14.36%。

2014 年 1 月全国 P2P 网贷平均期限为 5.73 个月，较上月（2013 年 12 月）的 5.07 个月增长了 0.66 个月；较上年度（2013 年 5~12 月）的 3.95 个月增长了 1.78 个月；较基期（2013 年 4 月 26 日至 5 月 31 日）的 3.51 个月增长了 2.22 个月，显现出 P2P 网贷良性发展的曙光。其中，普通标 6.26 个月，净值标 0.37 个月。法定工作日 6.11 个月，法定节假日、双休日 3.87 个月。全国 P2P 网贷平均期限最长的前三名是辽宁省 34.25 个月、上海市 21.85 个月、北京市 9.63 个月。2013 年 5 月至 2014 年 1 月全国 P2P 网贷平均期限为 4.18 个月，P2P 网贷期限在逐渐增长，其中 2014 年

1 月最长。总成交额 111.43 亿元。有关 P2P 网贷逾期、平台挤兑和倒闭、平台负责人跑路和拘留、投资人血本无归的负面新闻不绝于耳，以至于火爆的 P2P 网贷增长速度明显放缓。但另一方面 P2P 网贷行业利率下降，成交额累创新高，2014 年 1 月诞生了全国 P2P 网贷总成交额 111.43 亿元的历史新纪录，日均成交额 3.59 亿元。较上月（2013 年 12 月）的 109.44 亿元增加了 1.99 亿元，增长率为 1.82%。较上年度（2013 年 5~12 月实际数和 2013 年 1~4 月估算数之和为 874.19 亿元）的月平均值 72.85 亿元增加了 38.58 亿元，增长率为 52.96%。其中普通标、净值标、秒标分别为 101.93 亿元、7.79 亿元、1.71 亿元，分别占总成交额的 91.47%、7%、1.53%。月法定工作日 92.35 亿元，占总成交额的 82.88%，日均成交额 4.20 亿元；月法定节假日、双休日 19.08 亿元，占总成交额的 17.12%，日均成交额 2.12 亿元。从地域上来看，2014 年 1 月全国 P2P 网贷平台总成交额前三名，分别是广东省 34.76 亿元、浙江省 26.07 亿元、北京市 14.16 亿元。三省市 P2P 网贷平台成交额合计超过 74.99 亿元，占全国总数的 67%以上。

虽然中国 P2P 网络借贷平台发展速度较快，但最具代表性的却是美国，总结美国 P2P 网络借贷的发展历程，其主要经历了 2008 年以前的初创期、2008~2010 年的探索期和 2010 年以后的发展期。①2008 年以前是美国 P2P 网络借贷的初创期，其时代特征是以 C2C 的理念运作 P2P 网络借贷，具体的运作方式是将贷款需求进行荷兰式拍卖。②2008~2010年是美国 P2P 网络借贷的探索期，其时代特征表现为与社交网络相结合，并且监管开始介入，机构投资者也开始进入其中。其相应的运作方式是将拥有相同属性的用户组成群，赋予群主放贷及审核权限。③2010 年以后美国 P2P 网络借贷的发展期，其时代特征是监管逐步加强，并开始出现了寡头企业，行业分化开始向专业化细分发展。其相应的运作模式是寡头企业受到资本市场青睐，各新生平台按教育、农业、科技等不同行业细化发展。

二、P2P 网贷发展现状

2015 年，1 月 20 日，2015 年度《汇付天下 P2P 网贷行业报告》（以下简称报告）正式发布。数据显示，2015 年 P2P 网贷投资规模月增长率保持了 2 位数的增长幅度，但行业平均年化收益率持续下滑。P2P 网贷行业面临新监管环境、舆论、转型、用户黏性等方面的压力，2016 年对于 P2P 网贷来说可能是极具挑战的一年。一方面，2015 年 P2P 网贷投资金额仍保持了快速增长，月平均增长率为 10. 8%，从借款端来看，平均月增长率为 10. 9%，还款金额平均月增长率为 13. 1%，后两者趋势与投资金额基本保持一致。但是，行业平均年化收益率持续下滑，从 2014 年的 13. 92% 下降至 12. 75%，P2P 网贷不再是高收益的代名词。

另一方面，2015 年网贷行业人均交易 10 次，人均年交易金额 11. 12 万元，活跃度高于 2014 年。

2015 年 P2P 网贷人均单笔投资金额平均数为 12505 元，较 2014 年增加了 2116 元。具体来看，2015 年人均单笔投资金额 500 元以下的投资用户最多，占比 31. 7%；另外单笔 1 万以上的用户也不在少数，占比 23. 7%，分布较平均。总体来说，2015 年交易活跃度高于 2014 年。

另外，P2P 网贷中女性投资者占比提升，这一比例为 48. 4%，且人均单笔投资金额高于男性。这组数据相较于 2014 年也均有上升，可以看出女性投资 P2P 网贷时出手更大方。

此外，风险问题在各区域有差异。风险事件高发也是过去一年比较突出的现象，从风控监测来看，河南、山西、成都地区属于风险高发地区。

从此份报告中的数据，可以看出 P2P 网贷行业现存和待解的几大问题。

首先，用户转化率不足三成。2015 年注册用户转化为成功交易用户的比例较 2014 年又有下降。换句话说，平台吸引的 10 个用户中最终贡献了交易量的仅不到 3 个。用户转化率偏低导致了大量 P2P 网贷平台获客成本居高不下。用户转化率持续走低导致获客成本走高，借款人集中度高反映资产端产品少且单一，P2P 网贷投资用户仍是个需要长期教育和普及的不成熟群体。

当前，P2P 网贷可供选择的企业确实琳琅满目，企业间的竞争也从不间断，各种竞争手段层出不穷，获客成本高是行业长期存在的现象，也是行业待解的难题。2016 年 P2P 网贷的获客成本继续提高，这将更加挑战 P2P 网贷平台产品端的整合能力，一味靠原有的方式竞争远远不够，推出好产品才能吸引到更多用户。

其次，借款人集中度较高。资产端方面，P2P 网贷行业也面临着较大的瓶颈，从报告的数据来看，2015 年 P2P 网贷行业借款人集中度非常高，单个借款人的借款金额占整个平台借款资金超过 50%的平台数占比达到 53.3%。也就是说，大多数平台的资产来源比较单一且集中。

但不可否认的是，P2P 网贷行业规模仍保持了快速增长，总体规模已突破万亿元。可以预见的是，2016 年的 P2P 网贷投资规模仍将继续增大，但是也会面临新监管环境以及自身平台发展转型等方面的压力。

三、P2P 网贷的运行模式

自 2005 年国外一家互联网 P2P 公司 Zopa 在英国上线，这种新兴融资模式很快风靡了西方国家，实际上，P2P 网络借贷真正体现了金融脱媒的理念。在 P2P 网贷运行模式中，存在着一个关键的中间服务方——P2P 网络借贷平台。其主要职能是为 P2P 网络借贷的双方提供信息流通交互、信息价值认定和其他促进交易完成的服务，但是通常不作为借贷资金的债权债务方。具体的服务形式包括但不限于借贷信息公布、信用审核、投资咨询、资金中间托管结算、法律手续、逾期贷款追债以及其他增值服务等。正是因为 P2P 借款方式比银行贷款更加方便灵活，所以在全球范围内得到广泛复制，比如德国的 Auxmoney、日本的 Aqush、韩国的 Popfunding、西班牙的 Comunitae、冰岛的 Uppspretta、巴西的 Fairplace 等。在美国 P2P 网络借贷主要是由 Lending Club 和 Prosper 两家垄断（占 80%的市场份额）。在英国 P2P 网络借贷主要有三家机构，其中 Zopa 累计促进 3 亿英镑的交易额，主做小微企业市场的 Funding Circle 累计促成 7385.5 万亿英镑的交易额，主做超短期授信的 Wonga 也有数千万英镑的累计交易额。从国外经验来看，P2P 网络借贷在全球发展的类型上主要分为三种。

第一，直接 P2P 模式。让资金的融入方和融出方在一个平台上直接联系，银行和其他金融中介不再参与融资的过程。英国的 Zopa 是历史上第一家提供此服务的中间机构，从 2005 年成立至今已经融资 2.17 亿美元，此后美国的 Prosper 将这种模式发展壮大。这个模式在发达国家中进行。

第二，间接 P2P 模式。这个模式主要是由 P2P 公司股东出资开发市场，并在各地建立分支机构，进行调研和贷款审核。这个模式与第一个模式的差别在于，互联网贷款公司主动介入贷款的过程，参与风险控制和尽职调查，为贷款提供一定程度的担保。

第三，网络小额贷款模式。网络小额贷款指的是小额贷款公司主要通过网络平台获取借款客户，综合运用网络平台积累的客户经营、网络消费、网络交易等行为数据、即时场景信息等，分析评定借款客户的信用风险，确定授信方式和额度，并在线上完成贷款申请、风险审核、贷款审批、贷款发放和贷款回收等全流程的小额贷款业务（参见上海金融办《小额贷款公司互联网小额贷款业务专项监管指引（试行）》）。网络小额贷款公司与普通的小额贷款公司没有实质区别，不过是从线下到线上，风险评估的方式更多地集中在真实交易的审查上。

与国外相比，在中国，P2P 网络借贷模式出现了严重的分化，并且有其自身的发展特点。除了拍拍贷等少数公司基本参照国外主流 P2P 网络借贷平台的发展模式外，大部分 P2P 网络借贷公司则是采用有担保的线上模式（如红岭创投）或线下模式（如宜信）。国外的平台大多从网络上直接获取借贷人和投资人，直接撮合借贷双方，不承担过多的中间业务，模式比较简单。而国内的 P2P 网络借贷行业则对借贷的各个环节予以细化，形成了多种多样的“P2P 网络借贷”模式。

（一）纯线上的网络借贷

民间借贷的互联网化——纯线上的网络借贷。纯线上的模式运作中，P2P 网贷平台本身不参与借款，只是实施信息匹配、工具支持和服务等功能。民间借贷搬到互联网上来运营的模式，是 P2P 网贷平台最原始的运作模式，是我国 P2P 网络借贷的雏形。纯线上模式意味着获得客户的渠道、信用风控、交易、放款等全部流程都在互联网上完成。这一模式的“鼻祖”是美国的 Lendingclub。

我国在这个行业内较早出现的是拍拍贷。借款人 A 需要一笔资金，在网站上发布一则借款信息，约定借款期限、最高年利率以及资金筹措期限。有意向的放款人 B（或多个自然人）用自有资金进行全额或部分投标，但投标年利率不能高于 A 所约定的最高值。在资金筹措期满后，如果投标资金总额达到或超过 A 的要求，则全额满足 A 需求的最低年利率资金中标；如果资金筹措期满后仍未能集齐 A 所需资金，该项借款计划流标。借款成功后，网站自动生成电子借条，借款人按每月还款方式向放款人还本付息。

P2P 网贷平台负责审核借款人的真实身份、职业、动产、不动产、收入支出等个人信息，评定并公布其信用等级。同时，借贷网站开立第三方账户，用于放款人和借款人之间资金的中转（即放款和还款）。P2P 网贷平台上的借贷无须担保或抵押，投标前，放款人需存入投标资金到网站账户作为保证金。

（二）线上+线下——中国本土化模型

目前大多数中国 P2P 网贷公司正在与 LendingClub 模式渐行渐远，纷纷放弃独立的、提供撮合服务的纯线上第三方平台模式，转变为线上与线下结合、为借款人提供担保或资金兜底保障的模式。

纯线上模式的 P2P 网贷逾期率高达 10%，坏账率在 5%以上，因此越来越多的 P2P 网贷公司在线上完成筹资部分，在线下通过设立门店、与小贷公司合作或成立营销团队去寻找需要借款的用户并进行实地考察，在创新信用审核方式的同时有效开发借款人。线上、线下相结合的模式，是指P2P网贷公司在线上主攻理财端，吸引出借人，并公开借款人的信息以及相关法律服务流程，线下强化风险控制、开发贷款端客户，P2P网贷平台自己或者联合合作机构审核借款人的资信、还款能力。

（三）担保公司担保模式

2014年，互联网金融迎来分工监管，P2P网贷行业归银监会监管。监管层的意见是去“担保”，因为平台自身担保的模式遭到监管层的质疑。目前，P2P网贷公司去自身担保后，主要还有四种担保模式：一是引入第三方担保，二是风险准备金担保，三是抵押担保，四是引入保险公司。

担保公司担保可分为一般担保公司担保和融资性担保公司担保。一般担保公司担保的保障又分为一般责任和连带责任。很多P2P网贷平台合作的都是一般担保公司，而且一般责任担保存在和不存在几乎无差别。连带责任担保可以起到作用，但是市场上的连带责任担保不多。融资性担保比第三方担保更上档次。

（四）风险准备金担保模式

风险准备金担保模式是目前行业内的主流模式，一些P2P网贷平台甚至将其作为主推的安全保障模式。目前，很多P2P网贷平台将其作为辅助安全保障模式的一种。

风险准备金模式指的是P2P网贷平台建立一个资金账户，当借贷出现逾期或违约时，网贷平台会用资金账户里的资金来归还投资人的资金，以此来保护投资人利益。

但是这种模式的问题在于，一些P2P网贷平台资金与风险准备金没有实现根本上的分离，风险准备金极有可能被挪用，形同虚设。还有另外一个问题是，风险保障金的提取比例较小，不足以弥补P2P网贷投资人的亏损风险。

（五）抵押担保模式

2014 年，P2P 网贷平台抵押担保模式盛行。抵押担保模式指的是借款人以房产、汽车等作为抵押来借款，如果发生逾期或者坏账时，P2P 网贷平台和投资者有权处理抵押物来收回资金。

从坏账数据上来看，抵押担保模式在 P2P 网贷行业坏账率是最低的。

（六）保险公司担保模式

有些 P2P 网贷公司已经或正在与保险公司“亲密接触”，保险公司将以第三方担保机构的身份帮助 P2P 平台分担风险。

P2P 与保险合作的方法大致有四种：一是平台为投资者购买一个基于个人账户资金安全的保障保险，确保资金安全；二是基于平台的道德等购买保险产品；三是和抵押担保结合，为担保标中的抵押物购买相关财产险；四是为信用标的购买信用保障保险。在保险担保风控模式中，同样存在类似融资性担保的问题——担保费率，担保费率会增加投资者的成本，甚至比担保公司成本更高，并且降低投资人的收益，这也是银行的一般信贷业务没有介入保险的原因。依据投资项目的不同，保险公司介入后，关于平台投资收益的影响将在 1%~8%不等。保险公司担保模式有其适用范围，适合在借款人较多的情况下使用大数规律来躲避风险。而现在许多 P2P 网贷公司的借款人还很少，风控规范也不一致，保险公司是不愿意用大数规律来躲避风险的。另外，保险公司与 P2P 网贷平台的合作模式，对于究竟是保平台还是保项目，业界对此还有争议。

（七）P2P+票据理财合作

互联网上的票据理财被视为对传统票据业务的补充，使较难通过银行渠道贴现的小额票据得以流通。互联网票据理财广受欢迎是因为其具有显著优势：银行承兑汇票到期由银行无条件兑付，安全性高、流动性强。

不仅一些票据服务公司在打造在线票据理财平台，招行、民生等银行机构也先后开展此类业务。之后，P2P 网贷平台也开始涉足票据理财，问题的爆发也体现出票据理财的风险控制有些难度。

票据理财的问题就在于票据的真实性、安全性得不到保证，虚假票据、克隆票、延迟支付均是互联网票据理财的“疑难杂症”。票据造假的花样和手法日益翻新，票据造假的水平更趋专业化，甚至有一些中小银行也曾在假票识别上栽过跟头，所以风险较大。

（八）P2P+供应链金融合作

P2P+供应链金融模式的本质是使产业链上下游的中小微企业在核心企业信用提升的带动下，获得 P2P 网贷平台更多的金融服务。P2P 网贷平台围绕供应链核心企业，参与上下游中小微企业的资金流和物流，把单个企业的不可控风险转化为供应链企业整体的可控风险，通过获取各类信息和数据，将风险控制到最低。

（九）P2L（P2P+融资租赁合作）

2014 年以来，在一系列利好政策的推动下，中国融资租赁业重新步入迅速发展的轨道。我国融资租赁分为金融租赁、内资租赁和外资租赁。快速增长的金融租赁是以银行等金融机构为背景的，主要与 P2P 网贷公司合作的是内资租赁，尤其非厂商的第三方租赁公司，它们的资金是一大困难，与 P2P 公司合作的意愿也较强。

融资租赁有两个模式：直接租赁和售后回租。①直接租赁。企业 A 有设备需求，会找到融资租赁公司 B，B 设计购买设备和出租设备的整个流程，同时 B 租赁公司拥有设备的所有权和出租后的收租权。流程到此，是直接租赁模式。接下来，B 租赁公司可能也需要筹集资金来买设备，因此就与 P2P 网贷平台合作，借助众多投资者的资金，从而将收租权（部分）转移给大众投资者。P2P 网贷平台与 B 合作监管投资者资金账户，并最终将所筹集资金转移给承租企业 A。②售后回租。企业 A 有资金需求，可以将自有设备卖给融资租赁公司 B，租赁公司拥有设备所有权，但是将设备租给企业 A，企业获得资金的同时，还可以使用原有设备。流程到此，是售后回租模式。如果融资租赁公司仍有资金需求，可以和 P2P 网贷平台合作，借助众多投资者的资金，从而将收租权（部分）转移给大众投资者。

（十）P2P+股票配资

股票配资是一个很早就有的产业，但是“嫁接”在 P2P 网贷平台上是 2014 年下半年才出现的。这是因为 2014 年下半年股市好转，A 股一扫熊市的阴霾，全年以 52.87%的涨幅冠绝全球，P2P 网贷平台具有灵活性、创新性，两者在这个时机相结合，故发展得如火如荼。

股票配资就是一个“借钱炒股”的过程，即借款人用少量的自有资金做本金，通过在线申请，向互联网理财平台借入本金几倍以上（按照一定的配资比例）的资金，这些资金全部注入平台指定的账户中。配资比例一般从 1∶1 到 1∶5 不等，即如果投资者原有本金 10 万元，最多可以通过杠杆放大到 50 万元。配资业务本身给互联网理财平台带来的风险其实很小，但是这一业务的风险暗藏于杠杆的比例和平台对账户的控制中。

造成国内 P2P 网络借贷发生变异的主要原因，就在于国内 P2P 网络借贷面临严重的征信问题。

四、P2P 网贷对金融业的影响

众所周知，互联网金融植根于现代技术信息技术的发展，而后者也是互联网金融技术与经济特征形成的主要因素。由于金融服务实体经济的主要功能就是媒介资源配置、提高资源配置效率，因此新技术推动的新型金融中介自然是互联网金融创新的重要内容。

网络融资模式是对传统金融信贷业务模式的重大变革，通过互联网和信息技术手段来缓解业务办理效率低和信息不对称难题。P2P 网络借贷被认为是一种能够为用户提供比传统金融机构更加简单、快速、方便的贷款服务的新型金融中介，在一定程度上解决了中低收入人群的资金短缺问题，同时也部分满足了大众理财需求，故而是发展普惠金融的重点之一。

（一）规范民间借贷、抑制高利贷

P2P 网贷模式的出现，为借贷双方提供了一个直接对接的平台，交易信息被平台记录并共享，可以较为清晰地反映资金去向和交易总量，为民间借贷阳光化提供了可靠的商业模式。

随着 P2P 网贷平台的增多，借款人的融资渠道越来越多，有了更多比价的机会，行业市场化程度提高，因而能够逐步回归至风险和收益成正比的行业规律。

同时，P2P 网贷平台打破了时间和空间的限制，源源不断地从一线城市向二、三线城市扩张，在全国范围内为江浙一带的小微企业、个体经济提供资金帮助，在更广阔的范围内引导资金按照市场规律更合理、更高效地进行重新配置，这也在一定程度上抑制了高利贷的发展。

（二）促进直接融资发展

P2P 网贷的出现使融资脱离了商业银行、券商和交易所等传统金融中介，以一种支付更为便捷、市场信息对称程度更高、利率更市场化、市场参与者更为大众化的形式出现。在这种融资模式下，资金供需双方可以直接交易，这能使资金匹配期限缩短，风险定价流程简化。

P2P 网贷拓宽了中小微企业的融资渠道，P2P 互联网投融资平台以其方便、快捷、无须抵押的优势获得广大小微企业的青睐。

（三）加速“影子银行”市场化

P2P 不仅影响民间借贷市场，对传统的非银行金融机构也将带来很大的影响。中国式的“影子银行”不仅包括地下钱庄，还包括数量众多的非银行金融机构，如信托、担保、小贷公司、典当行等。

P2P 网贷的发展能迫使“影子银行”降低门槛，竞争不仅是全方位的，而且会越来越剧烈。一方面 P2P 网贷积极与传统的担保、信托、小贷机构等进行合作；另一方面 P2P 网贷也会直接挤占典当、小贷公司等“影子银行”的市场，最终体现在价格机制的市场化、市场参与的“低门槛”、产品的透明性等方面，这些都将加速“影子银行”服务的市场化，并促进金融体系的健康发展。

（四）推动征信系统建设

一方面，对于国内的 P2P 平台来说，没有征信系统数据，平台的线上数据又不足以作为借款人信用审核的依据，同时，P2P 行业的不良借款记录无法上传至征信系统，对借款人缺乏足够威慑，以至于 P2P 行业的坏账风险较高。推进全国征信系统的建设已成为保障 P2P 行业健康发展不容忽视的问题。

另一方面，P2P 金融业务所搭建的平台在满足借贷双方资金需求的同时，也正积累着越来越多的金融数据，从地域、资金规模、贷款时限、还款方式、利率水平等多个维度对我国居民和中小企业的需求信息进行收集和积累，还可以挖掘出我国居民和企业的风险承受能力、传统金融渠道运作效率、不同行业的投资收益率以及我国“影子银行”风险及规模等重要数据。

（五）创新金融业风控手段

P2P 网贷行业的服务对象主要是个人，小微企业的贷款也是以小微企业主的个人名义进行，通常没有抵押物。小额信贷由于单笔贷款数量较小，客观上要求单笔贷款风控成本以及时间成本较低才能保证收益。P2P 行业的风险控制技术一般以个人信用为基础，这种以信息数据为基础的量化风控模型和自动化的信贷管理系统，可以给金融业带来新的启示。而高效率、批量化、规模化地开展小额信贷的授信和风险管理，也将是未来小额信贷业务发展的必然趋势。

（六）促进金融监管理念改革和监管方式创新

尽管与传统金融业相比，P2P 行业的基数规模并不大，但其年增长速度却超过 300%。伴随着 P2P 行业的急速扩张，监管缺位导致的信用风险，以及担保杠杆过高导致的市场风险已经日益显露且饱受诟病。

但是 P2P 网贷行业在民间资本进入金融行业、整合金融资源以及帮助小微企业发展等方面确实起到了积极作用。为此，监管当局面对这一新兴事物，既要进行适度监管与规范，同时又要给予其足够的创新空间。在新的技术形势下，原有的监管手段可能难以适应新的要求，并且互联网金融的跨界经营方式，也需要各监管部门之间建立创新协调机制。

五、P2P 网贷风险分析及测度

从网络借贷平台发展模式看，基于互联网的信用媒介及其活动有其特定的风险。一方面，网络借贷具有技术层面的相关风险。一是信息泄露、身份识别、信息掌控与处理等互联网金融特有的风险。二是第三方资金存管及其可能的资金安全问题。三是潜在的重大技术系统失败及其可能引发的金融基础设施风险。四是潜在的操作风险，基于人为和程序技术的操作风险更为凸显。五是消费者利益侵犯与权益保护问题。

另一方面，网络借贷仍然没有脱离金融的本质，存在发生重大金融风险的可能性。一是信息不对称风险，互联网金融的虚拟性使身份确定、资金流向、信用评价等方面存在巨大的信息不对称，甚至所谓的大数据分析可能导致严重的信息噪声。二是信用风险，虽然 P2P 平台具有信用风险识别功能，但是与传统金融机构相比，其信用风险识别和管理能力较差。三是流动性风险，互联网金融的技术性、联动性、跨界性和资金高速运转可能引发资金链条断裂，导致流动性风险。四是法律与政策风险，由于网络借贷的创新步伐较快，同时部分业务是在现有政策、法律和监管体系之外，政策调整和法律完善将是一个必然过程，网络信用业务将面临日益严重的法律与政策风险问题。

为此，营利性 P2P 风险状况如下：

第一，操作风险。平台内部程序、人员、系统等的不完善、失灵或外部事件冲击导致的潜在财物损失。操作风险表现在以下几方面：P2P 平台一般难以核实借款人提供的全部信息，导致信息不准确或没有正确反映借款人的信用水平；P2P 平台运作时间短，掌握的历史贷款数据极为有限，平台的信用评级系统可能无法全面、准确地预测贷款的真实信用水平，实际贷款违约情况和违约率可能与预测水平不相符；一旦贷款人违约，放款人只能依靠 P2P 平台或其委托的第三方收款机构来索取款项，自身难以亲自追索权益；借款人持有的收益权凭证在一定意义上不是对应贷款的债权证明和利息收入票据，贷款人拥有的权利存在重大不确定性。如果 P2P 平台违约破产，收益权凭证的兑付可能受到限制，甚至暂停或终止。

第二，流动性风险。无法及时变现资产而导致的潜在财务损失。每个 P2P 平台的收益权凭证仅在本平台有效力，不同平台之间的收益权凭证无法流通，即使是同一个平台的收益权凭证也仅限于放款人之间的流通。

第三，法律风险。对相关法律的理解或遵守存在偏差而导致的风险。P2P 贷款是一种新兴的贷款和投资模式，如果监管机构或者法院对收益权凭证及其税收政策存在不同的解释，贷款人可能会面临不同的税负以及其他的相关法律风险。

第四，信用风险。借款人违约而导致的潜在财务损失。信用风险表现在以下几方面：放款人在 P2P 平台上购买的收益权凭证没有第三方抵押、担保或保险；如果对应的贷款人贷款违约，由于追偿费用及其交易成本较高，放款人很难足额索回本金和预期利息，甚至可能无法收回期初的所有投资；如果放款人决定将其投资全部集中在单一收益权凭证上，其投资回报将完全依赖于单个贷款的信用表现。

六、P2P 网贷风险防范对策建议

目前，在国内成立一家经营性网络借贷平台一般需要三个步骤：第一，获得由工商行政机关颁发的营业执照；第二，向通信管理有关部门申请并获得《电信与信息服务业务经营许可证》；第三，向工商行政机关申请增加“互联网信息服务”经营范围并办理相应的经营性网站备案，但这一过程并不需要金融监管部门的介入。而且，我国尚未出台民间借贷的相关法律法规，网络借贷处于监管的真空地带。

2011 年 8 月，银监会印发了《关于人人贷有关风险提示的通知》，警示银行业金融机构要与 P2P 网络借贷平台之间建立防火墙，防止民间借贷风险向银行体系蔓延。2013 年 5 月，《温州民间融资管理条例》由浙江省金融办上报至浙江省政府，由浙江省人大常委会审议。该条例对于民间融资公共服务机构、民间融资经营机构和民间融资信息服务机构的设立、市场准入条件、经营模式和特殊规制，以及出借人资金来源、自然人借款金额、民间融资利率等做出了明确规定。

我国的 P2P 网络借贷平台自成立以来，一直游走于法律的灰色地带与监管的空白地带，存在准入门栏过低、借贷资金监控缺位、信贷审核与风险评价机制不健全、内控制度不完善、信息披露机制缺失等诸多问题。由于现行法律并没有明确网络借贷平台的性质和地位，也没有赋予金融监管部门监管的权限，因此政府各部门一般将其作为从事中介服务的企业法人进行管理，忽略了其提供金融服务的本质，这导致了对投资者合法利益疏于保护、信贷业的市场秩序遭到破坏、宏观调控政策的执行效果受到影响等一系列的问题。然而，P2P 网络借贷平台“卷款跑路”的现象多次出现，如贝尔创业、安泰卓越、淘金贷等，影响非常恶劣。因此，我国亟待明确网络借贷平台的监管主体并制定相关监管政策。

2014 年以来，根据国务院层面确定的监管分工原则，银监会开始加快推动 P2P 网络借贷平台的监管细则制定。2014 年 11 月，据媒体报道，银监会对于监管细则的研究工作接近尾声，尽管上报和审核工作还将耗费一段时间，但监管原则已初步拟定，包括对机构性质、资本金门槛、技术门槛和人员配备等方面的全维度规范。除严禁涉足资金池、仅为信息中介等多次强调的原则外，银监会还对第三方托管、注册资金门槛、人员素质背景、信息披露原则等做了详尽规定。

从技术层面看，不可否认 P2P 网络借贷具有互联网时代金融市场虚拟化发展的新特点，体现出特有的金融交易效率与金融信息交互价值。借助于扑面而来的大数据时代，确实能够为我国改革缓慢的金融体系增加一些活力。此外，我国拥有全球领先的网络人群，在居民财富管理工具奇缺的当今，P2P 网络借贷也成为中产阶级人群探索理财和体验放贷的途径。

但是需要承认，P2P 网络借贷的积极作用虽然突出，但如果任其无序发展，必然成为互联网金融风险集中爆发的重灾区。要理性认识和应对 P2P 网络借贷，还需回到其民间融资的本质。我们看到，民间融资也可分为直接融资和间接融资，个人之间、个人与企业之间、企业之间的直接借贷属于直接融资，通过各种基金会、合作社及其他类金融组织展开活动属于间接融资。在直接融资过程中，可以出现各种中介组织，如同投行和券商一样来促进交易的完成。按照相关规范的 P2P 网络借贷发展方向来看，其更接近于民间融资的中介，因此也被许多国家监管部门作为证券中介来加以监管。

因此，在分业监管的框架下，按照机构监管的逻辑思路，实际上无法管好包括 P2P 网络借贷在内的、越来越多的新兴金融组织。按照现在可能的 P2P 网络借贷监管思路的演进，其将来很可能仍重蹈农村资金互助社的乱局。一方面，纳入监管的农村资金互助社增长非常缓慢；另一方面，在监管之外，市场上充斥着大量开展合作金融业务的主体，包括农民专业合作社、供销社，它们同时由工商部门、农业部门、供销合作总社等进行管理，通俗地说，如果作为投资信息中介，P2P 网络借贷似乎该由证监会多管些。即便出台了严格的规则，众多违规的 P2P 网络借贷平台，是如农村资金互助社一样被摒除到监管责任之外，还是需要司法和执法层面的配合将其取缔，这显然也是难以处理的困局。

但是在我国，规范发展势在必行。2015 年对于 P2P 行业来说可谓是不平静的一年。这一年，问题平台达到 896 家，是 2014 年的 3. 26 倍；《互联网金融指导意见》正式公布；《P2P 监管细则》也在 2015 年底公开向社会征求意见；纽交所诞生了中国 P2P 第一股；互联网金融首次写入“十三五”规划。在这样大环境下，业内猜测 P2P 会有一些变化。如利率将进入 10%以下的新常态，随着征信环境完善，对经济下行压力适应性提高，P2P 行业的资产荒有望缓解，但一场行业大洗牌、淘汰不合规小平台将不可避免。

第一，收益下降是大势所趋。中央财经大学教授黄震表示，随着银行利率的持续下降，P2P 理财收益率下降也是大势所趋。业内人士也同意这一观点，并预计未来 P2P 理财利率会在 6%~10%，P2P 利率下降并非坏事，10%以下的利率水平仍高于宝宝类理财、银行理财和货币基金等，同时对于整个行业来说，也是回归理性的结果。

第二，资产荒问题或将得到缓解。业内人士称，2016 年宏观经济好转，企业对低速发展的经济新常态的适应力也会有所提升，更重要的是，随着信用评价机制的健全，大数据应用于信用管理，资产端会有所起色。米牛网 CEO 柳阳认为，资产荒本来就是伪命题，优质投资标的从来都是稀缺的。大数据的丰富以及平台间的信息合作，可能会为寻找优质资产提供更多依据，有利于资产配置。

第三，行业洗牌加剧，不合规小平台将被兼并收购。随着 P2P 网贷行业的快速发展，一方面，新平台不断增加，越来越多的强背景企业涌入 P2P 网贷行业，实力薄弱的平台生存空间越发狭窄。另一方面，各项监管逐渐落地，将对 P2P 的业务规范、信息披露等方面提出更高的要求。不符合监管要求的平台将会出局，被兼并收购或许是这些平台的另一条出路。同时 P2P 平台需正视获客成本高这一问题：一方面需提高自身安全保障，按照监管要求逐步完善平台发展；另一方面需提高平台优质资产项目的数量，以真正的好项目来吸引投资人，而不是简单地依靠活动拢客。

2016 年，无论从政策角度、行业角度来看，还是从平台及参与方角度来看，都将是极为关键的一年，行业面临洗牌、整合及升级，也许仍将面临诸多的挑战，P2P 平台距离规范化发展还需要 P2P 行业、政府、投资人三方一起努力，相信经过洗礼，P2P 网贷能够健康发展，真正践行金融的本质。

相应对策建议如下：

（一）建立风险控制体系

金融市场存在利润当期性和风险滞后性的错配，因此，建立有效的风险控制体系是经营金融业务的重要环节。第一，建立资金账户监管制度。P2P 网络借贷平台通过期限错配可以积累大量的沉淀资金。如果网贷平台将这些资金用于高风险投资活动，一旦出现亏损将会影响借贷的兑付情况，进而引发坏账风险和信用危机。《互联网金融指导意见》中已规定互联网金融机构应选择符合条件的银行业金融机构作为资金存管机构，实现客户资金与机构自身资金分账管理，客户资金接受独立审计并向客户公开结果。第二，建立保证金制度。为保证投资人在贷款到期时能够按时收回本息，可参照商业银行的存款准备金模式，由中国人民银行作为托管部门，强制性要求 P2P 网贷平台从自有资金和沉淀资金中提取一定的比例上缴作为保证金。当网贷平台发生风险事件或现金流断裂时，投资人可以从人民银行领取相应的保证金作为一定的补偿。第三，建立风险准备金制度。可参考银行风险准备金制度，按照 P2P 网络借贷平台整体融资规模的一定比例提取风险准备金存入托管银行，由借款人承担这部分风险准备金的支出，且不得用于平台日常经营，仅作为破产清算时清偿债务之用。当借款人发生违约情况时，借款人可以使用网贷平台风险准备金偿还部分贷款，进而由网贷平台取得该部分贷款的债权用于支付给投资人，弥补一定的借贷本金损失。

（二）构建内部信用评级

对于国际通行 P2P 的行业风险管理范式，采用打分表方式的信用评级是常见的市场化风控手段。不同机构采取各自略有差异的风险评级模型，具体评估因素包括社会融资人个体信息、财务状况信息、公开及第三方征信记录、项目所属行业风险、社交网络行为信息、资金用途、还款意愿、信用结构、抵质押品、账户资金流情况等。实际上，行业内尚未建立起真正适应未来社会投资者自主决策的风险评估模型方法，P2P 平台在担当信息和交易撮合中介的同时，往往还在扮演着风控管理决策者的角色。为此，在大数据变革环境下，开发出适合社会投资人对 P2P 项目进行自主风险评估决策的开放式信用评级模型，充分挖掘借款人在平台上积累的历史数据，将成为促进行业发展的重要推动力。

（三）完善征信体系建设

西方的社会信用体系较为完善，具有严格的个人信用档案登记制度、正规的个人信用评分机制和健全的信用法律法规体系，为 P2P 网络借贷平台对借款人的身份核实和信用评估提供了极大的便利。目前，我国的个人征信系统（个人信用信息基础数据库）是商业银行在中国人民银行组织下建设的信用信息共享平台。该系统始建于 2004 年，于 2006 年正式建成联网，为个人建立信用档案，记录过往信用行为。随着互联网金融的飞速发展，建议未来 P2P 网络借贷行业参照个人征信系统，基于大数据、网络与信息安全维护等技术，构建信用信息共享平台，并与金融信用信息基础数据库进行对接，允许符合条件的 P2P 网贷平台申请征信业务许可，支持第三方中介服务机构开展互联网企业信用评级。同时，地方政府要积极建立社会诚信体系，运用来自政府各部门的公共信息建立可共享的信用平台，这方面上海市政府已经有所尝试，建立了全市的信用中心——上海诚信网，具有很好的示范作用。

（四）发展行业自律组织

我国 P2P 网络借贷行业可以参考国外的做法，通过建立行业自律性组织，规范行业门槛和收费标准，防止恶性竞争、促进良性发展，建立平台之间信息共享机制，维护平台和借贷双方等利益相关者权益，防范化解影响社会金融秩序的突发事件。目前，国内 P2P 网贷行业的自律性组织主要有中国小额信贷服务中介机构联席会、中国小额信贷联盟内部设立的 P2P 专业委员会、上海市网络信贷服务业企业联盟、互联网金融千人会（IFC1000）、中国互联网协会互联网金融工作委员会、中关村互联网金融行业协会、互联网金融专业委员会等。尤其是，由中国人民银行牵头的中国互联网金融协会在 2016 年 3 月下旬已经挂牌。协会的发起单位以传统金融机构为核心，如银行、券商、保险、资产管理公司等，另外还有部分大型互联网金融企业参与。

（五）强化投资者保护机制

随着 P2P 网络借贷平台的爆发式增长，问题平台的数量也在急剧增加，导致众多投资者遭受巨额损失。P2P 网贷作为一种新兴的互联网金融模式，投资者在遭受损失时的维权、诉讼也面临很多困难。在投资者权益保护方面，建议从以下三方面入手：第一，建立 P2P 网贷消费者投诉渠道，完善投诉受理机制。例如，由 P2P 网贷行业协会负责制定投诉规范、构建投诉渠道、进行日常投诉处理及定期业内通报，建立黑名单机制，定期对外披露经审计的年报。第二，开展 P2P 网贷金融领域的消费者教育和投资者教育。通过网络、纸媒、广播等形式，宣传 P2P 网贷知识及常见风险，加强 P2P 合同内容、免责条款等信息披露工作，提高消费者的风险意识和自我保护能力。第三，配合政府部门出台相关法律法规，确保消费者投诉及诉讼过程中有法可依、有规可循。人民银行、证监会、保监会应会同有关行政执法部门，根据职责分工依法开展互联网金融领域消费者和投资者权益保护工作。

第三节　众筹

一、众筹概况

（一）众筹的定义

“众筹”一词来源于英文中“Crowdfunding”，还可译为大众筹资或者群众募资，是一种新型的项目投融资方式。众筹是指拥有项目或活动却缺乏资金的发起人通过互联网或社交平台将自己的创意与计划分享给公众，借此发动公众的力量，利用团购或者预购的形式聚集公众的资金、能力以及渠道，从而完成自己的计划的过程。众筹是一种面向公众的融资方式，可以服务于新公司的成立、创意产品的研发，也可以应用于民生工程、科研项目和艺术设计等领域。

（二）众筹的要素

在众筹项目的运作中，项目发起人、投资人、众筹平台是主要的参与者，即众筹的三要素。项目发起人主要是指有创业能力、创新思想或产品但缺乏支持其创业、创新资金的人或企业。众筹项目发起人主要是在相应平台上发布项目，介绍自己的公司、产品、创意或需求，设定众筹需要的资金数额、期限及回报，完整地提出相应众筹项目规则。投资人主要是指对项目发起人的产品或回报感兴趣的，并有能力支持项目的人或机构。投资人通过浏览众筹平台项目，选择投资目标，根据项目设定的投资档位和要求进行投资后，等待投资回报。众筹平台是连接发起人与投资人的互联网终端。众筹平台负责审核项目资料，展示项目发起人的项目，并为融资双方提供一系列支持服务。随着众筹生态链的扩大，越来越多的第三方机构加入，而众筹平台也不仅仅定位于融资平台，更多的众筹平台正在积极向创业联盟平台发展，为创业、创新者或企业提供全方位的支持服务。

（三）众筹的特点

众筹融资具有以下显著特点：第一，投资人分布广泛，投入本金小。众筹融资的单笔融资额小，融资者多为个人、初创企业或小微企业，融资额大都在数百元到数万元之间；单笔投资额小，以 Kickstarter 为例，其最大的融资项目上平均每个投资者的投资额不到 200 美元，这使普通民众也可以成为风险投资人的角色。第二，投资人具有充分的选择权。众筹平台汇集了大量的项目，只要投资者愿意支持创新，总会在平台上找到一个合适的项目。第三，投资人的选择权构建于一定的信息交换上。专业人士对项目的创新性、可行性进行点评；熟悉融资方的人群对其技术实力、信用背景进行评价；平台运营方推荐优秀的项目，因而投资人可获得多方面的信息进行综合考虑并决策。第四，反馈机制可累计信任关系，众筹融资可沉淀信任关系。项目成功将增加发起人的信用，使其下一笔融资变得更为容易，而失败或虚假的项目将导致发起人失去信用，从而很难进行下一笔融资。第五，众筹融资可以为真正的创新创造一个良好的氛围。由于投资人的投入本金小，参与面广，投资人对投资失败的容忍度较其他投资高，从而让发起人在无须顾忌资金压力的情况下，有可能获得更具创新的成果。第六，低成本和高效率成为亮点。基于社交网络的众筹相对于传统融资方式的突出优势就是低成本：低启动成本、低营销成本、低交易成本。融资者和出资者通过进度更新和反馈机制频繁进行交互，显著减少了信息的不对称，提高了投融资双方的沟通和交易效率。在众筹融资平台上，每个投资人可对应多个发起人，每个发起人也可以对应多个投资人，事实上形成了网状交易结构。这种网状交易结构使投资项目的风险在一定程度上得到降低，投资人和筹资人的关系更加平等，具有一定的金融普惠和金融平等价值。众筹融资使创新项目更容易开展，成为一种重要的小微创新支撑平台，可部分取代传统的风险投资渠道。

（四）众筹的分类

通常，众筹可按回报方式类型的不同分为捐赠类众筹、奖励型众筹、借贷类众筹（即 P2P 网贷）、股权类众筹和混合类众筹。其中，捐赠类众筹往往是通过众筹这一模式，在投资者和融资者之间建立起互动关系，使投资人参与到产品或技术创新的过程中，而不是在未来获得投资回报。奖励型众筹则是投资者通过为融资者提供其所需资源，帮助融资者进行产品的生产或者技术创新，以更好地满足市场的需求，最终投资者可以以较低的价格或者免费获得产品或者技术服务。借贷类众筹是融资者从个人或者组织那里募集资金，并承诺在未来某个约定的日期偿还本金并支付额外的借款利息。这是一种基于信用的借贷关系，资金需求者需向资金提供者提供关于其信用状况的资料，以获得资金出借者的资金。P2P 网络贷款是借贷类众筹的一个典型代表，而且已发展成为互联网金融中较大的业务模式。

股权类众筹是投资者将资金投至资金需求方，并获得资金需求方提供的相应股权，随着资金需求方产品与服务的盈利能力的提升，资金提供者的股权可以获得溢价。混合类众筹是股权众筹与借贷众筹相结合的众筹模式，兼具股权类众筹和借贷类众筹的回报方式。需要指出的是，狭义上的众筹融资包括股权类众筹、捐赠类众筹、奖励型众筹，而不包含借贷类众筹，即 P2P 网络贷款。

二、众筹发展现状

2001 年世界上第一个众筹网站 ArtistShare 在美国成立，并于 2003 年正式开始众筹音乐项目计划，打开了互联网众筹的大门。至 2005 年，大量众筹平台在国外出现。

美国是当前众筹规模最大、最活跃的国家，其平台数量占据全球一半以上。Kickstarter 是美国甚至全球最大的商品众筹类平台，其运营模式已经成为世界范围内商品众筹平台的标杆。IndieGoGo 是美国最大的综合类众筹平台，涵盖商品众筹与捐赠众筹等多种类型，灵活的筹资方式是其主要特点。目前，这两个平台已经面向全球开发。AngelList 是美国比较有代表性的股权众筹平台，它引入一种被称为“联合投资”模式的领投人制度，即由专业投资人带领欲投资者形成一个针对某融资项目的圈子，领投人负责调查风险并引领组织普通公民对该项目跟投。这种模式属于比较迂回的一种股权众筹模式，它已成为在股权众筹法律地位尚不明确的国家运营股权众筹网站的主要做法。英国是全球仅次于美国的众筹发展活跃地区，其主要以股权众筹模式运营。由于英国现行法律框架对股权众筹十分友好，且英国政府推出多项减税措施鼓励股权众筹，因此股权众筹在英国等欧洲国家发展十分迅速。Crowdcube 和 Seedrs 是英国最大的两个众筹平台，两者都以股权众筹为主。

众筹最早起源于国外，但自 2011 年进入我国以来，就迅速在国内兴起与发展。由于市场的广泛认可与接受，再加上政策的向好，从 2013 年开始，我国众筹行业就开始了高速发展，众筹平台大量涌现，融资规模增势良好。截至 2014 年 12 月，北京以及沿海省份共有 100 多家正常运营的众筹平台，地域分布表明了中小企业发展程度与众筹发展的对应性。而众筹项目涉及领域主要集中在科技、出版、影视、音乐、农业、房产、公益等。随着互联网金融的快速发展，各大众筹平台都着力于在平台业务上的创新，预计未来将迎来众筹行业的发展爆发期。但是，由于监管体制以及资金供需双方的多种制约，众筹在我国的发展面临严峻的挑战。一方面，缺乏一套完善健全的监管体制，众筹平台发布的项目信息真伪难辨，投融资双方的权益无法得到保障，市场具有巨大的风险，大多数投资者仍对众筹融资持观望态度，这限制了众筹行业的正常发展。另一方面，众筹平台退出机制不完善。大多数众筹平台往往没有明确的退出机制，众筹项目的回报周期长，投资者一旦投资很难退出。一旦众筹项目失败或难以实现对投资者承诺的回报，投资人往往只能自认倒霉。

三、众筹的运行模式

通常来说，众筹融资的运作流程主要是先由筹资人向众筹平台提交项目的详细资料，接着众筹平台对资料进行审核，审核通过后进入筹资阶段，审核不通过则项目弃用，最终筹资额达到项目预定金额表明项目成功，产品生产出来后向投资者交付产品，资金未达到预定金额则意味着项目失败。不同类型的众筹模式的项目运作流程是不同的，按回报内容的不同众筹可以分为商品众筹和股权众筹两大类，这两种众筹模式的项目运作流程在众筹中较为典型。

（一）商品众筹

在商品众筹运作流程中，筹资人需向众筹平台提交详细资料，资料中应包含关于项目的内容、进展安排、投资者回报以及相应风险的详细介绍。众筹平台则需对项目资料进行审核，出于项目可行性方面的考虑，平台可能会要求筹资者提供技能证明书、履历经验证明甚至产品原型等材料。通过平台审核后，项目方可进入上线准备阶段，筹资人需在此阶段撰写文宣方案、设计美工以及拍摄宣传视频。准备结束后项目正式上线募集资金，如果在筹资期限内顺利筹集到预定金额，项目正式进入生产阶段，产品交付至支持者手中后流程结束。如果筹资期限内未成功筹到预定金额，则项目终止。

（二）股权众筹

在股权众筹运作流程中，除了基本的项目介绍、风险揭示等资料外还需提交其他资料，包括一份完整的商业计划书以及拟出让的股份数量和价格。商业计划书中应描述公司的基本经营情况、发展计划、预期收入和盈利等。为核实计划书的真实性，平台还会要求筹资人提交企业营业许可、公司财务报表等资料。项目审核通过并上线后，若在限定期内完成筹资目标，筹资人获得相应投资，若未完成筹资目标，所筹资金全部退还给投资者。筹资成功后，众筹平台会指定律师事务所或者投资公司处理股权转移、合同签订和信息披露工作。筹资者在投资合同签订后还需进一步制定未来投资者转股退出或者公司增加股份的安排，建立定期信息沟通机制，向投资者汇报公司经营情况，并在公司盈利时进行分红。

四、众筹平台对金融业发展的影响

众筹作为互联网金融的主要表现形式，对传统金融的运营模式造成了一定挑战。其中，债权众筹（P2P 贷款）类似于商业银行业务，股权众筹类似于私募股权风险投资业务。在过去几年间，众筹在国内外均取得了很快发展，并涌现了一批领先企业。然而在监管尚未明确的前提下，众筹仍集中于小众领域。新兴金融力量目前尚未在业绩上对传统金融机构形成实质性冲击，更多的还是技术、模式和思想层面的冲击。众筹模式由于种种原因目前仍难以发展壮大，更多的只是用于创意类、艺术类项目的小型筹资，较难向一般项目推广。虽然不断有人预测众筹模式将会成为企业融资的另一种渠道，对于国内目前 IPO 闸门紧闭、企业上市融资之路越走越难的现状会提供另一种解决方案，但目前国内对公开募资的规定使股权制众筹在国内尚不适用，因此在政策改变、立法保护形成之前，众筹模式在国内难以做大做强，对金融业和企业融资的影响也会非常有限。

五、众筹平台风险分析

（一）法律风险

第一，非法集资及诈骗的风险。众筹的出现一定程度上缓解了小微企业的融资难题，但其合法性却未得到清晰界定。当前，社会对非法集资问题的认定依据主要有四点，即未经审批、面向不特定对象、以合法形式掩盖非法目的、承诺回报。国内众筹公开向社会吸收资金，且股权、债权、奖励众筹分别以股份、资金、物质报酬方式回馈投资者，形式上与非法集资相似。如果项目信息虚假不实，众筹融资形成的资金池更有非法集资之嫌，若平台隐瞒投资人将资金转移或挪作他用时，则可能导致集资诈骗。

第二，非法发行证券的风险。《公司法》要求有限责任公司股东人数不得超过 50 人，股份有限公司股东人数为 2~200 人。《证券法》规定，公开发行证券需得到证券监管机构核准并遵循系列交易规则。股权众筹公司以原始股权作为投资回报，实质上是将私募股权互联网化，在融资过程中很容易触犯《公司法》和《证券法》关于公开发行证券的规定。

第三，知识产权受到侵犯的风险。众筹平台要求通过审查的项目发起人在相关网页向公众介绍项目情况，但在国内知识产权保护的法律机制不健全的情况下，详细披露产品或服务细节容易使项目创意在种子时期就被恶意剽窃。为维护自己的合法权益，筹资者通常选择部分披露，这样却有碍投资者充分获取决策信息。

第四，对投资者保护不足的风险。传统的商品交易中，《合同法》和《消费者保护法》都可以为消费者有效止损并进行维权提供有力的法律保障。但众筹领域的消费者保护机制仍处于起步阶段。当下多数出资参与者对众筹项目的收益形式和风险点缺乏必要的了解，没有专业的投资风险评估和辨别能力。众筹项目形式多样、创意百变，一些欺诈行为可能时有发生。

（二）信用风险

第一，平台在融资过程中有义务向投资者提供项目及其发起人的相关信息，但其核实和披露信息的质量难以保证。我国的信用体系不发达，游离于央行征信系统之外的众筹平台缺乏可靠的数据支持，只能自建征信数据系统来排查筹资人的欺诈和违约风险，存在很大的难度。

第二，平台的盈利模式及市场的逐利性主观上加强了众筹平台的道德风险。平台的收入主要来源于向成功筹资的项目收取交易手续费，而过于复杂和严谨的审核过程会在无形中提高创业者的准入门槛，降低网站利益。出于盈利的需要，平台通常会简化审查以上线更多的众筹项目，这就加大了不合格项目进入的潜在风险。

第三，众筹模式的信用风险还存在于资金托管环节。平台在融资过程中充当了支付中介，投资者先将资金打到平台账户上，待上线项目募资成功后，平台才会将资金拨付给融资方。这一过程存在一定的时间差，期间并无第三方机构进行监管，若平台管理人员动机不纯，则资金安全会受到威胁，扩大信用风险。

六、众筹平台风险防范对策建议

针对以上指出的众筹平台存在的风险问题，提出以下几点建议：

（一）控制合格的融资主体

项目发起人需主动披露公司的基本信息、财务数据、经营情况、商业计划及募集资金的用途和投向，提高信息公开透明度。此外，加快推动众筹行业标准化进程，统一项目的准入门槛和审核要求，保证上线项目质量，防止恶性竞争。

（二）认证合适的投资者

规范投资的准入门槛，根据经济实力、投资经验设定差异化的投资规模。加强对投资者的风险教育，向其全面披露项目投资的潜在风险。另外，投资者也要增强自身风险识别能力，综合考虑项目的风险收益，合理估值投资，并及时跟进项目进度，与平台积极沟通交流，进行投后管理工作。

（三）众筹平台规范化

首先，实行严格的网站准入机制，营造安全公平的市场环境；对平台的项目评定和运作程序进行标准化、规范化管理，加强平台操作和融资的透明度。其次，引入第三方机构独立运作模式，代理平台进行资金划转，保证资金存管安全。再次，要求平台详细介绍项目信息，进行明确的风险提示，加强投资者教育。对投后资金进行实时监控，及时喊停不合格的项目，以保护投资者利益。最后，提升平台的经营能力，培养和招募具备专业技能的管理者，如股权众筹平台的管理人员应该掌握证券投资方面的理论知识和实践经验。

（四）完善制度体系建设，实施双重有效监管

首先，政府应该及时制定法律法规，警示众筹可能涉及的法律红线，合理引导其健康发展。其次，政府应该发展社会信用体系，早日促成达标平台接入互联网金融信用数据库，共享行业内外的资源。最后，政府应实施全方位、多层次的金融监管，责成相关部门明确职能定位，避免相互推诿、权责不清、效率低下情况的出现，确保众筹在监管框架下有序发展。

第四节　信息化金融机构

一、信息化金融机构概况

信息技术对人类经济社会的发展产生了重要影响，现代金融行业的发展更加离不开金融信息技术支持。国外的金融信息化发展早已经进入业务集成和决策智能化阶段，经过信息技术的投资改造，欧美等国的银行业务发展能力得到了极大提高，收益率增长明显。信息技术给传统金融带来了新的活力，信息化金融机构应运而生。

（一）信息化金融机构的定义

信息化金融机构是指在互联网金融时代，通过广泛运用以互联网为代表的信息技术对传统的运营流程、服务产品进行改造或重构，实现经营、管理全面信息化的银行、证券和保险等金融机构。

（二）信息化金融机构的发展历程及现状

截至 20 世纪末，我国金融机构信息化建设经过 20 多年的发展，取得了巨大的成就，从无到有、从有到精、从单项业务到综合业务，初步建成了日趋成熟完整的金融信息体系。我国金融信息化的发展已从根本上改变了传统金融业务处理模式，建立在计算机和通信网络基础上的电子资金清算系统、柜台业务服务系统和金融管理信息系统表明一个多功能的、开放的金融电子化体系已初步形成。

我国金融行业信息系统的建立相对于发达国家来讲起步较晚，从 20 世纪 70 年代开始至今尽管只有短短的 40 多年历程，但发展速度迅速。目前，一些大中城市的金融行业信息系统已基本上接近了发达国家的水平。

1. 银行业信息化发展历程

纵观我国银行信息化发展历程，从最初电子设备在银行业的使用和普及，到银行网络化的建设和应用，银行信息系统建设已经走过了20多年的历程，大体经历了三个阶段：第一个阶段是20世纪70年代末到80年代末以电子银行业务为主的阶段，银行开始采用信息技术代替手工操作，实现银行后台业务和前台兑换业务处理的自动化；第二个阶段是20世纪80年代末到90年代末以连接业务为代表的银行全面电子化建设阶段，我国银行业在全国范围内建起了一批基于计算机网络的应用系统，实现了处理过程的全过程电子化；第三个阶段是从20世纪90年代末一直持续至今的以业务系统整合、数据集中为主要特征的金融信息化新阶段。随着计算机信息化建设的不断发展，金融机构信息科技工作由原来的全面管理、维护和系统研发为主，逐渐转变成以贯彻落实总行及管理机构标准规范为主导，以保障本地区网络安全稳定运行为重点的工作机制。

2. 保险业信息化发展历程

我国保险业信息化发展历程也大体经历了三个阶段：第一阶段是20世纪80年代到90年代初，这一阶段是起步阶段，国内一些大型保险公司初步实现了办公系统信息化；第二阶段是20世纪90年代中后期，随着网络技术的发展，我国保险公司加快网络的应用，基本实现了保单电子化、保险业务流程信息化和网络化，所有大型保险公司开始对业务进行系统整合；第三阶段是2000年以后，保险业信息化程度有了新飞跃，这一阶段的保险业积极开展电子化建设，信息化的主要成就包括不断开发保险新产品以及精算的效率与保险计费的科学性不断提升。

3. 证券业信息化发展历程

我国证券行业信息化起步较早、发展较快。证券业最早应用信息技术的是证券交易所。1990年，上海证券交易所通过计算机进行了第一笔交易。1992年，深圳证券交易所复合系统正式启用。十几年来中国证券市场的快速发展，目前证券交易所信息化的主要成就包括四个方面，分别是交易系统的信息化、信息平台系统、通信系统和监管系统。证券公司作为证券业的主体，也是证券信息化的主体。目前，国内的所有证券公司都建立了网上交易系统，通过互联网实现了全公司互联和集中交易。在管理、决策和风险控制方面，也基本实现了信息化，包括稽核系统、财务系统和统计分析系统等。

2013 年以来，信息技术已广泛渗透到金融经营管理的各个机构、各项业务、各个环节，金融行业信息化进入了创新机遇期。经过了之前十余年的数据和业务集中建设，包括银行、保险、证券等在内的金融行业信息化正在走向一个全新的阶段，信息技术的应用水平、网络化和电子商务的链接成为衡量“新世界、新金融、新银行”的一个重要标准。基于云计算、大数据、移动与智能设备以及社交网络等第三类平台的金融服务，正在成为新的金融业务创新及增值点。

（三）信息化金融机构的特点

信息化金融机构则是金融创新的产物。目前，金融行业正处于一个由金融机构信息化向信息化金融机构转变的阶段。总体来讲，相较于传统金融机构，信息化金融机构有以下几个特点：

1. 金融服务更加高效便捷

传统金融机构通过信息技术投入、硬件设施升级等基础性信息化建设，实现了工作效率的极大提升。信息化金融机构通过以互联网技术为基础的更高层次的信息化建设，对传统运营流程、服务产品进行改造或重构，在金融服务方面同样取得了质的提升。因此，更加高效便捷的金融服务已经成为信息化金融机构的一个显著特点。

2. 资源整合能力更为强大

对于金融机构来说，其管理的资产比较特殊，一般是负债性业务所得，具有高风险特性。现代金融机构的业务构成复杂，信息化的建设使金融机构能够实现业务的整合。同时，通过完整的 IT 建设，金融机构按照一个统一的 IT 架构将机构内部各管理系统全部整合到一个系统管理平台，实现各系统的互联互通。通过信息化建设集成的统一内部管理系统，使金融机构可以运作的空间更为广阔。

以银行为例，现代银行的业务分布非常广泛，对于一个规模较大的银行来说，其信贷业务可能遍布于某一行业的整个产业链中。在信贷链条上，可能有几百家上游企业，同时可能有几千家下游企业，它们之间是相互关联的，身处这一产业链中的银行完全可以把上下游结合起来，这也就是所谓的供应链金融。所以，这个方面系统的整合就是要真正实现将现代科学技术与企业或者银行的经营理念、核心业务管理方式和客户服务进行高度融合，使银行的经营更具活力。

3. 金融创新产品更加丰富

金融机构的信息化建设极大地提高了金融的创新能力，各金融行业不断推出新型的金融产品。作为移动互联网时代的产物，手机银行是银行业的创新产品，方便了人们的日常生活，无论是转账、生活缴费，还是投资理财，仅仅通过触摸屏幕就能够实现。理财产品的日益丰富也是金融产品创新的一个体现，更多平民理财产品的出现，改变了金融行业理财产品带给人们的“高门槛”的印象。金融行业线上线下业务的创新组合，也给人们的生活带来了便利，同时拓展了金融机构自身的服务空间。

二、金融信息化的运营模式

金融信息化是金融业发展趋势之一，金融信息化是指在金融领域全面发展和应用现代化信息技术，以创新智能技术工具更新改造和装备金融业，使金融活动的结构框架重心从物理性空间向信息性空间转变的过程。从经营模式上来说，传统的银行贷款是流程化、固定化的，银行从节约成本和风险控制的角度更倾向于针对大型机构进行服务，通过信息技术可以缓解甚至解决信息不对称的问题，为银行和中小企业直接的合作搭建了平台，增强了金融机构为实体经济服务的能力。但更为重要的是，银行通过建设电商平台，积极打通银行内各部门“数据孤岛”，形成一个“网银+金融超市+电商”三位一体的互联网平台，以应对互联网金融的浪潮及挑战。

在互联网金融时代，信息化金融机构的运营模式相对于传统金融机构运营模式发生了很大的变化，目前信息化金融机构的运营模式主要分为以下三类：传统金融业务电子化模式、基于互联网的创新金融服务模式、金融电商模式。

（一）传统金融业务电子化模式

传统金融业务电子化模式的实质也是金融电子化的过程，是指金融企业采用现代通信技术、网络技术和计算机技术，提高传统金融服务行业的工作效率，降低经营成本，实现金融业务处理的自动化、业务管理的信息化以及决策的科学化，为客户提供快捷、方便的服务，达到提升市场竞争力的目的。该模式是以传统的、封闭的金融专用计算机网络系统为基础的，其本质是行业内部管理的自动化与信息化。

（二）基于互联网的创新金融服务模式

1. 直销银行为代表的银行业金融服务模式

以互联网技术为支撑的金融创新遍布金融行业，基于互联网的新金融服务模式在不同的金融行业有着不同的代表模式。银行业作为我国金融系统的重要组成部分，其信息化水平一直处于领先地位。基于互联网的新金融服务模式也率先在银行业展开，比较有代表性的是直销银行模式。目前，直销银行在国外的发展已经比较成熟，而国内的直销银行正处于试点阶段，最先涉足此模式的是民生银行和北京银行。

直销银行是指业务拓展不以柜台为基础，打破时间、地域、网点等限制，主要通过电子渠道提供金融产品和服务的银行经营模式和客户开发模式。此模式能够为客户提供简单、透明、优惠的产品，具有显著的市场竞争力和广泛的客户吸引力。直销银行是几乎不设立实体业务网点的银行，其主要通过互联网、移动终端、电话、传真等媒介工具，实现业务中心与终端客户直接进行业务往来。直销银行是有独立法人资格的组织，其日常业务运转不依赖于物理网点，因此在经营成本费用支出方面较传统银行更具优势，能够在经营中提供比传统银行更具吸引力的利率水平和费用更加低廉的金融产品及服务。

目前，尚难判断哪种模式会成为我国直销银行发展的主流模式，随着金融互联网化的深入，国内银行会积极借助互联网技术变革传统金融服务模式，为求为客户提供更好的服务体验，以便在激烈的市场竞争中获得优势。

2. 众安在线开创互联网保险新业态

众安在线是保险业基于互联网的一次创新金融服务尝试，定位于“服务互联网”，其产品需求来自互联网。通过互联网技术手段来解决保险流程问题，有望成为互联网金融渠道新的发展形态。与传统保险机构不同的是，众安在线不设分支机构，主要从事网络安全、电子商务、网购消费者权益保护、社交网络等互联网相关的财产保险业务。定位于“服务互联网”的众安在线除通过互联网销售既有的保险产品之外，还通过产品创新为互联网的经营者和参与者提供一系列整体解决方案，化解和管理互联网经济的各种风险，为互联网行业的顺畅、安全、高效运行提供服务和保障。

3. 余额宝模式引领互联网基金

互联网平台对基金公司来说是一个巨大的渠道，淘宝、腾讯、京东等互联网平台将给基金带来可观的客户流量。未来互联网公司与基金公司在合作中很可能会各司其职，发挥特长：互联网的第三方支付、基金销售等平台扮演的是渠道角色，而基金公司应将更多的注意力放在产品创新上，进行“产品定制”，扮演内容提供商的角色。

从初期看，由余额宝带来的互联网基金风潮主要是渠道和客户量的突破以及基金行业规模的扩展。基金借助强大的第三方互联网销售平台，终于实现了基金销售的“非银行化”，但余额宝模式所引领的互联网基金的意义不止于此。互联网基金很可能在一定程度上解决了基金业面临的客户体验不佳的难题。未来互联网基金的突破口可能在于更多地推出低风险的固定收益产品。

（三）金融电商模式

1. 银行业的金融电商

就表现形式而言，目前银行业的金融电商主要有两种表现形式：第一种是以中国建设银行为代表的自建平台模式；第二种是以招商银行为代表的平台合作模式。

对于银行来说，其建立电商平台具有一定的优势，主要包括以下三点：首先，商业银行有很多对公客户，这些对公客户有一大部分是制造企业，这就决定了银行有足够量的货源；其次，商业银行有大量的个人客户，这些个人客户可以作为买家，这意味着银行拥有大量的买家资源；最后，在金融行业中，商业银行的作用属于金融中介，电商平台的建立可以拓宽银行作为中介的内涵。

2. 证券业的金融电商

与银行业的电商模式类似，证券业的金融电商模式也主要分为两种模式：一种是目前部分券商正在做的，自己搭建电子商务网站；另一种是通过与淘宝、腾讯等大型网络公司合作，在对方的平台上销售产品的模式；此外，资本较充足的券商甚至可以直接收购第三方电子商务公司。

相对于银行而言，券商面临的主要问题是客户流量有限，不具备银行那样的海量数据资源，其品牌认知度也远低于银行。对于券商来说，建立电商平台本身就是一个争抢客户数据的行为。在券商进军电子商务领域的竞争中，一批券商已经抢得先发优势。其中，国泰君安的网上商城已经成为各家券商模仿和学习的模板。在国泰君安的网上商城，金融产品同一般商品一样销售，甚至引入了目前火热的团购模式。

3. 保险业的金融电商

目前，国内各大保险公司纷纷试水电商，试图通过电商平台的建立来取得渠道的突破。平安保险、太平洋保险等保险公司陆续推出网上商城，消费者可以在其官网上购买保险产品。同时，保险公司也和电商企业积极合作，淘宝保险便是保险公司和电商企业合作的产物。

由网销逐步进入互联网保险已成为行业共识。目前，保险业的运营模式主要分为两大类：一种是综合考虑成本、控制权及相关影响等因素，大型险企倾向于自建网销渠道或依托官网进行互联网销售；另一种是中小型险企普遍选择“借力”第三方的模式。但是总体来说，保险电子商务基本还处于“赚吆喝”阶段，大部分通过电子商务平台销售的保险产品利率润较低，整体盈利前景尚未明朗。

三、信息化金融机构对金融业发展的影响

（一）信息化成为企业核心竞争力，上升到战略层面

对于传统金融机构来说，其核心竞争力在于机构本身的规模优势，包括其实体网点数目、资金实力、人才优势等因素。进入互联网时代，规模优势固然是金融机构竞争力的重要体现，然而，金融机构的核心竞争力已逐渐转移到其信息化程度上。未来信息化金融机构的竞争更多是建立在信息化技术层面上的金融产品创新和业务创新，以及金融服务体验的完善。信息化对于金融机构来说，意味着更加灵敏的市场反应和更大程度地利用信息价值。同时，信息化建设能够化解企业内部信息不对称问题，充分挖掘客户信息，并通过建立互联网平台的方式建立金融生态圈。信息化对于金融机构的提升是全面性的，也决定了未来金融机构的核心竞争力所在。

（二）金融服务竞争战场转移

互联网时代的平台模式改变了盈利的着眼点，信息化金融机构由传统的产品服务提供者转变为产业需求与供给之间的连接者。在互联网平台模式下，仅仅提供产品和服务已不再能满足金融机构对盈利能力的要求。越来越多的企业已着手变换其商业模式，从产品销售角色转向将自身打造成某种媒介的角色。

对于信息化金融机构来说，需要将互联网平台开放、协作、分享的精神融入金融机构的业务创新，将这种平台精神活化在商业活动中，能够为

企业带来更多创新性的机遇和更为广阔的市场。

（三）中小金融机构突出重围的机会

与大型机构相比，在讲究规模优势的金融行业，中小金融机构缺乏资金和人才。但这不代表它们没有机会，开拓大型金融机构还尚未涉足的市场空白，联合拥有海量用户的互联网企业开拓新的投资渠道，推出个性化创新金融产品来满足不同客户的需求，中小金融机构就很有可能突出重围。在互联网时代，规模的竞争优势不会再像传统模式时代一样起到决定性作用，对于金融机构来说，借助于互联网传播速度与广度带来的优势往往成效更加显著，而且经常是先进入者取得绝对优势。

相对于大型金融机构，中小金融机构拥有创新成本优势，大型金融机构庞大的规模和繁琐的流程使其金融创新往往需要考虑更多复杂的因素，经历更漫长的时间，而中小金融机构则更加灵活、简化。

（四）混业经营趋势明显

金融业混业经营是指银行、证券公司、保险公司、信托公司等金融机构在业务上相互融合、渗透与交叉，它突破了分业经营业务模式的局限，借助金融创新手段不断丰富金融产品内涵，极大地提高了金融市场资金运用效率，奠定了为客户提供“一站式”金融服务基础。

对于信息化金融机构来说，通过混业经营，能够更好地实现客户资源、硬件资源和人力资源的共享及整合，同时可以精简人员，削减物理网点，降低经营成本，提高经营效率来增强竞争力。同时，混业经营往往意味着更为强大的资源优势和规模优势，从而带来更强的竞争优势。混业经营将使金融机构的业务类型更为广泛，收入来源增多，市场份额扩大。随着经营业务领域的扩展，风险也能得以分散。在以往单一业务经营模式下，一旦受经济波动或其他因素影响，风险很难分散，多元化的业务经营则给了金融机构更多应对风险的机会。

四、信息化金融机构面临的风险分析

在金融信息化的背景下，金融风险发生了一系列深刻变化，表现出不同的特征。对于信息化金融机构来说，考虑到其处于信息技术迅速革新且金融机构自身金融创新层出不穷的时代背景，针对信息化金融机构的特点，按照风险发生的根源，我们将其所面临金融风险主要分为系统性风险、法律风险和操作风险三类。下面将其风险特点、主要风险类型逐一介绍。

（一）信息化金融机构面临的风险特点

随着金融信息化建设的不断推进，信息化金融机构面临的风险主要表现出以下几个特点：

首先，信息化的金融服务扩大了传统金融服务的外延，其安全性面临新的考验和挑战。引入社会第三方服务机构的发展趋势带来了可管理性、可控性等新的问题。

其次，金融数据的处理越来越集中，这导致技术风险也相对集中，对金融机构的安全运行提出了更高要求。由于信息技术本身处在一个快速更新和发展的过程中，这会带来更多形式的安全威胁手段与途径，这就要求信息化金融机构不断采取新型的、更高强度的安全防护措施。

最后，网络的跨企业、跨行业以及跨国度的特性使对金融机构的安全控制变得更加复杂。随着以网上银行为代表的无国界金融服务越来越普及，来自互联网的威胁也越来越大，网络黑客攻击的危险性也越来越大。

（二）三大主要风险分析

1. 系统性风险

系统性风险是指一个事件在一连串的机构和市场构成的系统中引起一系列连续损失的可能性。风险的溢出和传染是系统性风险发生时最为典型的特征，另一个重要特征就是风险和收益的不对称性。与个别风险的管理相比，对系统性风险的监管更艰难、更复杂，需要监管理念、监管方式的根本性转变。

通过信息化建设，金融机构可以化解一部分风险，如因人工操作失误带来的风险，然而系统性风险却难以通过技术解决。在大数据的背景下，信息化金融机构往往面临着海量数据集合以及机构内部资源整合的情形，而一旦发生系统性风险，由于风险的传染性，这种破坏力会更加强大，所以需要引起信息化金融机构足够的重视。

2. 法律风险

法律风险是金融机构违反法律法规或者法律的滞后性以及相关法律法规不健全而导致的风险。法律具有滞后性，加之金融信息化的迅猛发展，使金融创新的速度远远超过了金融法制建设的速度，而监管又必须依法进行，所以金融机构面临的法律风险十分严重。我国缺乏关于客户信息披露和隐私保护的相关法律法规，在金融机构逐渐信息化的过程中，金融消费者合法权益被侵害的可能性加大；金融机构通过互联网提供金融业务时，为增强客户服务，通常会链接其他网站，黑客可能会利用虚假网站欺骗客户，客户一旦遭遇损失，金融机构可能需要承担连带责任，面临法律风险；银行在提供电子认证服务时如果没有在合同中明确双方的权利义务，那么一旦出现损失，银行必须对使用其证书的客户负责；当客户出现操作失误时，所造成的损失应如何划分，这些问题都需要明确的法律规定，通常情况是客户不对非己方疏忽而导致的问题负责。

信息化业务无疑会涉及电子货币，电子货币的匿名性使交易方式难以追踪，为洗钱、逃税等活动提供了便利；电子货币具有潜在的私人发行的可能性，当前，我国还没有这方面的相关监管法律；电子化虚拟化的金融业务模糊了国家之间的自然疆界，其业务和客户随着互联网的延伸可触及世界的任何角落，这对于传统的基于自然疆界的法律法规是莫大的挑战，关于跨境网上金融服务的交易管辖权以及法律适用性的问题尚不明确。

3. 操作风险

操作风险是指不完善或有问题的内部操作过程、人员、系统或外部事件导致直接或间接损失的风险。根据《巴塞尔新资本协议》，操作风险可以分为由人员、系统、流程和外部事件所引发的四类风险，并由此分为七种表现形式：内部欺诈，外部欺诈，聘用员工做法和工作场所安全性，客户、产品及业务做法，实物资产损坏，业务中断和系统失灵，交割及流程管理。

具体而言，对于信息化金融机构，最突出的操作风险当属信息技术风险。当前，我国金融机构的业务开展高度依赖于信息技术的应用，信息技术风险已成为金融机构操作风险的重要方面。我国许多金融机构的信息化建设正在如火如荼地进行，但对潜在的信息技术风险却浑然不觉。

随着金融机构信息化程度的加深，金融业对数据的依赖将越发明显，数据的完整和安全已经成为金融业稳定运行的关键，灾害导致的系统停顿将会让运营付出相当大的代价，灾备中心的建设显得尤为重要。

五、信息化金融机构风险防范对策建议

在金融机构信息化过程中，金融创新往往带来许多不可控因素，同时也意味着更多的风险，提高对风险的识别能力、防范能力和化解能力是金融机构应对风险的主要措施。为此，我们提出以下建议，以帮助金融机构防范和减弱信息化进程中的各种风险，保障其更好地向信息化之路迈进。

针对系统性风险而言，首先，应该提升金融机构对系统性风险的认识，尤其是要意识到系统性风险作为重点防范风险，需要给予其独立的专业化管理；其次，信息化金融机构要建立适当的系统性风险管理组织体系，保持系统性风险管理的独立性和专业性；最后，信息化金融机构要尽早开始损失数据库的建设和系统性风险量化模型的研究开发，并探索行业数据共享方式，为系统性风险管理提供良好的技术支持。

针对法律风险而言，法律体系的完善可以为金融机构更好地运营和对金融机构的有效监管提供全面法律依据。从现在开始，我国就必须大力加强金融方面法律体系的建设，运用法律手段规范、保障和促进金融业的运行，提高依法监管水平和效率。金融机构信息化业务风险的防范和化解是

相互支撑、相辅相成的，风险防范做得好，可以大大减轻事后化解的难度和成本，而风险化解工作的经验教训又可以提升依法管理的水平。因此，保证两者同步健康的发展才能真正发挥法律控制系统的作用。

针对操作风险而言，在面临某项业务带来的操作风险暴露时，金融机构的应对策略可以分为两大类，即规避或者承担。规避策略意味着拒绝开展该项业务或者关闭已开展的业务。规避策略彻底消除了该项业务的操作风险暴露，无须支付管理成本，但其代价是失去了开展该业务可能带来的盈利。规避策略适用于操作风险很大并难以衡量，而且缺乏管理手段的新业务；也适用于操作风险水平和业务盈利水平不匹配的业务。规避策略的关键是科学地确定规避的风险对象。当然，金融机构并不能对所有应承担的操作风险都采取风险降低的策略，还应该采取风险转嫁的策略。一方面，这是因为有些操作风险性质过于复杂或者所涉及的知识领域并非该金融机构核心竞争力之所在，金融机构可以通过业务外包形式将不擅长或不重要的业务或管理环节委托给外部专业机构。另一方面，因为业务中的操作风险具有发生概率很小、后果很严重的性质，金融机构本身缺乏管理的手段和承担的能力，于是通过购买保险将操作风险转嫁给保险公司。

第五节　互联网金融门户

一、互联网金融门户概述

互联网金融是借助于互联网技术、移动通信技术实现资金融通、支付和信息中介等业务的新兴金融模式。互联网金融门户属于互联网金融众多模式中的一种。互联网金融门户是依托互联网为用户提供在线金融产品和增值服务的平台。一方面，“搜索+比价”是互联网金融门户的核心功能，通过运用互联网技术，它将商业银行、保险公司、基金公司等金融机构的同类产品集中到互联网平台，并进行有机整合，为客户提供各类金融产品的检索、比较服务，如基金、债券、保险、贷款、信用卡等；另一方面，互联网金融门户还为客户提供其他增值服务，如审核受理客户的贷款申请、为客户提供个性化理财、创建网络讨论社区分享经验攻略等。

二、互联网金融门户运营和盈利模式

互联网金融门户普遍都在网页和手机应用两大客户端进行了布局，运营模式总体来说有 B2C 模式、O2O 模式以及兼具 B2C 和 O2O 的混合业态模式三种。由于大部分互联网金融门户都不直接参与交易，也不设计属于自己的金融产品，因而其运营流程大体上可以简化为信息采集和搜索匹配两个阶段。

在信息采集阶段，需要对互联网金融信息资源进行汇总和整理，内容覆盖金融资讯、行业数据和各类金融产品信息。这项工作在很大程度上依赖互联网金融门户自身的数据采集技术和合作方渠道的信息供给，有时还需要互联网金融门户企业的工作人员秉持客观中立的立场，通过实地走访和考察等方式去收集信息，从而建立门户的信息储备库。在汇聚信息的同时，互联网金融门户还要实时更新信息，以确保展现给用户的信息精准及时。采集的信息量越大，越有助于实现规模经济效益，发挥门户的平台优势。

在搜索匹配阶段，互联网金融门户需设计简单明了的金融产品搜索功能，设置产品类型、金额以及期限等条件，便于精准定位用户的需求，并据此进行数据分析和数据匹配，为客户甄选出所有符合其特定需求的产品，供其进行比较决策。同时，互联网金融门户应注重定制化增值服务的提供，通过分析用户当前的财务状况和投融资需求，如资产份额、风险偏好以及财富目标等，为用户推荐适合的金融产品，甚至帮助用户制定个性化的财富管理策略，提供综合性的理财规划服务。

除信息采集和搜索匹配两方面的运营工作外，有些互联网金融门户还会让业务人员与用户联系对接，促进线下咨询及购买，并通过信息反馈系统实现 O2O 模式的闭环。P2P 类和保险类互联网金融门户较为特殊，由于增设了其他业务，所以运营模式上也相应进行了拓展。其中，P2P 类互联网金融门户开展了风险监控业务，针对国内 P2P 行业缺乏监管、野蛮生长、乱象丛生的问题，为用户筛选出具备行业准入资质且信誉良好的 P2P 平台，并对其进行实时监控，以便在个别 P2P 平台携款"跑路"等事件发生前及时进行风险预警，在事件发生后进行风险揭示；保险类互联网金融门户则是开展了交易业务，用户可以直接在门户上进行保险产品的购买，这要求互联网金融门户配备在线支付功能，并在运营过程中加强对用户财产安全和个人隐私的保障。

互联网金融门户的盈利模式主要有广告费、推荐费、佣金、手续费、培训和咨询费五种。其一，通过广告联盟的方式来赚取利润，要求互联网金融门户依靠网站的流量、访问量和点击率，吸引广告。互联网金融门户的规模越大、种类越全，则访问量越多，越容易吸引在线广告的入驻，从而收取更多广告费用。其二，互联网金融门户帮助用户甄选并推荐合适的金融产品，其实也是在帮开发金融产品的金融机构招揽客户，提升交易量，因此可以向金融机构收取相应的推荐费。其三，部分互联网金融门户提供在线交易服务，一方面向金融机构提供客户信息和购买意向，另一方面为客户购买金融产品提供全程协助，撮合了买卖双方达成最终交易，可向金融机构收取一定比例的费用作为佣金。其四，由于为用户提供了在线保险产品选购、保费计算以及综合保障方案等一系列专业服务，保险类互联网金融门户通常会在投保成功后向用户收取一定的手续费。其五，鉴于 P2P 平台人员扩张和 P2P 行业监管不严，部分 P2P 网贷类互联网金融门户开展了针对 P2P 网贷平台的培训和咨询服务，通过帮助 P2P 网贷平台提升一线业务员的审贷能力，为相关法律法规制度和准入资质等疑难问题进行解答，收取相应的培训和咨询费，实现营收。

由于互联网金融门户各自定位不同，所以在运营模式和盈利模式上也有所差别，根据前面的介绍，表 5-2 简要展示了互联网金融门户的定位、运营和盈利模式。

表 5-2 互联网金融门户定位、运营和盈利模式

	定位	运营模式	盈利模式
P2P 类	P2P 网贷行业的第三方资讯平台	汇总整理信息 监督和风控	广告费、培训及咨询费
信贷类	信贷产品的垂直搜索平台	信贷产品信息采集 信贷产品搜索及匹配	推荐费 佣金
保险类	保险产品的垂直搜索平台或网络保险经纪人	汇总保险产品信息 打造保险交易平台 提供保险增值服务	手续费 广告费 佣金
理财类	独立的第三方理财机构	汇集理财产品 推荐合适方案 提供理财规划	广告费 推荐费
综合类	多元化金融产品的垂直搜索平台和在线金融超市	线上搜索比价金融产品 线下咨询及购买 O2O 闭环	广告费 推荐费 佣金

总体来看，无论是何种收费方式，互联网金融门户盈利的核心都在于访问流量和从访问到实际采纳的用户转化率。由于信息处理成本在短期内难以降低，所以提高转化率更为关键。为此，互联网金融门户更要掌握用户的本质需求，结合影响用户采纳互联网金融门户意向的影响因素，设计符合用户审美习惯和使用习惯的网站内容与页面，精心筛选、提供内在价值高的金融产品，同时创新搜索方式，简化操作流程，努力增强用户黏性，从而提高转化率，使互联网金融门户获取更多的用户采纳和稳定且可持续的收入。

三、互联网金融门户的发展趋势

在当下多元化的互联网金融模式中，互联网金融门户模式正在快速崛起。互联网金融门户的核心本质就是“搜索+比价”的模式，即采用金融产品垂直搜索方式，将各家金融机构的产品放在平台上，用户通过将各种金融产品的价格、特点等进行对比，自行挑选合适的金融服务产品。互联网金融门户模式的快速发展，不仅满足了广大互联网客户对贷款、信托、保险、理财、财富管理等多元化的需要，而且正在对传统的金融行业酝酿越来越大的冲击风暴。

互联网金融门户的市场空间广阔，商业模式也得到众多投资机构的高度认可，基于互联网金融门户目前的运营模式和特点，将未来互联网金融门户的主要发展趋势总结为以下四点：

（一）门户发展平台化

互联网金融门户借助大数据技术，利用垂直搜索的方式来改善信息不对称现象，不仅为金融机构提供了智能化的金融产品销售服务，有效降低了金融机构的营销成本，而且为客户提供了及时且全面的金融信息、便捷且个性化的金融增值服务。因此，互联网金融门户未来将很有可能成为互联网金融生态系统中集金融资讯、在线金融产品搜索和比价以及相关金融增值服务于一体的产业联盟平台，通过结构化的垂直搜索方式聚集产业链上下游企业，在技术协助的同时，促进供需双方的信息交流、业务对接以及利益共赢。

（二）产品类别多元化

对于互联网金融门户而言，解决信息不对称问题是其存在的根本意义。所以，产品覆盖越广、数量越多，上游企业的资源越分散，信息传递就越充分，平台的价值也就越大。这也是融 360 在信贷搜索的基础上又增设了信用卡等产品搜索，阿里旗下的蚂蚁聚宝 APP 涉猎基金、股票等多个板块，以及软交所科技金融超市一上线就涉及企业贷款、股权融资、政策融资、企业理财以及新三板/IPO 五大类金融产品的重要原因。由此可见，在经营产品种类上，核心定位为垂直搜索平台的互联网金融门户未来必将呈现产品类别多元化的发展趋势，即门户将不断汇聚更多的不同类别的金融产品，从单一金融产品的垂直搜索转型为多类别金融产品的综合垂直搜索。举例来说，信贷类互联网金融门户可以将业务范围延伸到 P2P 网贷、信用卡等，而保险类互联网金融门户可开展理财、中期信托、短期保险基金等业务，供用户搜索比价，从而多角度、深层次地挖掘和满足用户的需求。

（三）服务模式定制化

互联网金融门户的立足之本是客户。随我国人民生活水平的日益提高，如何满足客户对个性化金融服务的需求，将成为互联网金融门户提升核心竞争力的关键所在。因此，未来互联网金融门户有望打破原有 B2C 模式的局限，更大程度上利用大数据、云计算、物联网等互联网技术，对客户搜索习惯和行为特征进行有效的记录和智能的分析，并通过调查研究深入地挖掘用户的本质需求，从而为客户量身定制地推荐金融产品，增强客户在挑选金融产品和获取金融服务过程中的个性化体验，逐步形成互联网金融领域的 C2B 模式。

（四）营销方式移动化

由于移动通信技术和手机终端设备的迅猛发展，截至 2017 年 6 月，中国手机网民的规模已达到 7.51 亿，且相当部分群体已形成了手机浏览和移动支付的习惯。鉴于移动互联网的良好发展势头，未来互联网金融门户势必也会不断开发相应的手机应用软件，涌现出一大批像钱先生、铜板街和挖财等 APP，以方便用户随时随地进行金融产品的挑选和金融服务的获取。相信通过进行电脑端到手机端的全方位布局，互联网金融门户将更加及时地传播其产品信息，更加便捷地运营其业务流程，从而更好地聚拢用户资源，充分发挥其平台优势。

目前，国内知名的互联网金融门户及其服务、具体业务内容和收费情况见表 5-3。

表 5-3 国内互联网金融门户知名企业

名称	提供服务	具体业务内容	是否收费
淘宝理财	活期、定期理财产品服务	提供余额宝、保险理财、基金理财产品。用户可以在线浏览产品详情，下单并通过支付宝付款购买	免费
数米基金网	“一站式”金融理财顾问服务	涵盖基金数据、资讯、论坛等，并在国内推出“基金宝”专业基金分析软件	免费
天天基金网	“一站式”基金理财服务	提供基金资讯和数据，并开设了基金社区“基金吧”	免费
百度金融中心	“百发”“百赚”等理财产品与服务	面向大众客户提供金融服务和理财服务	免费
91 金融超市	贷乐发、易贷天下、车险通	贷乐发帮助用户找到信贷产品；易贷天下是贷款机构的直接网销平台，为用户提供信贷产品；车险通为中国车险消费者提供服务	免费
融 360	经营贷款、消费贷款、购车贷款、购房贷款、担保咨询和贷款攻略	建立了线上搜索和申请、线下接受服务的金融模式。用户对金融产品进行搜索和比较后在网上申请，信贷员通过电话跟进服务	免费

第六节　大数据金融

一、大数据金融概况

近两年，中国的互联网金融也得到了快速发展，并且逐渐涌现出一些有代表性的互联网金融企业。其中，大数据技术与互联网金融融合，塑造出了全新的互联网金融服务系统，衍生出了许多创新的互联网金融产品。大数据技术在精准营销、产品设计、风险管控等方面，通过分析海量数据，可以做到定位营销、产品改善、提高抵御风险的能力，起到全力推动互联网金融发展的作用。因此，互联网金融也即大数据金融。大数据金融，是指利用大数据开展的金融服务，即针对海量数据，经过互联网、云计算等信息化处理方式，结合传统金融服务，开展资金融通，创新金融服务。

二、大数据金融的发展现状

目前来看，大数据金融主要应用在广大电子商务领域，大多应用项目的业务经验是依靠分析已有的结构化数据。但是，以后金融业将更多地面对非结构化数据，需要处理难以想象的海量数据。信息量膨胀，信息大爆炸越来越突出，银行决策系统必须改进，才能整合处理多样化业务。银行业建设大数据平台要易于使用，能够提供系统方案，在原系统的基础上满足可拓展性，需要全面集成已有沉淀数据，延伸多种功能，有效解决问题，完善原有数据“仓库”。建立银行大数据中心平台，不仅能够解决数据集成问题，系统集成大数据，还能提供企业业务方案，建立智能决策体系，实时整合所有功能，组织所有系统。

金融行业不断发展，用户量持续扩大，银行业务更加多元化，数据规模急剧增长，要实现数据监控，就必须要实现跨系统数据传输和跨行业整合数据，并在此基础上快速分析，得出有效方案。银行业必须保证大数据的真实性，才能进一步应用数据挖掘功能，进行高级分析，提供决策支持体系，实时快速处理银行各种各样的静态及动态数据，通过可视化工具为企业进行展示和评估，并为其提供决策帮助，预测未来前景。这是大数据金融的力量源泉。电子商务、电信、金融三大领域是目前应用大数据比较快的领域，银行大数据项目可以借鉴学习电子商务拥有的成功经验。如今，阿里网络金融再度启动创新模式，应用大数据技术，改变金融业传统理念。例如，阿里提出，针对买家发行虚拟信用卡，基于海量用户交易记录，建立有效信用机制，用于网上购物与支付，目前该虚拟信用卡已有超过 8000 万名用户，带来了巨大的市场利润，潜力非常雄厚。行业不同，需求也有差异，关键在于构建大数据平台，实时适应行业应用。目前，金融信息化迫在眉睫，而金融信息化的关键在于快速处理海量数据的技术性能，要建设系统，注重用户体验，重视业务系统，抓好业务办理，实时传递各种数据，提高社会效率。目前亟须解决金融行业的数据隔膜，因为信息分散会导致计算资源浪费，利用率极低。快速扩展大数据业务，需要实现平台交付，因此，实现客户数据集成平台，应用决策分析系统，处理分析图像及视频等非结构性数据，必将成为大数据应用的发展方向。

三、大数据金融的运营模式

（一）大数据金融运营模式的构成要素

运营模式是衔接企业发展战略、企业发展技术和企业发展资源配置的核心，是关系到企业生死存亡的大事，企业要想在激烈的市场竞争中获得持续、持久的发展，就必须从制定成功的运营模式开始。大数据金融可为客户创造独特的价值，其商业模式的组成要素如下：

1. 价值主张

大数据金融通过其服务给客户创造价值商业模式中的目标定位、资源整合能力、合作伙伴、盈利模式、客户关系、接触渠道六大要素，都是为了帮助客户创造其真实需要的价值。虽然大数据金融目前还处于起步阶段，但是其可能带来的价值已初见端倪，而且在实际生活中，我们已经感受到了大数据给人们生活所带来的极大便利。

2. 目标定位

大数据金融所提供的服务，必须明确自己在市场中的定位，因为定位决定了企业应该提供什么特征的产品和服务来实现客户的价值。大数据技术可以帮助金融机构以极低的成本覆盖更广泛的用户群体，实现社会各阶层的全覆盖是大数据金融的未来趋势，而不仅仅是传统金融机构的优质客户。

3. 资源整合能力

资源整合能力是企业组织能力的表现。对金融机构来说，除需要有很强的资源优化配置能力外，还需要很强的金融大数据的挖掘和整合能力，因为这是影响未来金融机构核心竞争力的关键因素。金融大数据是一座极具价值的金矿，但如果不能科学地加以利用，它就会变成一堆毫无用处的垃圾。亚马逊、谷歌等互联网巨头凭借其沉淀的海量大数据，为自己体系中的中小客户提供融资服务，就是借助其自身强大的资源整合能力来实现的。

4. 合作伙伴

在大数据时代，任何企业都不能做到完全独立存在，而是需要和自己的上下游企业建立良好的合作伙伴关系，充分整合上下游的资源和数据，全面地为客户创造价值。为有效地提供价值并实现其商业化，公司之间需要形成并维护良好的合作伙伴关系。

5. 盈利模式

盈利模式对于大数据金融企业的发展起着至关重要的作用，一个企业竞争力的高低，与该企业的盈利模式是直接相关的。我们可以利用大数据技术更加贴近消费者，深刻理解消费者的真实需求，高效分析消费者的信息并做出预判，并通过大数据获取盈利。

6. 客户关系

基于客户留下的海量数据，利用大数据技术，可以把客户的特征细分为一个个更小的市场，并对这些细分市场实行差异化的客户服务策略，这样能够显著提高不同客户的满意度，进而有利于金融机构和客户群体之间建立起融洽的关系。

7. 接触渠道

金融机构希望获取更多的客户数据。大数据金融需要借助线上、线下多种多样的渠道与客户保持持续接触，未来的趋势是以移动互联的方式，全方位地保持与客户的高频次接触，这将会产生更海量的客户数据。当前，金融机构相继建立了网上金融超市，为客户提供房产房贷、贷款融资信用卡、储蓄国债理财产品、电子银行黄金、外汇、保险、基金信托等多领域的各种信息和产品。过去，很多传统金融机构对自身经营发展的分析，只停留在简单的业务层面，缺乏对客户的真实需求、业务流程及品牌认知度等方面的深入分析，而借助大数据我们可以全面地了解这方面的信息。当然，拥有大数据并不等于获得相应的数据的价值，只有能够有效地理解数据，才能真正利用好大数据。

（二）大数据金融运营模式分类

目前，大数据金融的商业模式，主要分为平台金融和供应链金融两种模式。

1. 平台金融模式

平台金融模式是使用自身平台上的客户交易与支付数据，通过云计算和数据模型分析而形成的网络信贷、基金等金融服务模式。阿里小贷是平台金融模式的典范，它有效解决了中小企业融资难的问题，其主要采用商户在淘宝、天猫和阿里巴巴平台中的交易数据、交互信息和购物习惯特点等方面的大数据，进行分析和处理，形成了商户在电子商务平台中累积的信用数据，来确认其具有还款能力后就发放贷款，且无须抵押。

2. 供应链金融模式

供应链金融模式是通过供应链上下游企业的信用捆绑，以此来降低企业的融资风险，提高融资效率，缓解上下游企业融资难的问题。供应链金融模式的最大特点，在于改变了金融机构针对单一中小企业进行主体信用评级，并据此为结果进行授信的信贷方式。金融机构的信用评价不再局限于中小企业本身的信用风险，转而关注企业所处供应链的整体状况，以及中小企业与核心企业的商业关系。

四、大数据金融的功能

与传统金融不同，大数据金融不仅可以带来金融服务，还直接促进产品创新，以及实现用户体验的舒适变化，不断创造新的经营管理模式和业务处理方法，明显改善金融服务提供商的组织结构，根据用户特征预测数据需求与管理模式，增加产品创新力来源，提高信用，影响风险特征等，丰富了金融体系的多样性，增进了金融监管和宏观调控等方面的复杂性。

（一）重组实体经济

金融机构中，所有部门都在持续不断采集、积累大量数据。例如，抵押贷款部门采集海量的贷款客户的数据，储存并实施处理能充分描述其特征；从全球看，债券、外汇、货币和股票及衍生品交易部门收集各种各样影响资产价格不断变化的海量信息，并试图建立可以使用的前瞻性模型；零售银行部门则实时收集客户的行为并分析客户信息；客户交易、研发、市场开发或服务运营等各个部门也隐藏了无数数据。由于缺乏跨部门跨行业的沟通战略，各部门已有的大数据分析技术不足，难以深刻了解不同地区金融市场之间的复杂关系，妨碍了信息的流通和及时利用。

为了打破这样的壁垒，已经产生一些企业正主动出击，试图直接推动整合跨职能部门的数据，甚至寻求办法获得外部供应商及其客户的外部信息。例如，美国纽约新成立的 Movenbank 移动银行选择合作，通过与已有的传统商业银行谈判，合作推行移动银行新业务，帮助其解决内部机构割裂问题。英国 ERN 公司提出有计划去利用用户的交易历史和消费习惯，然后参照交易位置和时间数据，向各大银行和各种商家提供相关数据服务和交易咨询。

（二）实现信息对称

大数据有助于提升金融市场的透明度。金融客户的信用状况将实现实时动态变化，即随着其资产情况、经营方式和各类交易状况的变迁而变化，传统商业银行直接大量投入人力和物力财力，建立特有的信息平台，进行收集、储存、分析和决策，以解决长期存在的信息不对称问题。近年来，大数据金融可以通过平台直接采集、整合金融交易双方的所有信息，形成了金融信息的新型模式，金融客户的交易价格信息更为精细，社会经济状况等方面的数据更加透明，更为准确地形成利率，实现市场化。

新型的大数据金融企业不仅仅是平台，更可能是在价值链中间成为中介角色。例如，在经营全球产品运输方面的发展过程中，一家运输公司不仅仅收集海量信息，还可以专门销售这些信息产品。同时进行第三方支付的企业也发现了形形色色的海量支付信息蕴含的巨大商业价值。随着价格信息不断在网上大量扩散至线下，各类基金销售企业正在自动编辑网络上数百万种不同商品信息的比价服务，这为消费者提供了信息区，为社会创造了巨大价值。

新兴市场欠缺比较成熟的各类征信机构，因此有些公司采取利用申请者的代发的社交网络，加以分析后得出信用评分。例如，德国研发 Kreditech 贷款评分公司，美国设立 Movenbank 移动银行，香港成立 Lenddo 网络贷款公司以及 TrustCloud、Connect Me、Briiefly、Reputate 等新型中介机构，试图设计大数据金融的信用平台，打造能反映 LinkedIn、Facebook 或其他社交网络的开放平台，整合用户活动记录，通过算法自行开发软件，分析客户的好友信用状况，建立标准化格式，归纳与收集各种信用资料，将其作为客户信用评分的重要依据，实时将社交网络产生的各种资料直接转化成个人的互联网信用。Movenbank 直接对客户采用风险评估，其核心参考不仅是个人传统信息汇总，而且逐渐纳入 eBay 等电子平台的各种交易评价，包括整个网络汇款产生的记录等综合资料，还会全面计算 Facebook 的好友人数，或者 LinkedIn 的人脉对象，包括 Klout 影响力分数等所有网络社交产生的参与程度。

（三）衍生更好的产品

大数据金融通过物联网，借助云计算，依靠社交网络等新的数字平台产生了无数新用户和海量数据，虽然直接记录了所有用户群体的社会情绪，但大数据库不能自动运行，无法自己计算总结整个群体的行为模式和活动规律。计算机科学家需要与社会科学家加强互相协作，和统计学家找到新途径，将大数据研究和小数据策略结合起来。利用大数据，金融企业可以直接分析客户行为模式，如不同事件关联性分析，这就如同对照实验，即在不同工程条件下，观察机构投资者、测试普通消费者对金融产品的不同反应，识别客户的行为关系，提高资金转化率，改善企业服务水平，实现大数据金融的良性发展和精准营销。

五、大数据金融的优势和风险

（一）大数据金融的优势

建立在大数据基础上的互联网金融，凭借其独特的互联网技术和大数据技术优势，正从金融交易形式和金融体系结构两个层面改造金融业，刺激着传统金融行业，为原本严谨、保守的传统金融领域注入新鲜活力。并且，互联网金融的一系列先天优势，吸引着阿里、百度、腾讯等互联网巨头也先后参与到这场来势汹汹的潮流中，开始面向小微企业、个人创业者提供各类消费贷款和小微经营贷款等业务。具体来讲，大数据金融的优势主要体现在以下几个方面：

首先，基于大数据的互联网金融借贷成本低廉，放贷速度快。这种资金融通以大数据、云计算为基础，建立在长期大量的信用及资金流的大数据基础之上，根据贷款需要和信用评分来审核，而非人工审批为主，这降低了借贷的成本。通过网上支付的方式进行放贷，放贷速度更快而且放贷不受时空的限制，同时降低了放贷成本。由于这种便捷性，大数据金融可以整合碎片化的需求和供给，能够服务大批量的中小型客户，扩大了大数据金融的边际。

其次，科学决策，降低金融风险。建立在大数据金融基础上的决策更科学，能有效降低不良贷款率。大数据金融能够解决信用分配、风险评估、实施授权甚至是识别欺诈问题。大数据金融可利用分布式计算做出风险定价、风险评估模型，这些模型不仅可以替代风险管理、风险定价，甚至可以自动生成保险精算，并且大数据金融可以基于借贷行为对违约率、信用评分进行实时监测。比如，银行可以通过九次方大数据系统终端对企业的所有关联公司、子公司、同业公司进行对比分析，通过产业链企业大数据来判断企业贷款风险。

另外，由于贷款是发生在大数据金融库中所累积的、持久闭环的产业上下游系统内部，这有利于预警和防范风险。面对大数据金融所具备的这些优势，传统的金融行业也应积极进行改革。正如中国银行副行长王永利表示，要充分利用互联网这个平台，通过互联网金融来提供我们传统的银行原本根本没有办法提供的业务，这是必然的要求。目前，中国银行也正在借助互联网金融的海量数据分析、信息对称透明、操作便捷高效等多方面的优势进行改革，打造互联网时代的智慧银行，这将帮助银行克服中小企业信息不对称的难题，摆脱对物理渠道的依赖，提高授信决策的效率，增强把控实质性风险的能力。

（二）大数据金融的风险

由于大数据参与金融业发展起步较晚，目前还不成熟。大数据金融并不都意味着机遇或者商业上的无限潜力，在我们能够很好地了解大数据、管理大数据之前，实际上还同时意味着巨大的风险。

第一，数据应用侵犯客户个人隐私。大数据技术的应用和隐私保护的价值的争议由来已久，目前，随着技术的高速发展，信息传递技术与超强的计算机系统使数据高速分析成为可能。交叉检验技术和“块数据”技术的广泛应用，使基于大数据的身份识别日益简单且难以察觉。近年来，大数据金融需要对客户信息进行全方位的分析与应用。但是，这些应用也容易跨越雷池，挖掘过多的私人信息，造成对客户隐私的侵犯。

第二，数据监听威胁国家金融安全。2013 年曝光的“棱镜门”事件，引起全球一片哗然。“棱镜门”事件表明，“海量数据+数据挖掘”的大数据监听模式可以进行精确监听，因此，欧洲因“棱镜门”威胁停止了与美国共享金融数据。而中国目前的大数据发展，无论是软硬件设施还是数据服务，都过度依赖国外厂商，这为大数据监听和数据泄露埋下了潜在的隐患，威胁中国的国家金融安全。

第三，虚假数据导致金融市场异常敏感。由于信用信息是互联网金融的纽带，是驱动业务的核心因素，因此，基于信用信息数据的金融决策对信息非常敏感，从而导致金融市场敏感。如果数据不准确，就可能导致错误的交易行为，并进一步引发金融市场风险。2013 年 4 月 23 日，美联社 Twitter 账号出现“白宫遭袭”的假新闻。受此影响，众多基金公司的交易程序自动抛售股票，美国股市随即暴跌。

第四，法律监管缺失存在风险。由于中国互联网金融发展时间较短，现有的法律法规并不完善，不能有效地适用于这一新生事物的需要。除此之外，由于互联网金融涉及面十分广泛，与现有的监管体制并不能完全重合，因此，由哪个部门对互联网金融进行管辖都很难有定论。从目前情形来看，地方政府的银监局、金融办、保监局、证监局、工商局等都与之有关联，究竟由谁实施有效的监管，并没有明确的定论。

第六章

中国互联网金融监管探索

第一节 金融监管的理论基础及发展演进

金融监管是金融监督和金融管理的总称。金融监管综观世界各国，凡是实行市场经济体制的国家，无不客观地存在政府对金融体系的管制。金融监督是指金融主管当局对金融机构实施的全面性、经常性的检查和督促，并以此促进金融机构依法稳健地经营和发展。金融管理是指金融主管当局依法对金融机构及其经营活动实施的领导、组织、协调和控制等一系列的活动。

金融监管有狭义和广义之分。狭义的金融监管是指中央银行或其他金融监管当局依据国家法律规定对整个金融业（包括金融机构和金融业务）实施的监督管理。广义的金融监管在上述含义之外，还包括了金融机构的内部控制和稽核、同业自律性组织的监管、社会中介组织的监管等内容。

18 世纪经济危机的频繁爆发，使人们对自由经济“看不见的手”产生怀疑，监管概念走进视线。萨顿最早涉足信用监管，指出票据不断贴现将导致信用规模成倍扩张，为了避免银行挤提，实施货币信用管制十分必要。“通货学派”继承了上述思想，并在 1825~1865 年的“大争论”中取得胜利，促使中央银行制度的初建。进入 19 世纪，银行危机促动了中央银行角色的变换，从统一货币发行逐渐转向了通过最后贷款人职能稳定金融。20 世纪 30 年代爆发的“大危机”催生了金融监管理论的形成，并由此步入长期探索的轨道。纵观金融监管理论的发展历史，每次发生大型的金融危机或经济领域发生重大变革，都会产生对金融监管理论新的研究，从时间上看大致可以划分为如下几个阶段。

一、金融监管理论的萌芽阶段

20 世纪 30 年代以前，是经济自由主义盛行并占据统治地位的时期，放任自流的经济政策得到西方主流社会的普遍推崇，人们坚信亚当·斯密“看不见的手”的力量与市场机制的完美性。金融监管理论主要集中在货币监管和防止银行挤提方面，讨论的焦点问题在于中央银行的建立与其功能的实现，对于金融机构经营行为的具体干预则很少论及。中央银行作为“最后贷款人”对以商业银行为主的金融机构经营行为基本上不干预，更不对利率等金融服务和市场价格进行直接控制。此时的金融监管目标主要是提供一个稳定和弹性的货币供给，并防止银行挤兑带来的消极影响，很少使用行政命令，而是强调自律，关于市场准入、业务范围等方面的限制很少。这种状况与当时自由资本主义正处于鼎盛时期有关。

这一时期，关于金融监管的另一种值得提及的观点是以哈耶克为首的“自由银行制度学派”的理论。它们不承认市场是有缺陷的，因而信奉金融业的自由经营原则，认为存款保险和最后贷款人的功能都是不必要的甚至主张取消中央银行。总之，这一阶段是金融监管的初始萌芽时期。在中央银行制度建立之前，由于经济自由主义的影响，金融监管主要体现在商业银行自己的内部管理上，中央银行建立后担负起最后贷款人的职责，就开始具有一定程度的金融监管机构色彩，金融监管逐渐成为中央银行的重要职责之一。

二、金融监管理论的初步发展时期

这个时期金融监管理论是伴随着金融自由化的发展而发展的，强调监管的效率。在20世纪30年代大危机中，大批银行及其他金融机构的倒闭，给西方市场经济国家的金融和经济体系带来了极大的冲击，表明金融市场具有很强的不完全性，“看不见的手”无所不至的能力只是一种神话。在金融市场上，由于市场信息的不完全和金融体系的本身特点，市场运作有时也会失灵，使人们不再相信市场调节的完美性。立足于市场不完全、主张国家干预政策和重视财政政策的凯恩斯主义取得了经济学的主流地位。许多国家放弃了自由银行制度，从法律、法规和监管重点上，对金融机构的具体经营范围和方式进行限制和干预。各国中央银行和其他金融监管当局纷纷得以建立和完善，并颁布法律予以确认。其中，最具代表性的是1933年的《格拉斯—斯蒂尔法》（G-S法）的颁布，该法在商业银行与投资银行之间设立了一道业务分离的防火墙，是美国金融分业经营体制形成的主要标志，也被视为美国金融监管的基石。

20世纪70年代以后，随着大量新金融衍生产品的出现，各类金融机构的业务十分活跃，金融业务交叉的现象十分普遍。此外，布雷顿森林体系的崩溃，使汇率和利率波动频繁，金融机构面临的风险加大，竞争更趋激烈。金融机构在计算机和通信技术的推动下，通过各种金融创新活动规避国家的金融管制，一些国家为了保证本国金融机构的国际竞争力而主动放松金融管制。由于困扰发达国家长达十年之久的“滞胀”宣告了凯恩斯主义宏观经济政策的破产，以新古典宏观经济学和货币主义、供给学派为代表的自由主义理论和思想开始复兴。到20世纪80年代初基本形成了三类监管理论体系：源于新古典经济学的公共利益监管理论、以Stigler（1971）和Posner（1974）为代表的监管经济理论及Kane（1981）的监管辩证理论。

（一）公共利益监管理论

公共利益论又被称为市场调节失败论，是在20世纪30年代大危机后出现的，是最早用于解释政府监管合理性的监管理论。公共利益的监管需求理论以市场失灵和福利经济学为基础，指出管制是政府对公共需要的反应，目的是弥补市场失灵，提高资源配置效率，实现社会福利最大化。该理论认为金融体系存在自然垄断、外部效应和信息不对称等导致市场失灵的因素，应该通过监管消除垄断（Meltzer，1976），促进市场竞争、防止市场失灵，保护消费者利益和实现全社会福利最大化。对金融市场和机构进行监管的主要目的是维护该部门的安全与资源的合理配置，以此为基础增强整个经济体的配置效率，并且使代理人毫无成本地实现监管目标（Posner，1974）。通过政府监管的最优设计可以增进社会福利，实现资源配置的帕累托最优。尽管当时人们普遍倾向于接受这类理论，但公共利益监管理论存在很多缺陷：第一，监管替代市场的机制效率很低，并不是总能够有效地保护公众利益和消费者利益；第二，监管过程存在大量直接成本，造成社会经济净损失；第三，监管者的目标与社会福利最大化不一致；第四，监管会引起市场信号的扭曲，使理性监管所需要的信息对于监管者来说是无效的，从而增加金融体系的系统性风险（Kufman，1996）。

（二）监管经济理论

在对公共利益监管理论提出批评和质疑的同时，学术界于 20 世纪 70 年代出现监管经济理论。该理论以 Stigler（1971）发表的著名文章《监管的经济理论》为代表，该文引入了经济学最基本的分析工具，采用经济学的供求分析方法，研究了政治市场上的监管问题。该理论通过历史的观察和总结得出：行业的监管并没有建立在公共利益基础之上，而是建立在被监管集团的利益和损害消费者利益上。监管产生了被监管行业的租金，这些租金由消费者支付，政治家从这些被监管者方面可以得到部分租金。如果期望的政治租金的净成本是正，那么生产者将需求监管，如果给政治家产生监管的成本给予充分的补偿，那么他们将供给监管（Stigler，1971）。Rajan 和 Zingales（2003）的实证研究也发现，利益集团往往为了自己的利益而限制金融的竞争和发展。因此，通过扩大开放和引入竞争能够削弱既得利益者对金融发展的抵制，从而有利于促进一国金融的良性发展。与公共利益理论一样在新古典经济学框架中构建起来的监管经济理论同样存在一些缺陷。如缺乏对一个行业的监管方式及其预测能力的评判标准，无法解释银行业的管制和监管制度的演变和来源，不能辩证地处理监管制度动态发展的规律。另外，与监管经济理论类似，同样以利益集团理论为核心对监管进行解释 Tullock（1967）、Krueger（1974）建立的“寻租”理论，Posner（1971）建立的监管税收论、捕捉论以及由 Gold-Bervictor 于 1976 年提出的社会契约论等多种监管理论。由于篇幅所限，就不一一介绍了。

（三）监管辩证理论

上述两种理论都是从静态的角度解释可观察到的金融监管问题，没有考虑监管者与被监管者之间的不断变化的关系，因而不能完全解释和预测监管问题。Kane（1981，1983）在认识到这一不足后，运用黑格尔的辩证法，在经济监管理论的基础上建立了监管辩证论。该理论描述了一个在特定经济条件下受到许多旨在限制获利机会的监管的金融体系，当经济压力使这些监管措施具有约束力时，市场必须设法逃避监管以求得利润，这样就会发生市场与监管的冲突，从而促使市场金融创新。监管部门则根据金融机构的行为不断地做出反应，形成下列辩证的监管过程：监管—逃避—监管改革。改变的监管形势迫使金融机构做出另一个逃避监管的反应，监管部门则再进行监管改革，实施新的监管，这一不断循环的过程被 Kane 称为再监管过程，也被 Key 和 Yicker 称为逃避和再监管过程。同时，Jane（1991）提出了监管者竞争理论，即通过引入监管机构之间的竞争机制来消除监管供给不足和低效率的问题。

监管辩证理论虽然从动态的角度阐明了监管过程中监管与被监管者之间的辩证关系，也很好地解释了金融创新与监管交替的动态过程，但没有能够全面解释和预测监管的效应，并且首先由被监管者要求监管、再由监管需求产生监管供给的假设能否成立，仍存在较大的争论。

三、金融监管理论的成熟阶段，安全与效率并重

20 世纪 70 年代，困扰发达国家长达 10 年之久的“滞胀”宣告了凯恩

斯主义宏观经济政策的破产以及金融自由化理论的兴起。“金融压制”和“金融深化”理论是金融自由化理论的主要部分，其核心是主张放松对金融机构的过度严格管制，恢复金融业的平等竞争，以提高金融业的效率和活力。无论是在发达国家还是发展中国家，金融自由化的步伐一直没有停止，在80年代后半期和90年代初，金融自由化达到了高潮。但自由主义的复兴并没有解决市场固有的缺陷，90年代末期，墨西哥、巴西和亚洲金融危机的爆发，迫使金融监管重新受到重视，并开始关注金融体系的系统性风险。世界各国都进行了金融监管制度改革，开始注重风险监管和对金融机构的内部控制，出现了完全混业监管的趋势，金融监管的国际合作越来越密切。

此时的金融监管理论可以说是效率优先的金融自由化理论与安全稳定优先的金融监管理论二者的融合与均衡。同时，信息经济学、新制度经济学和博弈论被广泛运用在实证研究方面，取得了许多突破性进展。斯蒂格利茨和日本的青木昌彦提出了金融约束论，成为这一时期标志性的理论。该理论认为现实经济中普遍存在着信息不对称，银行一般处于信息劣势，由此产生了从 Eilof 所描述的“柠檬问题”，即金融市场中的逆向选择和道德风险，造成金融市场失灵。因此在这种情况下，政府应该选择性的干预，在宏观经济稳定、通胀较低、实际利率为正的情况下，对存款利率加以控制、对市场准入及竞争加以限制以及对资产替代加以限制，以此来为金融部门和生产部门创造租金、提高金融体系的效率。以 Minsky（1982）提出的“金融不稳定假说”为代表的金融脆弱性理论认为银行的利润最大化目标促使他们在系统内增加风险业务和活动，导致系统的内在不稳定，因而需要对银行的经营行为进行监管。Laffort 和 Tirole（1991）系统地在微观经济学范畴内研究了监管理论，突破了传统监管理论研究中监管制度外生的假定，揭示了被监管者的激励问题，构造了“最优相机监管模型”，集中讨论了在金融何时需要外部干预和监管，以及外部人监管的激励方案。Merton 和 Bodie（1993）等经济学家提出金融体系的“功能观点”学说，由此建立起功能监管理论，认为应该依据金融体系基本功能而设计金融监管体制，即一个给定的金融活动由同一个监管者进行监管。该理论对美国的金融监管产生了很大的影响。1999 年，美国通过《金融服务现代法案》取代了《格拉斯—斯蒂格尔法》，是功能观点的一大成就。Kupiec 和 O’Brien（1995）提出了预先承诺模型，融合了资本监管、市场约束、机制设计、激励相容、信息显示和博弈论等深刻的经济学思想，代表了资本监管的最新发展方向，对金融监管理论产生了深刻的影响。

第二节　金融监管模式分析及主要内容

金融监管模式是人们从监管金融活动的现象和事件中归纳出的一定监管规律，并外化为一系列的监管方式。组织和法律制度任何一种监管模式都与本国经济发展过程、历史文化传承等脉络息息相关，是人们从纷繁复杂的金融行为、活动与现象中提炼出来的具有显著外在特征的内在规律关系。从不同的角度出发，可以将金融监管模式划分为不同的类型。

一、以监管的客体为标准，可以划分为机构监管模式、功能监管模式、目标监管模式

（一）机构监管模式

机构监管又称“部门监管”，指按照金融机构的类型设立监管机构，不同的监管机构分别管理各自的金融机构，这是近代金融监管的主要方式。在机构监管体制下，根据金融机构的性质成立不同的高度专业化的监管机构，分别对该类型金融机构的所有事项业务进行专业监管。比如，我国就是典型的机构监管的国家，设立了银监会、证监会、保监会三家监管机构分别对银行和信托机构、证券公司、保险公司进行监管。

机构监管的出发点在于对各类型金融机构性质差别的认识，这在金融

机构分业经营的条件下，或者在金融业各部门分工比较明确、界限比较清楚的条件下，效果比较明显。机构监管模式由于关注于单个机构的状况，因而特别适合微观审慎监管，因为微观审慎监管必须集中考虑某个机构的风险和清偿能力。另外，由于每家金融机构只由一个监管机构负责，可以避免交叉监管。但是，随着金融产业组织形态的多样化，尤其是金融控股集团公司的出现，金融机构之间、金融机构与金融市场之间的界限逐渐模糊，这种监管方式往往容易导致“监管冲突”和“监管真空”，由于不同的监管机构具有各自不同的监管目标，相关的监管机构都声称它们具有管辖权，从而可能会导致监管重复和交叉。同时，若同一金融机构或同一事件面临多个监管者，而每个监管者都坚持自行其是，则监管的结果要么是久拖不决，要么是无所适从，从而可能导致监管效力的下降，增加监管成本。金融控股公司还可以利用其业务分散化、多样化的特点，进行“监管资本套利”，扰乱金融市场。

（二）功能监管模式

功能监管的理论基础是由美国哈佛商学院金融学教授提出的金融功能说。功能型监管是一种依据金融体系的基本功能而设计的金融监管体制，基本原则是一个既定的金融活动不论由什么金融机构来从事，均仅由同一个监管者来监管。

功能型监管体制主要适用于混业经营，它赋予每一个监管机构清晰的司法裁决权，并保证它们在一致的监管理念下运作，避免监管混乱。新加坡是第一个实现功能监管的国家，而美国 1999 年颁布的《金融服务现代化法》最终确定了功能监管的框架。相对于机构监管而言，功能监管具有一定的优势：首先，功能监管以金融产品基本功能为依据制定监管原则，能有效地解决混业经营下金融产品和业务的监管归属问题，避免“监管真空”和多重监管造成的成本浪费；其次，由于金融产品的基本功能具有较强的稳定性，所以功能监管也将更有连续性和一致性，能更好地适应金融业在未来发展中可能出现的各种情况；最后，功能监管强调跨产品、跨机构、跨行业的监管，使监管机构不只局限于各种监管行业内部风险，还能够关注到同一金融机构或金融集团从事不同业务的整体风险。当然，功能监管也有其缺点，也不能完全解决混业经营下的监管难题。随着金融创新的发展，很多银行、证券和保险活动相互融合，彼此间功能上的区别变得模糊，这种情况下，以功能来划分监管者权限也容易造成金融混乱。另外，这种监管体制还可能形成监管分割、增加被监管机构的监管负担、过度监管、妨碍金融控股公司多元化协同效应的实现和经营效率的提高等。

（三）目标监管模式

迈克尔·泰勒（Michael Taylor）和查尔斯·古德哈特（Charles A. E. Goodhart）提出了基于金融监管的目标来设计监管体制的思想，即目标监管。目标监管理论认为，监管模式的设计是在实现监管基本目标的效率性和有效性之间取得均衡，因此最佳的监管模式应该是直接根据业务多元化的监管目标而设计的监管模式，使金融监管的三个方面即系统性监管、审慎监管和业务监管均能实现相应目标。目标监管模式与功能监管模式的核心思想十分相似，都体现了分类监管的思想，金融监管的目标往往与金融功能相联系，可以说功能监管是目标监管的一种特殊形式。

二、以监管的主体为标准，划分为多头机构模式、统一监管模式、双峰监管模式

（一）多头机构模式

单元多头金融监管是指全国的监管集中于中央，地方没有独立的权力，在中央一级由两家及两家以上机构共同负责的监管体制。它有利于金融体系的集中和监管效率的提高，但需要各金融管理部门之间的协调、配合。从德国、日本的实践来看，各权力机构相互制约和平衡，金融管理部门之间的配合是默契而有成效的。双元多头金融监管体制是指中央和地方

对金融机构都有监管权，同时每一级有若干机构共同行使监管职能。联邦制国家因为地方权力大而常采用此模式，如美国和加拿大。

（二）统一监管模式

集中统一金融监管体制是指由一家金融监管机构集中进行监管，这一机构通常由中央银行或其他专门机构担当如英国、巴西、印度等国的实践。

（三）双峰监管模式

Michael Taylor 认为金融监管有两个主要目标：一是对系统性风险进行审慎监管，以维护金融机构的稳健经营和金融体系的稳定，防止发生系统性金融危机；二是针对金融机构进行合规监管，杜绝欺诈行为，保护消费者的合法权益。因此，他提出为了防范潜在的系统性风险，建立一个独立的针对金融领域的系统性风险进行审慎监管的“金融稳定委员会”和一个独立的针对金融机构机会主义行为进行符合规定监管的“消费者保护委员会”，以此达到上述两个监管目标。“双峰式”监管体制可以避免监管只能在不同监管部门之间的重叠，解决金融监管目标等方面的矛盾。因此在国际上得到了一些国家的响应。1998 年澳大利亚的金融监管体制改革，很大程度上就是沿着 Michael Taylor 的思路进行的。

三、以监管的渊源为标准，划分为规制监管模式、原则监管模式

由于金融机构经营方式的特殊性和自身的脆弱性，一家金融机构发生风险所带来的后果，往往不仅仅局限于机构自身损失，其影响范围有可能对整个金融体系的稳健运行以及金融消费者的资金安全构成威胁。如何防范金融风险是世界各国面临的共同课题，而金融监管是其中最为直接的干预手段，金融监管所具备的强制力、应对危机的快速反应能力，是自律监管、私人诉讼不可比拟的，因此金融监管是维护金融市场秩序、防范风险与保护投资者的主要方式，随着经济的发展和科技的进步不断的演化，金

融机构的经营方式从分业经营走向混业经营，并由此产生了与以往不同的金融风险，导致已有的金融监管效率不断降低，不能实现对金融行业的风险监管完全覆盖，因此就出现了监管模式的博弈和更替现象。

第三节　金融监管体制及监管主要方法

一、金融监管体制的概念

从管理学角度来说，体制指的是国家机关、企事业单位的机构设置和管理权限划分及其相应关系的制度。体制是国家基本制度的重要体现形式。它为基本制度服务。基本制度具有相对稳定性和单一性，而体制则具有多样性和灵活性。金融监管体制是指金融监管的职责和权利分配的方式和组织制度，其要解决的是由谁来对金融机构、金融市场和金融业务进行监管、按照何种方式进行监管以及由谁来对监管效果负责和如何负责的问题。构成要素基本如下：一是基本政策；二是设置的监管机构；三是权限的界定和分配；四是监管权力的执行；五是监管手段与方法的选择。在现代金融监管体制的内容中，建立科学的金融监管理论体系、完善金融监管组织体系、完善金融监管制度体系及建立有效的金融监管方法体系等都应包括在现代金融监管体制框架中。由于金融监管体制可以影响监管成本大小、影响监管的效率及有效性、影响金融监管责任是否明确，进而影响金融监管目标的实现。因此，一国金融监管体制的选择与金融监管的成功与否有密切关系。

二、金融监管体制的类型

从国际范围来看，由于各国经济、社会、历史与传统、文化等方面的不同，各国采取了不同的金融监管体制，它既没有统一的模式，也不可能是一成不变的，根据不同的划分标准，金融监管体制有着不同的分类。

（一）根据金融监管主体权力层次划分

根据金融监管主体权力的集中程度以及分配机构和层次，金融监管体制大体可分为以下三类：

1. 单线单头体制

单线单头体制也就是中央集权体制，是指从中央到地方仅由单一的金融监管机构统一负责监管各类金融机构，机构集中进行监管。这类模式的代表性国家如英国。大部分发展中国家也采取这种金融监管体制。

2. 单线多头体制

这里的“单线”是指金融监管的权力集中于中央，即将全国的金融监管权集中于中央。中央一级监管机构的数目没有统一规定，但都是由两家或两家以上的机构共同负责，地方则没有独立的权力。德国、日本等国均属于这种体制。

3. 双线多头体制

“双线”是指金融监管的权力集中于中央和地方两级政府，它们都对金融机构有监管权（双线），同时，每一级又由若干机构共同行使监管职能（多头）。美国和加拿大等联邦制国家多实行这种监管体制。

上述三种体制类型，越往后其中央的金融监管权力越小，而地方的金融监管权力越大。

（二）根据金融监管主体权力范围不同划分

根据金融监管主体权力范围，金融监管体制可以分为以下三类：

1. 混业型金融监管体制

所谓混业型金融监管体制，是指对于经营不同金融业务的金融机构，不区分其业务的不同，都由统一的金融监管机构负责进行监督管理。采取这种监管模式的国家有英国、日本等。

2. 分业型金融监管体制

所谓分业型金融监管体制，是指根据金融业内不同的机构主体及其业务范围的划分，在金融行业不同的业务领域内分别设立一个专职的监管机构，负责对其相应的业务进行监管。采取这种监管模式的国家有美国、中国等国。

3. 不完全混业型金融监管体制

不完全混业型金融监管体制，是指介于混业监管体制与分业监管体制的一种中间型体制，但又不仅仅是两者的折中体制。不完全混业监管体制主要分为“牵头式”和“双峰式”两种模式。所谓“牵头式”监管体制，是指当一个国家或地区存在多个金融监管机构的条件下，确定一个监管机构作为牵头部门，并建立多个监管机构之间的协调和沟通机制，该机制由牵头机构负责实施，典型国家如巴西。“双峰式”监管体制主要由两类金融监管机构组成：一类监管机构对所有金融机构进行审慎监管；另一类监管机构负责对金融机构进行功能性监管，典型国家如澳大利亚。

第四节　互联网金融监管

一、互联网金融监管的含义和目的

互联网金融的出现改变了金融机构及众多金融平台的服务手段，使其效率得到了很大的提高。但是互联网有其脆弱性，其风险波及范围广、破坏性强。由于我国正处于互联网蓬勃发展初期，所以对互联网金融的约束性不强，因此对互联网金融进行监管极其重要。在金融自由化、网络化的背景下，互联网金融监管是指金融主管机构或金融监管执行机构为保护存款人或投资人利益，维护金融体系的安全稳定，有效促进金融经济的发展，根据相关的金融法律法规对以互联网为技术支撑的金融活动所实施的监督管理。

互联网金融监管的目的在于：

第一，维护金融机构和第三方金融交易平台的公平、有效的竞争。每个国家的金融监管当局都应该为互联网金融发展提供一个适度的竞争环境，这种良好适度的环境既可以保持金融机构和第三方金融平台的经营活力，同时又不至于引起它们经营失败而导致倒闭，从而产生经济震动。

第二，保护存款人和投资者的利益。加强互联网金融的监管，可以使存款人与投资者感受到使用的便利与安全。面临日益猖獗的网络黑客攻击、网络诈骗等网络安全问题，互联网金融在信息技术层面上的监管应加大力度，从而保护存款人和投资者的利益。

第三，确保金融秩序的安全。互联网金融的兴起，使本来就拥有庞大体系的金融业锦上添花。金融业相互之间都存在紧密的联系，因此一家系统出了问题，很可能会引发连锁反应，导致一连串金融机构经营出现危机，从而引发金融风险。对于互联网金融的监管，其重要目标就是要维护国内金融体系的安全和稳定，保证金融秩序的安全。

第四，中央银行货币政策实施有效。中央银行是货币政策的实施主体，作为当今各国宏观调控的主要手段，货币政策的地位可见一斑。随着互联网金融的发展，其支付工具的创新对于基础货币的统计和定义带来了新挑战。因此，中央银行金融监管要有利于保证货币政策的顺利执行，增强对基础货币的管理能力。同时，在发行电子货币时，要保证金融业对中央银行进行及时反馈，确保调节手段及时准确地传递和实施。

二、互联网金融监管的基本原则

为了确保互联网金融监管有效，实现金融监管目标，维护金融系统的稳定，金融监管当局在监管的过程中应当坚持一些基本原则。

第一，依法监管原则。首先，国家金融监管机构要明确监管主体，要保证互联网金融机构纳入其管理体系中；其次，管理当局实施监管必须依法执行。只有做到这样才能使监管当局的管理具有权威性、强制性、严肃性和一贯性，从而保证监管高效有力。

第二，公平合理、适度竞争原则。竞争是检验互联网金融机构是否适应市场的有效机制。金融监管机构应当为互联网金融机构创造适度竞争的环境，在监管过程中，既要避免造成互联网金融机构高度垄断，又要防止出现过度竞争。所以，互联网金融的监管目标要保证在金融市场上，为互联网金融机构提供一个公平、高效、有序、适度的竞争环境。

第三，自我约束与外部强制结合原则。外部强制监管是必须实施的，只有互联网金融机构与监管当局相互配合，才能保证监管达到预期效果。如果放松外部强制监管而使互联网金融机构自觉自律的进行自我约束，会造成互联网金融机构的风险经营行为与道德风险问题。因此，要把创造自我约束环境和外部强制监管良好的结合起来，对互联网监管机构进行正确引导，同时也要实施有序的外部监管，创造良好的金融监管环境。

第四，经济效益与安全稳健相匹配原则。互联网金融监管的中心目标是互联网金融机构安全稳健地经营。制定的金融政策与法律法规应以互联网金融业的安全稳健和风险防范为重心。同时，互联网金融的高速发展必然会带动经济发展，在讲求经济效益的同时，应当促进经济效益与风险防范的匹配性。要敏锐洞察不断变化的市场环境，对监管内容、措施等进行及时调整。

第五，分类监督管理原则。分类监管意在将互联网金融机构分门别类、分别管理。互联网金融的兴起引发了金融业综合化趋势，传统的按业务标准分业监管无法有效的实施监管。目前，我国互联网金融形势主要包括第三方支付平台、P2P 平台、众筹平台等。虽然都属于互联网金融，但是由于运行模式和规律的差异，监管应采取不同的措施办法，将“机构型监管”与“功能型监管”有机结合。

三、互联网金融的风险特征以及风险类型

（一）互联网金融的风险特征

1. 强传染性

互联网金融企业在应用互联网技术提供“开放、普惠、分享”的金融服务时，也应用大数据技术建立起共同联动信用网络，任何一个提供互联网金融服务的网络节点出现风险都有可能传染到以计算机网络为支持的整个金融系统。此外，互联网技术所具有的快速远程处理功能也使金融风险积聚的可能性增大。总之，互联网金融风险造成的预期损失、非预期损失和灾难性损失极易突破金融市场各业态的限制传播，突破金融消费人群、时间、地域的限制传播，传播性和感染性更强。

2. 高虚拟性

互联网金融的信息化与虚拟化特征使互联网金融风险的发生、分散和传播以互联网计算机和移动终端设备为介质，互联网金融风险产生的隐蔽性、预防和控制的难度相对于传统金融风险更大。

3. 强时效性

借助互联网信息技术，互联网金融业务发生和办理突破了时间的限制，操作更加便捷，致使互联网金融的金融资源配置更加有效。互联网金融业务出现微小的非预期损失会借助互联网信息技术快速地放大、传播，并造成实际影响。

4. 超复杂性

一方面，互联网信息系统对完备性和可靠性要求较高，互联网信息系统的任何漏洞都会使互联网金融在为金融服务提供快捷性、普惠性的同时，增加因金融信息泄密、失密而造成损失的可能性。此外，互联网金融企业的金融信息挖掘、处理和传播导致借助互联网信息系统的节点增加。任何一个互联网节点受到攻击的可能性增大，都会增加金融风险出现的可能性。另一方面，互联网金融的出现使金融行业混业经营成为可能。互联

网金融风险同时涉及银行、债券、基金等各业务的可能性增加。

（二）互联网金融风险的主要类型

互联网金融在现阶段普遍发展，然而在其高速发展的环境中，仍然存在许多安全隐患。互联网金融活动表现方式为货币与数字化信息在网络间相互的传递与控制信息，交易的双方互不明确，透明度也相对来说较低。高科技所带来的虚拟性，会放大金融风险，在这些金融风险中既包含了一些常规传统的显性金融风险问题，同时也附加了由高科技所带来的很多隐性风险问题。显性问题主要包括网站遭受黑客侵袭、个人信息泄露与盗取、网络借贷行业在缺乏监管的情况下遭遇欺诈等，在隐性问题方面，主要突出在网络洗钱、“暗箱”操作业务、非法集资、吸收公众存款等。结合我国互联网金融发展特点，与传统金融相比，其风险特征主要包含以下五种风险：

1. 技术性风险

技术性风险可分为内部风险与外部风险。在内部风险方面，由于互联网金融依托技术性较强，所以对软件和硬件的配置要求都很高，然而在实际操作中可能会因为网络或计算机的自身问题导致出错及故障；在外部风险方面，互联网金融交易过程中很可能会遭遇黑客、病毒等人为破坏手段的袭击，造成信息泄露、被篡改或被窃取等。所以在技术层面上存在的安全隐患不容忽视。

2. 虚拟性风险

互联网给予用户一个全新开放的信息分享平台，然而其虚拟性特点在交易与传递信息过程中给用户带来了难以辨别真伪的弊端，从而引发“道德风险”和“逆向选择”的问题。另外，互联网金融平台在从事金融活动中较多承载资金周转功能，由于其虚拟性的限制，很难应对沉淀资金所带来的信用风险，进而不能实施有效的担保和监管。

3. 操作风险

操作风险可能来源于互联网金融的安全系统，也可能是由于交易主体的操作失误。安全系统的操作风险主要来源于系统内部设计缺陷及大数据在收集、整合、建模、分析和风险控制过程中的漏洞；交易主体的操作风险主要是客户对系统的操作规范不熟悉而导致无法正确的操作运用，从而给客户本身带来不必要的损失。操作风险如果没有良好的解决措施，最终会导致互联网企业的声誉风险。

4. 法律风险

法律风险的产生主要是由于现行的法律制度无法完全匹配对互联网金融的约束和管理。我国的互联网金融发展虽然目前处于起步阶段，但是发展的速度与规模与日俱增。现行的传统金融法律无法满足互联网金融业务的监管需求。新法律的空白会使一些互联网金融企业逃避相关法律监管，从而使互联网金融风险加剧。从制定立法角度来看，互联网金融本身涉及领域交叉繁杂，对交易主体的责、权、利的边界和金融行为的本身违法与否难以界定，这使互联网金融法律规章的制定增加了难度。

5. 长尾风险

所谓长尾，即只要存储和流通的渠道足够大，需求不旺或销量不佳的产品共同占据的市场份额就可以和那些数量不多的热卖品所占据的市场份额相匹敌甚至更大。互联网金融的产生拓展了交易可能性边界，使大量没有被传统金融覆盖的人群接受了互联网金融的服务，因此也产生了与传统金融不同的风险特征。消费者对金融知识、风险识别的欠缺而产生的不公正待遇、互联网金融风险产生后对社会的负面影响、互联网金融的市场纪律失效等都是潜在的长尾风险。

四、互联网金融风险的成因分析

（一）制度因素

第一，互联网金融法律法规不健全诱发了互联网金融风险。当前，我国对互联网金融的立法工作还处于起始阶段，对于如何立法还未形成统一意见。现有的办法文件只是鼓励或扶持互联网金融的发展，《消费者权益保护法》和《中国人民银行法》等法规仅从金融消费者权益保护的视角规范了互联网金融业的开展；《电子签名法》《互联网保险业务监管规定（征求意见稿）》《非金融机构支付管理办法实施细则》等制度规范更多的是着眼于互联网金融基础设施建设。我国还没有完整科学、明确具体的互联网金融监管的法律法规。

具体来说，①关于互联网金融企业的准入和退出机制还没有法律明文规定。由于互联网金融的发展刚刚起步，我国还没有就互联网金融各业态模式规定程度有别的企业和投资者进入门槛和监管标准，诸如余额宝之类的互联网金融业态创新备受质疑。同时，正确处置被淘汰的互联网金融企业的市场退出问题（尤其是破产问题）关系到整个互联网金融业的健康稳定。②关于互联网金融企业的信息披露制度还没有制定。采用大数据技术的互联网金融企业在有效克服互联网金融企业和金融消费者之间的信息不对称的同时，也使金融消费者相对处于信息接收、处理和交易的弱势方。③有关互联网金融企业风险监管、业务开展和金融犯罪的法律法规还不完善。不同互联网金融业态模式的风险监管、业务开展和金融犯罪形式不同，我国还没有出台针对互联网金融各业态企业的风险监管、业务开展和金融犯罪的法律法规。

第二，专门针对互联网金融行业的监管机构缺失降低了互联网金融企业风险规避的外部约束力。目前，我国金融监管实行分业监管，传统金融业的监管主体是“一行三会”。互联网金融的开放性和普惠性降低了其提供金融产品和金融服务的交易费用和进入门槛，使其能低成本地开展银行、保险、基金、证券等金融业务，实现“一站式”、多元化金融服务。金融监管体制分业监管既难以适应传统金融业的交叉性金融业务创新和金融互联网化创新，又无法适应互联网金融百货公司式的金融服务供给现实。

此外，现有的监管制度无法确定互联网金融各业态的监管主体。例如，虽然现有的网络第三方支付企业的经营牌照由中国人民银行发放，但其是否归中国人民银行监管还没有明文规定；现有的金融监管协调制度或金融监管部际联系制度虽然能在一定程度上解决传统金融市场跨行业、跨区域监管的难题，但这种碎片化的协调机制针对互联网金融的约束力明显不够。

总之，用现有的金融监管体制监管互联网金融业极有可能导致监管效率低下、监管重叠和监管缺位。缺少外部的监管机构，互联网金融企业的内控体系建立就仅受到企业自身行为或市场两重约束。和传统金融业一样，互联网金融企业的风险是不可消除的内生因素。各互联网金融企业依靠自身努力和市场约束建立起来的风险管理体制未必有效率，也无法保证整个互联网金融业的风险控制有效。

第三，互联网金融企业未建立起完善的风险内控体系。互联网金融企业应充分了解每一个业务环节具有的潜在风险，运用风险分散、风险对冲、风险转移、风险规避和风险补偿等管理策略建立起完善的能通过监管机构风险压力测试评估的风险管理体系。互联网金融风险监管的一个目标就是通过监管规则规定、现场检查和非现场检查等手段引导各互联网金融企业建立起完善的风险管理体系。目前，各互联网金融企业尤其是后进入市场的企业因为成立年限短、将主要精力放在市场份额拓展和经营盈利方面等原因，还未建立起完善的内控制度。

（二）非制度因素

第一，大数据应用技术在支撑互联网金融业务开展的同时，成为互联网金融业信息安全风险、操作风险和运营风险产生的重要原因。大数据技术包括数据、技术和思维三个要素。其中，数据和技术的选择和应用都会导致互联网金融风险的产生。一方面，互联网金融企业通过将获取和挖掘的非结构化数据、半结构化数据和结构化数据进行分类识别、标准化处理、建模和分析，为金融服务和金融产品创新提供决策和支持。互联网金融企业在挖掘数据、运用模型处理数据，实现“数据—信息—商业价值”的经营目标，保证数据的唯一性、有效性、完整性、共享性的同时，也增加其在每一个数据挖掘节点、数据传输节点、数据处理节点出现错误和损失的可能性，诱发互联网金融风险。另一方面，数据应用能力是互联网金融企业核心竞争力的关键，而数据应用能力的基础在于计算机信息技术，计算机信息技术的不发达、不合理将诱发互联网金融风险产生。

第二，资源禀赋是影响互联网金融风险发生和防范的因素之一。互联网金融企业拥有的自有资本金实力大小、处理大数据应用技术的能力、金融信息数据积淀和来源情况、成立和发展的年限、公司的组织结构和高层管理人员素质、发展战略和经营策略都将影响到其对互联网金融风险的理解和互联网金融风险内控管理体系的构建。

第三，不成熟的信用机制是互联网金融法律风险和运用风险出现的又一原因。由于互联网金融业务的开展依靠大数据应用技术而不是信用评级、担保和抵质押，互联网金融业对信用的要求和依赖要高于传统金融业。我国已存在的个人征信系统、企业信用代码或企业征信系统仅在银行业金融机构中应用较多，而且都是对结构化的个人和企业金融信息数据的挖掘，目前尚没有建立在全社会通用的挖掘、处理和收集结构化、半结构化和非结构化数据的互联网金融征信系统。此外，我国的信用体系发育程度较低，互联网金融参与者主体诚信度有待提高。不成熟的信用机制诱发或增大了互联网金融的风险。

五、互联网金融监管的必要性

2007 年国际金融危机和 2009 年欧洲债务危机以后，全球各国都加强了对金融的国内监管和国际合作，普遍认为“自由放任”（laissez-faire）的监管理念只适用于金融市场充分有效的理想场景，而我国互联网金融的发展还处于良莠不齐、野蛮生长的初级阶段，具有发展速度快、创新模式层出不穷、风险问题加速聚集、涉及消费者更多等特点，存在许多交易成本大、信息不对称等造成市场非有效的因素，因此我国互联网金融明显不适应“自由放任”的监管理念。另外，互联网金融作为金融与互联网技术深度融合的产物，其金融的核心功能、风险、外部性是不变的。金融行业风险表现出隐蔽性、突发性、传染性、外溢性，一旦失败出现风险会波及其他市场和整个金融体系。与传统金融相比，互联网金融风险具有更多、传播速度更快等特点。在我国也不例外。我们不应因为互联网金融在我国还处于初级阶段，就任其野蛮生长，对其风险频发问题不管不顾。而应以监管促发展，在一定的底线思维和监管红线下，鼓励互联网金融创新发展。

此外，互联网金融对于我国经济的发展具有积极的作用，改善了社会资金的配置效率，促进了金融业的良性竞争，增强了金融普惠性，为我国的金融改革提供了内在动力。互联网金融在我国的发展是值得肯定的。因此，为了保护消费者权益、控制风险、确保金融安全稳定，促进我国互联网金融健康持续发展。互联网金融的监管是必不可少的。

（一）互联网金融中非专业消费者占比更大

经济理性人是有效市场的核心条件之一，如果金融市场处于充分有效的状态，那么市场就可以通过市场机制自我调节，国家就可以少监管，或者不监管。但是，由于互联网金融的普惠性特点，使互联网金融覆盖的消费者数量急速扩大，与传统金融的精英客户相比，互联网金融的低门槛和便捷性使客户更加大众化、非专业化。如我国余额宝自从发行以来就发展速度惊人，截至 2014 年 12 月，余额宝的客户数量已超过 1.4 亿，规模已达到 5700 多亿元 。如此大的规模和客户量使其成为国内最大的货币基金。但是，其低门槛、理财与支付的灵活性，以及易操作的特点，使一些以前没有理财渠道、没有经验或者资金量少的客户也能轻松购买货币基金，如普通白领、学生、家庭主妇已经是余额宝常见的客户。并且随着互联网和电脑、智能手机在农村的逐渐普及，农民也纷纷开始参与到互联网金融里来，不再只局限于银行存款这一项金融活动，而是开始理财、投资。这在我国传统金融中是很难实现的。但是，其在扩大客户覆盖的同时，也使缺乏金融和风险专业知识的客户比例大大提升。也就是说，非专业、非理性的客户比例增大，客户并不都能做出最有利于自己的选择。

另外，就算个体行为都理性，由于涉及消费者众多，并不能保证集体理性。还以余额宝为例，其是第三方支付和货币基金的对接产品，投资者把钱转入余额宝，即投资了货币市场基金，在获得收益的同时，还能灵活提取和随时进行网上支付。货币市场基金的头寸期限一般较长，要想赎回，需要在二级市场上卖出变现，一般需要付出一定的折扣为代价。而余额宝投资者可以随时赎回自己的资金，不需要任何资金成本。这就出现了期限不匹配和流动性转换的问题和风险。如果货币基金出现大幅波动，为了控制风险，投资者会快速赎回自己的资金，如果赎回的投资者规模大，货币基金就会遭到挤兑、受到重创。这从个体上来说是没有问题的，是完全理性的，而对于集体，则是非理性的。这时，很有可能出现资金流动性紧缺风险。由此可见，金融监管是非常有必要的。

（二）我国大众对互联网金融还缺乏理性认识

互联网金融作为金融创新的新兴业态，在我国的发展还处于初级阶段。虽然近两年互联网金融在我国发展速度迅猛，各种模式创新层出不穷，相关新闻报道不断，广泛引起了各界的关注和探索，但是我国大众对互联网金融这种新兴事物缺乏理性认识，受我国传统金融个人消费者和中小企业投融资渠道少的影响，一旦出现满足自己需求的投融资新模式，一些投资者很容易只关注其便捷性、高收益、低成本等优点，而忽视对其风险的理性认识分析，进而纷纷涉足，互联网金融就是这样一种创新产品。而有些人进行投资更是跟随互联网金融热的潮流，受他人和报道的影响。另外，目前我国互联网金融大部分从业机构还没有经历过风险的考验，所以面对互联网强劲的金融发展势头，一些企业有创新意识和创新激情，但风险意识、消费者保护意识却非常差。对互联网金融这种新兴事物，放大优点、缩小或忽视风险的非理性认识也是非常危险的，使金融消费者遭受损失的可能性增大。因此我国应该通过相关法律、规定对互联网金融消费者行为进行适当的监管限制，避免由于认识不清遭受损失。

（三）我国的互联网金融风险事件频发

我国互联网金融发展速度惊人，创新模式、业务层出不穷，有些规模甚至已经处于国际领先水平。但是创新必然伴随着风险，我国互联网金融风险已经开始凸显、问题不断爆发。如我国的 P2P 网贷行业在 2014 年呈现爆炸式增长，已经成为世界上最大的网贷交易市场，但是在受到大众热捧和关注的同时，平台发展良莠不齐、野蛮生长风险频发。2014 年平台“雷声”不断，延期兑付、坏账、欺诈、“跑路”、提现困难、倒闭等风险问题经常出现在各大媒体，这些已不只是小平台、新平台的专利，一些规模庞大的老平台也时有“触雷”。涉及人数之多及资金规模之大足以引起各界重视。截至 2014 年 12 月 31 日，我国出现的问题平台数累计达到 367 家，全年出现问题的平台为 275 家，是 2013 年全年的 3.6 倍多。2015 年 1 月 21 日，大公信用数据有限公司公布了 676 个预警名单和 266 个网贷平台黑名单，其中不乏一些老平台和大平台。这个报告使行业一片哗然，虽然遭到多方的质疑，但是其包含的平台数量之多和反映出的我国信用评级的不足是值得我们警惕的。1 月 22 日，北京高息 P2P 平台里外贷宣布已无力继续垫付，采取报警处理，其待收金额多达 93438.81 万元，涉及人数 1830.00 人，成为目前最大的兑付危机。另外，从倒闭的平台看，维权成功的概率很低，受害消费者得不到应有的赔偿。这都是我 P2P 行业无准入门槛、缺乏相应监管规则导致的。另外，黑客对平台网站的恶意攻击也是互联网金融不容忽视的风险。其危害是非常大的，可以导致投资者信息泄露，资金丢失，平台停止运营，甚至是倒闭。如翼龙贷、人人贷、拍拍贷、新联在线等在内的我国八成以上的平台都曾遭受过黑客不同程度的攻击。截至 2014 年 11 月，全国已有 165 家 P2P 平台由于黑客攻击造成系统瘫痪，数据丢失或被恶意篡改，资金被洗劫一空等。信息和技术是互联网金融存在的根本，因此信息和技术风险的防范是至关重要的。在我国互联网金融风险不断涌现的阶段，为了保护金融消费者、保障金融稳定发展，光凭市场自我调节和行业自律是不够的，金融监管的及时出台是必不可少的。

第五节　我国互联网金融监管现状

互联网金融是传统金融机构与互联网企业利用互联网技术和信息通信技术实现资金融通、支付、投资和信息中介服务的新型金融业务模式，互联网与金融深度融合是大势所趋，将对金融产品、业务、组织和服务等方面产生更加深刻的影响，正成为金融领域研究的热点但不可否认的是，伴随着互联网金融迅猛发展的现实，对其风险和监管的认知与实践却相对滞后，2014 年开始，以 P2P 为代表的我国互联网金融产业爆发了许多危机，借款人失踪、资金不知去向、平台无力支付导致其无法运营，这些事件使业界对互联网金融风险的关注加大，对互联网金融监管提出了更加紧迫的要求。2014 年以来，我国互联网金融产业暴露出的风险问题较多，从学界到政府对互联网金融监管的思路、范围、措施的研究尚处于初始阶段。目前我国互联网金融监管现状和存在的问题主要包括以下四个问题。

（一）相关监管机构立法滞后，难成统一监管体系

互联网金融极强的创新能力使其产品、经营模式和从业机构层出不穷，监管机构的立法无法迅速囊括所有的互联网金融产品，要想建立统一的监管体系相对较为困难，并且监管机构也无法在其发展之前预测可能存在的风险，因此对其监管采取的是密切关注而非实际监管的态度。以目前出现了大量问题的 P2P 行业为例，尽管 2015 年 7 月人民银行等部门颁布的《关于促进互联网金融健康发展的指导意见》中从主体层面上明确规定银监会将监管 P2P，但具体监管措施仍未发布。

（二）传统监管主体的监管立场不适应互联网金融业态

传统金融的监管方面有众多法律规章确保传统金融的稳定、安全运

行，对金融运行过程中的非法行为、违规操作、惩罚措施以及预防等都做出了明确规定，但如果直接将这些监管法规应用于新兴的互联网金融业态则是不合适的，相较于传统金融，互联网金融的类型、经营方式不断创新，范围、环境等也不断延伸变化，监管对象、主体等要素远超出传统监管体制的范畴，传统金融对于金融监管的监管立场在互联网金融环境下已无法适用，互联网金融在行业的交叉、混合上比传统金融更为复杂，对它的监管需要全新的监管主体和监管立场，以提高监管效率和消除监管的真空地带。

（三）对互联网金融监管的力度强弱难以把握

市场机制在互联网金融运行中具有无可比拟的作用，因此，尽管行政监管也能起到一定作用，但通过法律法规来监管约束各类互联网金融主体的市场行为会使交易机制更为高效，但到底采取多大法律监管力度，或者说让互联网金融有多大的空间来自由发展是一个很难测度的问题。法律监管的力度过小无法起到监管的作用，导致互联网金融野蛮生长，威胁金融体系乃至社会的稳定；法律监管力度过大，会使互联网金融被压制过猛，发展受限，对经济的发展起到负面作用。如何把握互联网金融监管的适度性是一大难题。

（四）互联网金融监管的范围界定困难

互联网金融业务数据都是在互联网线上进行传输、交换和保存的，其业务范围不断发生着动态变化，监管部门的业务范围被界定后，新出现的业务会迫使监管部门不得不继续更新法律。若法律更新步伐与互联网金融发展创新步伐相差较大，就会使互联网金融发展埋下隐患，可能威胁互联网金融体系的稳定。与此同时，要监管一个业务或交易行为是否非法是比较困难的，因为要判断其合法性，就要对交易数据进行收集、审查以及公示，而交易数据是可能被篡改、编造的，这加大了监管机构判断的难度。

第六节　我国互联网金融风险监管探索

互联网金融具有“跨界”“混业”和“虚拟”的特征，而现阶段，我国实行的是“分业经营，分业监管”的体制，监管方式已经落后于互联网金融的发展，因此，应当依据互联网金融的风险类型、风险特征以及业务模式等方面构建一套监管体系。再者，信息技术迅速发展，大数据和云计算的时代已经来临，互联网金融可利用大数据技术建立金融信息评判标准、建立信用评估平台以及风险预警机制，进而降低信息不对称程度，控制风险；行业组织则可通过设立准入门槛、信息披露机制等监控互联网金融企业风险，营造良好的行业环境；政府可通过大数据技术的存储、计算功能打破“信息孤岛”，放权于地方政府，共同规范互联网金融产业的发展。因此，应建立以法律法规为基础，大数据、云计算为技术支撑，从顶层设计和金融基础设施两个角度构建互联网金融的监管体系。

一、互联网金融监管的国际经验

互联网金融创新了支付渠道、理财渠道、投融资渠道以及征信渠道，提高了金融效率，作为一种金融创新，是对监管的套利行为，因此各国在促进互联网金融发展的同时，也在加强和完善互联网金融的监管，逐渐形成较为系统的、专门的互联网金融监管制度体系。互联网金融最早在欧美国家兴起，主要采取的做法是：

第一，在现有法律法规上进行补充，既为互联网金融深层次发展提供空间，又为稳健经营提供法制环境。美国在网络银行监管方面采用审慎宽松政策，在原立法的基础上进行补充，加强执行申请和消费者保护方面的监管，更多的是强调网络和交易安全；欧盟对网络银行则采取一致性监管原则，力求提供一个清晰、透明的法律环境。网络信贷监管方面，各国一般通过规范一般信贷业务的法律法规来对网络信贷进行规制。例如，英国由公平交易管理局依据《消费者信贷法》进行监管，主要设立网贷机构的准入门槛，但对具体风险控制没有规定，欧盟主要是发布与网贷相关的指引性文件。在第三方支付方面，美国将其界定为非银行金融机构，实行功能监管，主要依据有关电子支付、非银行金融机构和金融服务的法律法规，欧盟与美国依据的法律相似，但更加注重交易过程的安全性。在众筹融资平台的监管，美国态度更加包容和宽松，2012 年通过的创业企业融资法案（JOBS），指出在保护投资者权益的前提下，只要满足相应条件可不必到 SEC 注册便可开展业务活动进行融资。

第二，发达的金融体系和征信系统能够提供良好的市场发展环境。美国 Lending Club 占据美国 65%以上 P2P 贷款市场份额，主营个人消费信贷，因此贷款额度比较小，且没有担保，无法有效规避信用风险产生的损失，公司为了保证借贷质量，开发出一套预测性强的信用评级模型，参考借款人历史表现和 FICO 评分，在内部算法的基础上对借款人的信用等级进行分类，实行不同的贷款利率，对于信用等级较低的实行高利率，信用等级高的实行较低贷款利率。实际上 Lending Club 的正常运营背后是美国强大的信用体系支撑，因为评级的基础恰恰是在第三方信用数据和 FICO 评分的基础之上。Lending Club 在由银行完成借款后，会进行资产证券化的处理，提高了资产的流动性，实现了风险的分散，依托于美国发达的资本市场为其提供可靠的资本金来源和多样化的资产配置以及风险分散渠道。

第三，构建风险监管体系，设立行业准入、信息披露要求。在第三方支付的监管上，美国和欧盟需核定申请者的资金实力、风控能力、从业人员专业水平和业务类型，只有达到一定标准才能进入此行业，方便了监管机构的过程监督和动态监督；在信息披露方面，P2P 行业比较明显，要求比较严格，如美国要求 P2P 平台必须在美国证券交易委员会（SEC）注册登记，上报平台运作模式、经营状况、管理团队等信息，逐日将贷款列表上交 SEC，并在 SEC 网站发布公告，进行风险揭示。不仅有效地阻止了潜在市场参与者，也能为投资者提供了解平台的途径，为进行追偿提供法律手段。

二、中国互联网金融监管体系架构

互联网金融是金融行业的变革力量，是传统金融机构工作效率的提高，是普通金融用户参与到金融活动中来的道路。从风控角度看，互联网金融参与者具有长尾特征，因缺乏金融常识，常常触及法律与监管的红线，出现非法集资、诈骗、网络洗钱等犯罪活动。从整体而言，互联网金融监管尚不完善，因此，一方面要提倡互联网金融的创新精神和服务实体经济、服务大众的普惠性；另一方面要有效控制互联网金融的风险，守住“避免产生系统性风险”的底线，维护金融发展和稳定，保护消费者权益。这里从法律法规、监管主体和基础设施三个层面构建我国互联网金融监管的框架。

互联网金融监管框架的构建应当包括法规建设、明确监管主体和基础建设等方面。这里基于中国互联网金融的发展现状和借鉴国外经验的基础上，设想出监管的基本思路是在法律法规的基础上，构建平台自控、行业自律、政府监管三个维度的监管主体，并根据不同互联网金融平台分类进行风险程度量化和评估，实施不同程度的监管策略。互联网金融监管的四个层次是市场自律、注册规范、审慎监管和严格监管，从松到紧。

（一）互联网金融监管的法律法规建设

互联网金融法律法规建设是开展互联网金融顶层监管设计的首要任务。法律法规最基本的是明确了个体的权利和义务，以互联网金融为主体的法律法规的设定不仅能够在法律上明确互联网金融的内涵和外延，能够为各个互联网金融的部门监管提供法律基础以及提供保障，还能够有效地打击互联网金融犯罪，使社会享受互联网金融的成果之外，也能保护自身的利益，促进金融创新。互联网金融法规的建立相较于传统金融行业，挑战更大，因为互联网金融依靠虚拟化的信息技术进行操作，当借助相关网络技术实施互联网金融犯罪行为时，防范风险的难度加大，造成的损失也难以估量。

互联网金融法规建设的总体原则是打击金融犯罪来规范互联网金融行业的经营行为和保护消费者隐私来保护投资者的利益。具体实施方法是在现行法律、法规的基础上修改与互联网金融发展不相适应的条款，完善消费者保护制度。互联网金融方面应当考虑到网络化、电子化的特点，明确禁止性行为和非法经营，严防网络洗钱等犯罪行为。金融行政管理法体系的建设应注重加快制定《电子合同法》《电子货币服务法》等，同时加快制定和完善《个人信息保护法》，保护个人隐私和信息安全。2015 年 7 月发布了部分互联网监管，主要内容如下：①互联网支付的监管部门确定为人民银行，指出互联网支付以提供小额、快捷和便捷小微支付为宗旨，向客户进行信息披露，建立客户权益保障机制；②P2P 网贷平台由银监会监管，只能提供信息交互、撮合等中介服务，定位为信息中介；③股权众筹由证监会监管，规定众筹融资需通过相应的平台进行，小微企业进行股权众筹中需要向投资者披露相应的公司信息，如商业模式、资金等；④互联网货币基金由证监会监管，指出资金管理人要严防流动性风险，要遵守人民银行、证监会的关于客户备付金及基金销售结算资金的相关监管要求；⑤互联网保险由保监会监管，主要指出互联网保险公司的定位为服务互联网经济活动，应建立防火墙，加强风险管理；⑥互联网消费金融和互联网信托由银监会进行监管，主要强调信用风险的防范，审慎客户的信用程度，分散风险。

（二）互联网金融监管的监管主体

在建立法律法规的基础上，互联网金融监管需确定监管主体，监管主体在监管过程中充当着统领全局的角色，实施政策措施来维护互联网金融系统的安全，包括互联网金融机构的许可设立、业务运作、资金存管及日常网站运作等方面，对危害互联网金融健康发展的行为进行管制或惩罚，本部分构建以平台、行业和政府三维度的监管主体构建体系。

1. 平台自控

平台自控是风险防控和监管的基础，属于自我监督的范畴，既顺应企业自身发展的行为激励，也为相关的制度建设提供准备。平台自身可通过建立事前预防、事中跟踪和事后补偿的机制来防范和控制潜在发生的风险事件。事前预防的主要措施为建立征信系统，对借款人的还款能力和还款意愿进行尽职调查和预测，进而降低信息不对称程度，防范发生逆向选择和产生道德风险。建立风险预防机制、风险保障机制和风险补偿机制来应对潜在发生的风险事件。事中跟踪主要是贷后检查，帮助贷款人较为全面地掌握借款人的经营状况，及时发现风险隐患，进而可及时采取相应的风险方法和控制措施。可通过引进相对独立的并对互联网金融业务熟悉的第三方进行全程跟踪和监督，如引进第三方律师事务所，定期出具法律意见书，若在调查的基础上还出现违约行为，则依法追究律师事务所的责任。事后补偿作为风险控制的最后一道防线，是当风险事件出现时，平台有足够的准备和措施去应对，主要措施是准备一定量的资本金，一旦出现问题，资本金作为缓冲工具，提高风险承担能力，其中资本金的重要组成部分是风险金，主要根据自身的风险程度进行量化，确定资金比例，使资金运用达到安全和有效的均衡，风险金严格依赖于评级体系的量化程度，在实际操作中难度较大。另一个建议则是建立贷款保险制度，对风险较高的项目进行保险，实现社会不同主体风险分担的最优配置。

2. 行业自律

行业自律是行业内交易规则的自我制定过程，属市场治理范畴。在了解行业内互联网金融企业发展情况的基础上，实施有效的行业措施，不仅能够减轻政府负担，降低规制成本，而且合理的行业标准，具有针对性和专业性，减轻信息不对称程度，因此中国未来的监管方向是以行业自律为主导力量。但互联网金融中的行业自律尚不完善，虽然在2013年底成立了互联网金融专业委员会，颁布了《互联网金融行业自律公约》，强调了打造开放平台、完善信息披露、信息共享等，但尚未建立有效的行业监管模型。

第一，行业组织需对不同类型的互联网金融平台设立准入门槛和退出机制。对平台的资质进行考察，对于经验范围越界或者风险防控能力不足的企业直接予以否定，不允许进入相应行业；平台的退出因关联太多，一旦发生破产危机，极易引发其他企业发生危机，引发系统性风险，因此应对退出机制进行设计和研究，主要是对存在重大风险互联网金融企业进行风险提示，实施退出机制，最小化企业破产带来的连锁反应。

第二，设立信息披露机制。只有信息得到有效披露，才能为设立风险机制提供有效的信息来源，即平台风险的监控严格依赖信息的有效性，信息披露能够保证信息的透明度，为消费者有效识别风险，平台加强自我约束以及为行业监管提供基础和条件。信息披露不仅要披露借款人和投资者的信息，重要的是披露平台本身的信息，如股权治理结构信息、财务数据信息和基本运营信息。其中需要注意的问题是，统一信息披露的口径，使信息能够进行有效整合和处理，及时识别风险、控制风险。

第三，实现信息共享。互联网的应用打破了信息垄断，是信息能够快速的传播和使用，尤其是大数据技术的使用，使数据量明显增加，但存在明显的问题是数据的整合。基于商业价值的考虑，各个机构不会将收集到的数据与其他机构实现对接或整合，从而形成“信息孤岛”，因此有必要考虑以行业协会的方式整合信息。

3. 政府监管

政府监管又称政府规制，是克服“市场失灵”的有效手段，为市场治理的主要手段。传统金融实行的是“分业经营、分业监管”，监管主体为“一行三会”，互联网金融则具有普惠性、开放性和金融服务一体化的特征，并且跨行业、跨领域乃至跨产品的混业经营趋势日益明显，互联网金融最终会突破分业经营的限制，走向综合经营和混业经营。但短期内由于对互联网金融风险的暴露和认识还不够全面，即便成立专门的互联网金融风险监管机构也需要时间，因此政府监管仍要以“一行三会”为核心进行构建。

目前，互联网基金理财的监管主体为证监会，互联网消费金融是银监会，互联网保险由保监会监管，但许多平台涉及支付、保险等多个业务领域，需要各个监管部门或监管层对自己的职权范围进行明确界定，在此基础上进行沟通协调平衡，一些平台起源于民间、根植于地方，呈多元化发展态势，如 P2P 借贷和众筹融资，那么监管权限应逐步脱离传统的集中式统一监管模式，赋予地方政府对地方中小金融机构的监管权限和风险处置责任，使中央与地方政府充分结合。同时，政府监管在大数据时代应该创新金融监管，构建大数据监管模型以及政府指标体系如市场准入指标、业务运营指标和风险动态监测指标等。

（三）互联网金融监管基础设施建设

金融的基础设施是金融运行的硬件设施，是正常运转的重要保障。信息技术的发展为金融基础设施提供了技术平台，提高了信息化水平，加快了各类系统的电子化、数据化的建设速度，并且大数据技术的应用，使资源信息得到整合，为金融宏观调控提供高质量的数据分析支持，因此互联网金融基础设施应以信息技术为依托进行大数据技术监控系统建设。

大数据技术监控符合国家金融监管战略要求，符合互联网金融发展趋势。2015 年 9 月国务院发布的《促进大数据发展行动纲要》中指出，互联网技术在中国有巨大的应用市场，用户规模居全球首位，数据资源丰富，市场优势明显，深化了大数据的部署和应用，也为推动信用信息共享和信息系统建设提供了基础，推动了经济的稳增长、惠民生等。在大数据的背景下，互联网企业应当建立市场化的第三方信用信息共享平台，政府应当逐步开放征信市场，形成以政府为主导的多元化的征信机构，建设企业信用信息公示系统，初步建立社会信用体系，从而为经济高效运行提供基础信用信息服务，社会则应综合各方面的资源，使公共信用数据与互联网、移动互联网、电子商务等数据的汇聚整合，形成社会监督体系。因此，进行大数据监控不仅是互联网金融降低信息不对称程度、增加金融深度、促进金融发展、维护金融系统稳定的重要手段，也是国家战略发展的内在需要和必然选择。

大数据技术的应用开启了互联网金融风险监控的新时代。大数据技术是海量数据和计算能力的完美结合，可在收集、存储、计算海量数据的基础上提取有价值的信息来确定违约模式、完善评分、催收、监测以及异常情况的检测。大数据技术的应用使互联网金融的数据更加丰富：数据维度更广，传统金融的数据基本上是企业运营数据、担保物的估值及央行个人信用数据，而互联网数据利用网络爬虫等技术可获得用户投资行为、消费行为及互联网使用轨迹等多种维度的数据；数据要求更细，传统的数据形式时间周期较长，企业财报也只有年度、季度财报数据相对粗糙，而互联网金融可抓取和记录网上资金流转等信息的时时数据，真实性较高，提高了数据的频度，缩短了周期；数据主动获取，传统金融机构获取信息的积极性较低，由于在信贷领域有绝对的话语权，只有提出贷款需求时，才会进行信息的获取和调查信用状况，在互联网环境下，参与主体更加广泛、求额度变小，需要主动获取数据和数据积累。但大数据技术也并非完美，会相应增加一定的风险，因为大数据在获取一系列数据时（结构数据、半结构数据和非结构数据）需要有效识别，无疑增加了数据挖掘节点，使数据损失的可能性加大，增加互联网风险。大数据技术监控系统分为风险预警机制和征信体系建设。

1. 风险预警机制

中国金融系统性风险监管的基础工程是构建风险预警机制，并且随着大数据、云计算等新一代信息网络技术的发展，可以标准化的监管数据库为依托，通过接入互联网金融平台的后台端口，采集相关平台和产品的数据，形成动态监管系统，进而设立反映金融风险警情、警兆、警源及变动趋势的指标体系，以便在及时发现风险的基础上进行防范。

互联网金融是互联网技术和金融业务的融合，相较于传统金融风险呈现新特征，主要表现为虚拟性，即交易主体在网络中以虚拟身份在虚拟的平台上进行交易，使风险具有高度虚拟化；突发性，即互联网金融风险的潜伏期较短，易受到事件性风险冲击；传染性，互联网金融有高度的行业跨界性和业务跨界性，关联的主体、客体比较多，构成复杂的网络结构，一旦出现风险源将具有非常快的传染性，严重会产生系统性风险。因此，互联网金融作为金融创新，对整个经济系统有重要的影响，互联网金融的发展提高了风险传染速度、扩大了风险传染范围，较易引发系统性风险，设计金融风险预警机制必不可少，再者随着信息技术如大数据、云计算的发展，非现场监管力度会进一步增大，要逐步改善信息运行不畅、信息收集缺陷等问题，在此基础上建立监管信息档案以及信息反馈机制，为风险监管机制提供手段和条件。

风险评测模型是金融风险预警的核心，而模型建立的前提为构建一套科学有效的预警指标体系。自 1932 年研究财务危机预警到现在，预警指标选择没有统一的标准，主要取决于专家的主观想法，同时指标选取存在双面性：一方面，风险指标越多，对风险描述越准确，误差越小；另一方面，指标过多会使模型计算时间加长，存储空间变大。那么风险预警指标建立的主要原则如下：①全面性，指标应当能够反映被监管主体的基本信息、运行状况、盈利状况和经营变动等；②多元互补性，指标选择应根据不同理论、不同情况选择，从而克服单一模型的主观性，使风险描述进行互补；③灵敏度，预警指标为在风险发生之前能够准确预测，因此指标应当对风险的爆发有较大的贡献程度和灵敏性，一旦指标发生异常变化，则应察觉出风险的变动；④可操作性，指标具有可操作性，数据是否可得、质量可否得到保障是是否作为指标的首要考虑因素，只有指标可进行获取和量化才能进行下一步的风险预测。

2. 征信体系建设

征信是指收集相应的信息，进而评估其信用等级，提供信用报告的过程。征信是风险控制的第一道防线，能够减弱交易双方的信息不对称程度，选择信用程度比较高的交易者，减小违约风险。征信行业的核心竞争力为数据库和信用评估模型的实现。信息技术的发展和大数据技术的应用，使互联网金融在征信过程中具备天然优势：一方面，互联网的大数据技术拓宽了数据种类和来源，而不局限于传统征信数据来源于借贷领域，包含了社交、水电费等生活的各个方面，同时时效性强，能够实时追踪，并留有痕迹；另一方面，互联网的云计算能通过利用安全的中央网络和存储能力来增加效率，为用户提供效率和安全的保障。

互联网金融的用户大部分为个人和小微企业，本身利用传统金融机构进行信用活动的记录就较少，导致信用记录缺失，使央行征信系统覆盖人群非常有限，那么普惠金融必须挖掘更多人的信用，可利用大数据技术将看似无用的海量数据，经过基本处理转换成信用数据，进而提取有效的信息对消费者或者中小企业未来风险进行综合评估，防范信用风险的发生。因此，这里将构建以个人和小微企业为业务对象的大数据征信体系。

征信体系因经济发展程度不同而有所区别。欧美国家由政府直接出资建立公共的征信机构，采取公共征信的形式；英美国家则采用市场化征信，是通过市场竞争形成的以大公司为主体的征信系统；日本是以银行业协会建立的会员制征信机构，即行业征信。中国征信业起步较晚，但在法律和技术上已经做出很大的努力，逐步形成了以央行征信中心为主导，多层次征信机构并存的市场体系。现阶段大数据技术促进了征信行业的崛起，征信主体也逐渐丰富。对于规模较大的企业如阿里巴巴，有电商大数据、支付宝交易数据等，现已构建出自身的征信体系，进行信用评级，如芝麻信用；小规模公司因自身资源的局限，选择借助第三方获得信用评级咨询服务或者达成征信联盟，如陆金所以担保的方式接入央行征信系统。

第七节　完善我国互联网金融监管的建议

建立健全互联网金融法律法规体系是互联网金融业健康发展的制度基础。现有《银行法》《证券法》《保险法》等法律都是以传统金融业务为受体制定，而互联网金融具有跨界性等特点，现阶段法律法规基本不适应互联网金融的发展，因此应在现有的法律法规的基础上，进行有效的法律建设。

相比于传统金融，互联网金融仍处于发展阶段，并未成熟，但其涉及的领域较广，缺少直接对应的法律法规，使其难以成为体系，而且法规或管理办法的发布主体也呈现多样化，从中央到地方，及相关行业协会，都是法规或管理办法的发布主体，这也导致难以形成有效的覆盖面广的法律体系。对于互联网金融的立法，应当对互联网金融机构的性质和经营范围加以明确，对应不同的业务类型设立相应的法律法规，对不合规的机构进行清理，建立相应的行业规则，设定门槛，维护整个行业的发展同时要建立互联网金融业务准入标准和退出机制，按照标准对现有的互联网金融机构进行清理，对不符合标准、风险较高的平台要坚决予以关闭。还要制定互联网金融行业规范，推动建立相关的互联网金融行业协会制定行业规则、规范，共同引导互联网金融行业的健康发展。

一、完善互联网金融机构的风险防范机制

（一）加强对互联网金融机构压力测试

对于互联网金融机构进行定期的压力测试，模拟发生一定的系统风险，看联网金融机构的应付机制，通过压力测试的办法揭示风险存在的可能性，由此来加强相关企业内部风险控制。同时要制定一套风险等级判定，依据企业压力测试的结果向消费者公布企业防御风险的等级，对于风险防御力低的企业还要有一定的惩戒机制。

（二）加强互联网金融机构信息披露

互联网金融由于具有长尾性，覆盖的群体较多，存在宣传误导等现象，因此需明确规定其资金投向和产品标的，完善信息披露机制。一方面，建立黑名单制度，尤其是借款人信用、用户黑名单信息的披露。另一方面，披露企业相关信息，包括企业是否有明确制定的规则，日常运行是

否按照规则进行，各项收费是否公开、透明，是否定期披露经营数据，与投资者资金相关的财务数据披露足够等。建立统一的信息披露平台，提升信息披露的质量，及时了解企业的行为，实现有效率、低成本的监督，利用企业报送上的数据进行统计、测算监测企业的整体性情况，在这样开放的信息披露机制之下，平台进行违规经营的难度显著增加，而监督方的负担大大降低。

二、推进互联网金融信息技术安全建设

（一）政府加强顶层设计提供政策支持

目前，我国的互联网金融信息技术建设水平比较落后，存在一定的安全风险，为了保障互联网金融的信息技术安全，防止由于信息泄露而引发系统性风险，政府应该加强顶层设计，推进对互联网核心技术的研发投入，推进使用设备的国产化，逐步替代外国设备，完善互联网金融信息安全的基础设施建设；政府还要制定关于互联网金融行业信息技术安全标准，引导行业内机构及企业构建符合标准的平台，同时也便于消费者选择安全合规的机构和社会舆论监督，营造良好的生态环境；推动信息安全产业化，实现信息资源的有效利用，采取联合化的方式将风险控制到最低值。

（二）互联网金融机构加强信息技术安全建设

互联网金融机构要加大对信息技术安全建设的研发投入，不仅要在硬件水平上提高，还要对软件设施上加大创新，关注交易系统和数据系统，并不断升级更新，防范系统性信息技术风险；加强并提高信息技术安全意识，层层修补平台的系统漏洞，针对具有潜在风险的业务进行归纳总结，在一定程度上限制漏洞较大的业务；互联网金融机构应当意识到信息技术的破坏性，提高安全保护意识，切实做好客户信息的保密工作，保障客户和自身的权益。还应当打破“信息孤岛”，实现信息共享，进而掌握金融系统中各个客户的具体情况，尽量避免客户在不同平台多次融资导致风险

叠加；加强网络安全管理，加大专业金融人才的培育和引入力度。

三、加快互联网金融征信系统建设

（一）拓宽征信信息采集范围

目前，我国社会信用体系建设的核心由中国人民银行征信中心负责建设、运行和维护的全国统一的企业和个人征信系统，该征信系统是我国重要的金融基础设施，推动互联网金融征信，对防范金融风险，改善金融生态环境有着重要意义。但就目前来看，委托贷款信息、证券与保险信用信息、P2P 信息尚未完全纳入征信系统，公司债信息尚未纳入征信系统，小额贷款公司、融资性担保公司、资产管理公司和融资租赁公司尚未全部接入征信系统，所以要加快互联网金融领域的征信系统建设，拓宽征信信息的采集范围，特别是要将 P2P 信息、公司债信息纳入征信系统，将从事贷款和融资的互联网金融企业接入征信系统，从更加开放的角度调整征信系统的战略规划与布局，探索采集互联网金融领域的信贷信息，提供更加便捷的征信服务。

（二）建立互联网金融大数据征信

互联网金融与传统金融最大的不同就在于前者依托于互联网的发展，一定程度上降低了交易成本。在互联网与金融结合的过程中，产生了大量的数据，互联网金融大数据征信就是基于不同类型的数据对用户的行为习惯进行综合性的分析，依据大数据建立针对该主体的模型，然后得到其信用特征，从而得到更加精确的信用评估结果。互联网金融大数据征信所使用的数据除了包括传统的金融数据外，还包括基于互联网产生的消费数据、生活数据和社交数据。这种大数据征信是按需进行的征信调查，在征得调查主体同意的前提下，根据所得数据建立相关模型，得出信用报告，供决策参考。

（三）完善互联网金融信用跟踪及反馈机制

互联网金融信用追踪是对信用主体的信息进行重复的采集，通过相关系统，进行信用评估和查询，可随时追踪互联网金融主体信用信息的变化情况。同时，要健全失信联合惩戒机制，加大对失信主体的惩罚力度，通过公开披露、业内通报批评、强化行政监管性约束等惩戒措施，使社会、行业协会、政府三方合力对失信主体形成威慑；另外，要加快建立守信激励机制，对守信主体予以优惠措施并加大表彰和宣传的力度，鼓励守信行为；同时，还可以依托信用信息平台，实现信用奖惩联动，拉大失信主体和守信主体之间的反差，使守信激励机制和失信惩戒机制的作用进一步扩大化，让失信者无法生存，从而形成诚实守信的氛围和环境。

第七章

中国互联网金融发展趋势及前景展望

第一节　互联网金融挑战与机遇并存

信息科技的迅速发展，互联网已经渗透到政治、经济、金融、社会和人们生活的各个领域，网络金融、网上购物消费、网络银行等电子产品也如雨后春笋般涌现。尤其是加入 WTO，经过网络革命洗礼的外资银行，进驻中国市场后开始在电子化、网络化方面捷足先登。伴随着网上银行、网络证券等网络金融业务的发展，全球经济一体化金融一体化的进程逐步加快，但与此同时，挑战与机遇并存，如何积极有效地应对全球金融服务提供的挑战，又不失时机的抓住机遇，建立网络金融的发展新战略，是摆在我国金融业界的新问题。

中国经济发展要彻底转变发展方式，金融业也必须转变发展模式来支持这一战略转型尽快实现。具体来说，就是要用低资本与拨备成本、高质量高效率的服务来支持好实体经济的可持续发展。

金融业必须转变发展模式的原因如下：

第一，来自于科学监管的进步和新的监管要求。新《巴塞尔协议》诞生于全球对金融危机的反思和总结，给中国金融业转型带来了新的动力与压力。在后“危机时代”的经济下行周期中，政府的作用也在发生变化，一些边界变得更加模糊，如政策性银行与商业银行、董事会和管理层、监管者与市场。监管改革在带来银行成本上升的同时，对于一些最重要的问题，依然没有很好的解决方案。如信息共享、逆周期审慎性监管、会计准则和银行破产清算规则的全球统一和协调问题等。

第二，先进科学技术的应用和普及以及人们消费行为模式的变化，也客观上要求金融机构在增长模式上作出相应的调整和改变。从某种意义上说，银行的服务与餐馆里端盘子的服务员的服务没有本质差别，都需要把保证客户的满意度放在至高无上的位置。在现代信息科技社会中，服务强调客户体验。银行应不断适应现代信息科技、移动互联网络的发展，为客户提供最好的体验。

第三，市场竞争格局、客户需求和地位都发生了巨大的变化，这也要求中国金融业必须要进一步转变发展模式，以解决新问题、迎接新挑战。这个过程如同逆水行舟，不进则退。从市场竞争格局来看，在中期内全球经济仍然存在很大的不确定性。在这种环境中，客户主导的银企关系进一步强化，客户期望从银行得到更多、更好的服务。银行也需要顺势而为，给客户提供更多的增值服务。

为此，银行业应更加注重发展轻资本密集型的业务，同时更加致力于为客户提供高质量的服务，维护好客户关系。此外，银行还应优化渠道管理，提升客户体验。尽管传统的银行网点在面对面的销售中仍然有着举足轻重的地位，但是，应当鼓励更多地向低成本的远程服务、互动式自助服务前移。

银行业要以客户为中心，对业务流程进行“重新设计”，以求在效率、质量、规模、服务、成本等各项关键指标上实现最优。具体而言，银行应当实行高效整合的集约化运营，创新标准化、系统化和流水线式作业的信贷工厂模式，以“工厂化”“流水线”为指导思想建立前、中、后台相对分离的银行流程管理系统，从而打造营销型前台，实行后台的业务集中化处理。

因此，银行不应当追求复杂难懂的产品，而应该回归基本，提供适合于客户风险口味和消化风险能力的产品。最重要的是，一定要形成健康的企业文化和企业价值——获取盈利外必须讲求道德和责任。

第二节　互联网金融的发展趋势

随着网络技术和移动通信技术的普及，近年来我国的互联网金融发展迅猛，新型机构不断涌现，市场规模持续扩大。互联网金融能大大降低交易成本、分散风险并扩大金融服务的范围，让个体经营户、小微企业和普通民众都受益匪浅。互联网金融业在资金需求方与资金供给方之间提供了有别于传统银行业和证券市场的新渠道，提高了资金融通的效率，是现有金融体系的有益补充。

互联网金融的发展从金融信息化、互联网金融化两个方向发力，相继产生了五种业态：第一个业态是金融信息化，如网上银行、电子银行、手机银行等；第二个业态是第三方支付，国内相继出现了上百家第三方支付公司；第三个业态是 P2P（Peer to Peer）借贷，由于进入门槛低，P2P 借贷爆炸式增长，几年间数千家 P2P 借贷成立，随之问题也不断产生；第四个业态是网络众筹，众筹和 P2P 借贷类似，进入门槛低，增长迅速；第五个业态是大数据金融，大数据金融有一定的门槛，不仅拥有互联网金融的效率，也能较好地控制风险，是最先进的互联网金融模式，将是新的爆发增长点。

大数据金融是指集合海量非结构化数据，通过对其进行实时分析，可以为互联网金融机构提供客户全方位信息，通过分析和挖掘客户的交易和消费信息掌握客户的消费习惯，并准确预测客户行为，使金融机构和金融服务平台在营销和风控方面有的放矢。基于大数据的金融服务平台主要指拥有海量数据的电子商务企业开展的金融服务。大数据的关键是从大量数据中快速获取有用信息的能力，或者是从大数据资产中快速变现的能力，因此，大数据的信息处理往往以云计算为基础。大数据金融又分为平台模式、供应链金融模式和“平台+供应链”综合模式。

模式一：平台模式。平台模式的代表——阿里小贷。阿里小贷以“封闭流程+大数据”的方式开展金融服务，凭借电子化系统对贷款人的信用状况进行核定，发放无抵押的信用贷款及应收账款抵押贷款，单笔金额在5万元以内，与银行的信贷形成了非常好的互补。阿里金融目前只统计、使用自己的数据，并且会对数据进行真伪性识别、虚假信息判断。阿里金融通过其庞大的云计算能力及数十位优秀建模团队的多种模型，为阿里集团的商户、店主时时计算其信用额度及其应收账款数量，依托电商平台、支付宝和阿里云，实现客户、资金和信息的封闭运行，有效降低了风险因素，同时真正地做到了一分钟放贷。

模式二：供应链金融模式。供应链金融模式的代表——京东、苏宁、金银岛。京东商城、苏宁的供应链金融模式是以电商作为核心企业，以未来收益的现金流作为担保，获得银行授信，为供货商提供应收账款保理融资等贷款。金银岛供应链金融模式主要仓单融资、订单融资。仓单融资指融资主体将电子仓单质押给银行，获得货值70%的银行贷款，融资主体分批偿还银行贷款，分批解押、销售。订单融资指购销双方签订合同后，融资主体货款（金融机构提供贷款支持）汇入监管账户。上游供货商货权移交融资主体质押后获得100%货款。融资主体分批偿还贷款本息，赎货销售。货物、资金安全交付，确保买卖双方利益。金银岛的供应链金融的核心是商品质押。

模式三：“平台+供应链金融”综合模式。综合模式的代表——商起网的众起财富。众起财富依托母公司商起网的电子商务平台的大数据生成交易商信用报告，并在大数据信用报告基础上展开尽职调查，对电商进行授信审批。然后，众起财富结合商起网的风控体系和众起财富自身的风控体系的优点，开展供应链融资业务。众起财富“平台+供应链金融”综合模式的亮点：两个理念（仓单融资订单化、订单融资托盘化）、三个流程（贷前管理流程、贷中管理流程、贷后管理流程）、四个特点（闭环系统、三流合一、动态监管、交收库控货)。众起财富“平台+供应链金融”综合模式综合了综合平台模式和供应链金融模式，两种模式的优点，将风险有效地控制和隔离。

大数据金融模式广泛应用于电商平台，以对平台用户和供应商进行贷款融资，从中获得贷款利息以及流畅的供应链所带来的企业收益。大数据能够通过海量数据的核查和评定，增加风险的可控行和管理力度，及时发现并解决可能出现的风险点，对于风险发生的规律性有精准的把握，将推动金融机构对更深入和透彻的数据的分析需求。大数据将推动金融机构创新品牌和服务，做到精细化服务，对客户进行个性定制，利用数据开发新的预测和分析模型，实现对客户消费模式的分析以提高客户的转化率。综上所述，大数据金融将是互联网金融新发展趋势。

第三节　我国互联网金融发展的前景

随着我国互联网技术的不断进步以及互联网的普及范围不断扩大，我国的金融行业已经全面进入互联网时代。网络金融对传统金融业形成的革命性的冲击，代表这一个新的金融时代的到来。网络金融逐渐成为人们生活中必不可少的一种支付和操作手段，由于网络金融所具有的高效、便捷、精确等特点，极大地提高了金融体系的效率。与此同时，互联网金融的快速发展也带来了前所未有的挑战，不仅有技术层面、培训层面的滞后，也有制度层面的问题面临的挑战与机遇。

一、互联网金融的应用技术规范化、标准化

互联网金融是以银行为代表的金融服务行业在自身发展中的一个创新阶段。目前，大量的金融业务都需要通过网上操作来完成，特别是网上银行、第三方支付、电子商务、网上金融交易等业务，最近发展十分迅猛。

但是，我国金融领域的互联网的快速应用，不少配套措施跟不上，暴露了很多安全隐患，特别在技术层面，安全技术的应用缺乏必要的标准。金融系统平台的开发和利用过程缺乏充足的测试时间，系统经常匆忙上线，常会留下漏洞和后门，造成安全隐患。因此，在技术上需要进行规范化、标准化，制定网络金融安全标准。

二、网络金融人才问题

网络经济时代，人才是最宝贵的资本，由于互联网内的金融业务不断扩展，经营项目不断由人工服务向电子服务转型，需要更多的技术操作人员对客户进行指导，而在互联网和金融这两个高知识含量产业的结合点——网络金融业务中就更需要高素质的人才。特别是一些复杂的计算机操作，需要相关人员不断增加自身的理论知识和操作技能。

对于目前我国金融业的工作人员整体结构来说，全面提高互联网环境下的工作水平是一个不小的挑战。针对该问题应做到：一要切实加强金融机构员工的再教育培训，建设一支适用时代发展要求的高素质的团队，在此基础上进一步加大科研投入，引进科技型人才。二要加强知识管理，提高经济生产力。未来的网络金融的发展只是首要的资源，因此金融机构应根据网络化的发展需要建立信息和管理知识的资本，以用来充分利用知识资源。

三、网络金融安全教育亟须加强

金融机构泄露信息事件，说明网络金融安全已经成为一个无法忽视的问题。一方面，金融机构应该加强自律，严格遵守法律，坚持职业操守，严守客户的个人信息，一旦信息泄露将难以挽救，由此导致整个网上金融操作系统面临着巨大的风险。另一方面，政府也应加强对普通民众的网络金融安全教育，指导网络金融使用者树立风险观念和安全意识、了解各种保密安全工具和手段。

四、网上业务将不断完善，竞争更趋激烈

目前，在互联网金融模式下，目标客户类型发生了改变，客户的消费习惯和消费模式不同，其价值诉求也发生了根本性转变，使商业银行传统的价值创造和价值实现方式被彻底颠覆。我国以银行为代表的金融业已经开展了多项网上业务，其中操作比较成熟的有网银支付、网上金融交易等等，特别是网银服务，给更多工作繁忙的人们带来了便利，同时也减轻了银行柜面的压力，网上金融交易也逐渐为更多人所接受，由于其能够很好地解决地域问题，所以在操作过程中为人们及时把握商机提供了无限可能。随着智能手机的普及和网上金融市场的成熟，互联网金融也将进入更为复杂的局面，多种平台共存，多个市场并存，金融竞争也日趋激烈。

近年来，互联网在我国的普及速度非常惊人，其本身的发展速度也是非常快速的。我国金融业与互联网领域的不断融合，促进了我国金融行业的快速发展，大大提高了我国金融市场的发展水平。因此，我国有关部门应该更加重视这一发展方向，迎接互联网金融时代的挑战，并把握好互联网金融的发展方向。

参考文献

［1］徐姣. 中国互联网金融发展研究［D］. 辽宁大学硕士学位论文，2014.

［2］王丹丹. 我国互联网金融的发展研究［D］. 吉林大学硕士学位论文，2015.

［3］徐显峰. 我国第三方支付发展研究［D］. 西南财经大学博士学位论文，2013.

［4］金熙. 基于SWOT分析方法下的互联网金融发展趋势分析［D］. 云南大学硕士学位论文，2015.

［5］石建勋. 互联网金融发展的理论依据、市场基础及前景分析［J］. 当代经济，2015（13）：14-15.

［6］张小明. 互联网金融的运作模式与发展策略研究［D］. 山西财经大学博士学位论文，2015.

［7］周茂清. 互联网金融的特点、兴起原因及其风险应对［J］. 当代经济管理，2014，36（10）：69-72.

［8］李明选. 互联网金融产业及其对传统金融冲击影响的研究［D］. 上海社会科学院博士学位论文，2015.

［9］孙国茂. 互联网金融：本质、现状与趋势［J］. 理论学刊，2015（3）：44-57.

［10］祁砚芩. 关于第三方支付平台以及互联网金融发展研究［D］. 山西财经大学硕士学位论文，2014.

［11］王欣. 浅谈第三方支付机构现状及发展［J］. 金融市场，2015

(7)：37-39.

［12］薛玉燕. 第三方支付的问题与现状［J］. 中国市场，2014 (49)：116-118.

［13］郑秋霞. 第三方支付对我国支付体系的创新与风险研究［D］. 浙江大学硕士学位论文，2011.

［14］李睿. 电子商务中的第三方支付研究［D］. 北京交通大学硕士学位论文，2009.

［15］高飞燕. 第三方支付的风险度量与风险控制研究［D］. 苏州大学硕士学位论文，2014.

［16］马宁. 第三方网上支付的风险控制研究［D］. 西北大学硕士学位论文，2009.

［17］赵颖妤. 浅析第三方支付风险分析及对策［J］. 电子商务与电子政务，2014（9）：2175-2176.

［18］王绍勐. 我国第三方支付的发展与金融体制改革［J］. 财经视点，2010（7）：125-127.

［19］许敏敏. 互联网金融研究系列之 P2P 贷款 Lending Club［R］. 安信证券研究报告，2014.

［20］鲁政委. 互联网金融监管：美国的经验及其对中国的借鉴［J］. 金融市场研究，2014（6）：110-120.

［21］陈敏轩，李钧. 美国 P2P 行业的发展和新监管挑战［J］. 金融发展评论，2013（3）：1-34.

［22］吕祚成. P2P 行业监管立法的国际经验［J］. 金融监管研究，2013（9）：94-106

［23］沈良辉，陈莹. 美国 P2P 网贷信用风险管理经验及其对我国的启示［J］. 征信，2014（6）：61-65.

［24］零壹财经，零壹数据. 中国 P2P 网络服务借贷行业白皮书 2014［M］. 北京：中国经济出版社，2014.

［25］雷曜，陈维. 互联网时代：追寻金融的新起点［M］. 北京：机

械工业出版社，2013.

［26］吴晓求. 中国金融的深度变革与互联网金融［J］. 财贸经济，2014，35（1）：14-23.

［27］杨涛. 力促 P2P 网贷在狂热中回归价值轨道［N］. 上海证券报，2014-08-27.

［28］卓素燕. P2P 网络借贷公司的市场发展困境及经营策略选择——以拍拍贷公司为例［J］. 管理现代化，2013（3）：83-85.

［29］李文佳. 基于 P2P 借贷网站的借贷行为影响因素分析［D］. 对外经济贸易大学硕士学位论文，2011.

［30］李悦雷. 中国 P2P 小额借贷市场借贷成功率影响因素分析［J］. 金融研究，2013（7）：126-138.

［31］孙越. 众筹风险控制问题研究［J］. 时代金融，2014（12）：283-284.

［32］林鸿. 基于互联网平台的众筹融资模式研究［D］. 昆明理工大学硕士学位论文，2015.

［33］郭倩倩. 我国众筹融资模式的应用分析［D］. 天津商业大学硕士学位论文，2015.

［34］陈秀梅，程晗. 众筹融资信用风险分析及管理体系构建［J］. 财经问题研究，2014（12）：47-51.

［35］黄健青，刘雪霏，郑建明. 众筹项目成功的关键因素［J］. 财贸经济，2015（9）：74-84.

［36］刘世伟. 互联网金融对传统金融的影响及发展趋势［J］. 时代金融，2016（5）：16.

［37］卓尚进. 互联网金融门户快速崛起［J］. 金融时报，2013（9）：1-2.

［38］程隽雅. 互联网金融门户个体采纳意向影响因素实证研究［D］. 北京理工大学硕士学位论文，2016.

［39］林巍，王祥兵. 大数据金融：机遇、挑战和策略［J］. 财会学

习，2016（3）：140-142.

［40］张毅. 大数据背景下的互联网金融发展以及创新模式［J］. 经营管理者，2015（10）：287.

［41］杨虎，易丹辉，肖宏伟. 基于大数据分析的互联网金融风险预警研究［J］. 现代管理科学，2014（4）：3-5.

［42］孙楠. 中国互联网金融监管研究［D］. 辽宁大学硕士学位论文，2015.

［43］时璐. 中国互联网金融监管创新研究［D］. 河南大学硕士学位论文，2015.

［44］刘晛. 中国互联网金融的发展问题研究［D］. 吉林大学博士学位论文，2016.

［45］李国杰，程学旗. 大数据研究：未来科技及经济社会发展的重大战略领域——大数据的研究现状与科学思考［J］. 中国科学院院刊，2012（6）：647-657.

［46］夏海元. 面向 Big Data 的数据处理技术概述［J］. 数字技术与应用，2012（3）：179-180.

［47］盖小睿. 大数据时代的互联网金融创新研究［J］. 创新科技，2016（9）：61-63.

［48］刘晓曙. 大数据时代下金融业的发展方向、趋势及其应对策略［J］. 中国科学，2015（5-6）：453-459.

［49］何飞，张兵. 互联网金融的发展：大数据驱动与模式衍变［J］. 财经科学，2016（6）：12-22.

［50］孟小峰，慈祥. 大数据管理：概念、技术与挑战［J］. 计算机研究与发展，2013（1）：146-169.

［51］李学龙，龚海刚. 大数据系统综述［J］. 中国科学，2015（1）：1-44.

［52］杜永红. 大数据下的互联网金融创新发展模式［J］. 中国流通经济，2015（7）：70-75.

［53］王丹丹. 我国互联网金融的发展研究［D］. 吉林大学硕士学位论文，2015.

［54］阎峰. 风险管理能力不足成为互联网金融发展瓶颈［J］. 上海经济，2014（9）：49-50.

［55］李文龙. 互联网发展需突破“信誉融合”瓶颈［N］. 金融时报，2013-06-25.

［56］Allan H. Meltzer，Marc Vellrath. The Effects of Economic Policies on Votes for the Presidency：Some Evidence from Recent Elections［J］. The Journal of Law and Economics，1975，18（3）：801-802.

［57］Jane Hider，Hilary Leacock. Study Visit to Japan to Research Employment Opportunities for Visually Handicapped People in Message and Oriental Medicine. Word Blind Union-1st East Asia/ Pacific Regional Seminal on Message，1991.

［58］Kane E. J. A Six-Point Program for Deposit Insurance Reform Housing Finance Review，1983（7）：1269-2781.

［59］Kane E. J. Impact of Regulation on Economic Behavior. Journal of Money，Credit and Banking，1981（9）：355-367.

［60］Krueger Anne O. The Political Economic of the Rent Seeking Society. American Economic Review，1974，64（3）：291-303.

［61］Kufman M. Balabanov V. Giunt A. et al. Variable Complexity Response Surface Approximations for Wing Structural Weight in HSCT Design. Computational Mechanics，1996，18（2）：112-126.

［62］Kupiec. Paul and James OBrien. A Pre-Commitment Approach to Capital Requirements for Market Risk［M］. FED Woking Paper，Federal Reserve Board，1995.

［63］Laffont，Jean Jacques and Jean Tirole. The Politics of Government Decision Making：A Theory of Regulatory Capture. Quarterly Journal of Economics，1991：1089-1127.

[64] Melzer A. Makrophyische Wasserpflanzen als Indikatoren des Gewasserzustandes oberbayerischer Seen [J]. Dissertationes Botanicae, 1976.

[65] Merton R. C, Bodie, Z. Deposit Insurance Reform: A Functional Approach [J]. Carnegie Rochester Conference Series on Public Policy, 1993 (38): 1-34.

[66] Minsky H. The Financial Instability Hypothesis: Capitalist Process and the Behavior of the Economy [C]. Financial Crisis: Theory, History and Policy. Cambridge: Cambridge University Press, 1982: 13-38.

[67] Posner R. A. Theories of Economic Regulation [J]. The Bell Journal of Economics and Management, 1974 (5): 335-358.

Raghuram Rajan, Luigi Zingales. The Emergence of Strong Property Rights: Speculation from History. Corporate Finance, 2003.

[68] Stephen Kaisler, Frank Armour, J. Alberto Espinosa, William Money. Big Data: Issues and Challenges Moving Forward [C] //Proceedings of the 46th Annual Hawaii International Conference on System Sciences, HICSS2013. Washington: IEEE Computer Society, 2013: 995-1004.

[69] Stigler G. J. The Theory of Economic Regulation [J]. The Bell Journal of Economic and Management Science, 1971 (2): 3-21.

[70] Tullock G. General Irrelevance of the General Impossibility Theorem. Quarterly Journal of Economics, 1967, 81 (2): 256-270.